Annika Traser

Hinter dem
Asphalt
beginnt das
Abenteuer

Annika Traser

Hinter dem Asphalt beginnt das Abenteuer

Mit dem Fahrrad zwei Jahre durch drei Amerikas

KNESEBECK *Stories*

Hinter dem
Inhaltsverzeichnis
beginnt das
Abenteuer

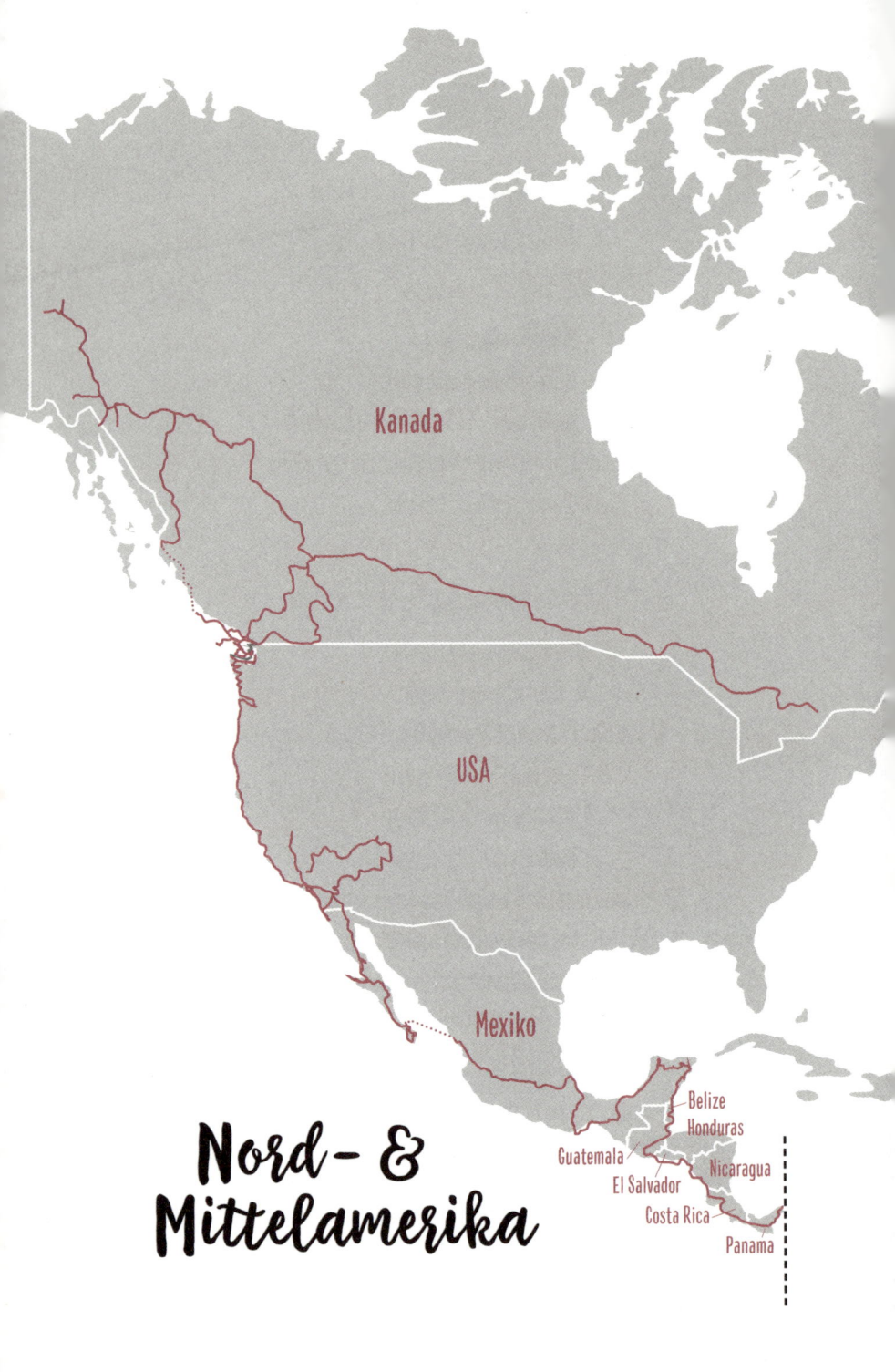

Kanada

USA

Mexiko

Belize
Honduras
Guatemala
El Salvador
Nicaragua
Costa Rica
Panama

Nord- &
Mittelamerika

Kolumbien

Ecuador

Peru

Bolivien

Brasilien

Südamerika

Paraguay

Deutschland

Argentinien

Uruguay

Chile

Hamburg

Hannover

Berlin

Dresden

Frankfurt

Stuttgart

München

»Was wäre das Leben,
hätten wir nicht den Mut,
etwas zu riskieren?«

Vincent van Gogh

Der Himmel ist klar, und wir entscheiden uns gegen den Zeltaufbau. Während wir erschöpft, aber glücklich auf unseren Matratzen liegen, gesellen sich mehrere Kolibris zu uns. Auch sie wissen von dem windgeschützten Schlafplatz und wundern sich wahrscheinlich, was die beiden Menschen hier machen.

Wir schlafen kurz nach Sonnenuntergang ein und wachen am nächsten Morgen mit den ersten Strahlen auf. Während sich Maria noch einmal umdreht, stehe ich schon auf und vertrete mir die Beine. Dabei schaue ich mich um, doch plötzlich durchfährt es mich wie ein Blitz.

»Maria? Maria! Hast du gestern Abend unsere Fahrräder versteckt? Die lagen doch gestern direkt neben uns!«

Noch im Halbschlaf bekomme ich ein genuscheltes »Nein« zur Antwort.

»Maria!«, rufe ich. »Unsere Räder sind weg!«

Wie von der Tarantel gestochen springt sie auf. Unsere Fahrräder sind weg – und mit ihnen unsere Zelte, Lenker- und Werkzeugtaschen, meine wasserdichten Beutel mit Ersatzkleidung, Regensachen, Straßenschuhen und Schmutzwäsche. Sachen, die man in der Nacht nicht braucht und die deswegen am Fahrrad bleiben. Wenigstens unsere Reisepässe, Geldbörsen und Handys haben wir noch bei uns im Schlafsack.

Später erkennen wir das Ausmaß des Diebstahls. Im ersten Moment denken wir nur an die Räder. Unsere geliebten Fahrräder! Unsere Drahtesel. Unsere Transportmittel. Unser Leben. Sie sind verschwunden.

Was haben wir falsch gemacht? Warum haben wir in der Nacht nichts bemerkt? Oder war das alles nur ein Witz, und jemand hat die Räder ganz in der Nähe versteckt?

Doch wir finden sie nicht …

Nord-amerika

Kapitel 1
Vom Lake Superior durch die Prärie

Ich spüre den Wind in meinem Gesicht. Meine Wangen sind gerötet von der Anstrengung. Vielleicht auch von der Sonne, die wie ein Honigkuchenpferd vom Himmel strahlt. Moment, eigentlich bin doch ich das Honigkuchenpferd. Über beide Ohren grinsend sitze ich im Sattel des geliebten Phileas, meines neuen Fahrrads.

Heute bin ich von Batchawana Bay aus auf dem Highway 17 am Ufer des Lake Superior gestartet. Beim Fahren ist die Sicht auf den größten Süßwassersee der Welt oft durch dichten Wald verdeckt, doch als ich zwischendurch eine Pause einlege und zum Strand hinuntergehe, spüre ich den Sprühnebel im Gesicht und frage mich, ob das tatsächlich noch ein See ist oder schon das Meer. Das Ufer am anderen Ende ist gar nicht zu sehen.

Obwohl sich meine Beine frisch anfühlen, muss ich das erste Mal auf asphaltierter Straße schieben. Ob das nur an dem schweren Gepäck liegt oder auch an den Bergen? Die Anstiege sind teuflisch, ich strample, so gut es geht, solange es geht – immer mit dem Gedanken im Hinterkopf, dass dies im Vergleich zu den bevorstehenden Rocky Mountains vermutlich ein Kinderspiel ist.

Am Nachmittag komme ich an einem traumhaften Strand vorbei und entscheide spontan zu bleiben. Vor ein paar Tagen habe ich an einem ähnlichen Strand die ersten tausend Kilometer meiner Kanada-Durchquerung per Fahrrad gefeiert. Mein Ziel ist Vancouver im Westen. Bis dorthin habe ich noch 4700 Kilometer vor mir.

Für Mitte Mai ist die Luft kalt, dennoch hüpfe ich zur Erfrischung kurz ins Wasser. Danach schlüpfe ich schnell in meine warmen Klamotten und baue das Zelt auf. Meine Euphorie lässt mich den Luxus der letzten Tage vergessen.

Heute gibt es keine heiße Dusche, kein bereits gemachtes Bett, kein vorbereitetes Abendessen. Es gibt keinen vollen Kühlschrank, kein WLAN, kein Lob. Keine Umarmung. All das konnte ich die letzten zwei Wochen genießen, denn meine Mutter hatte mich auf dem ersten Teil meiner Fahrradtour mit dem Auto begleitet. Abends trafen wir uns in vorgebuchten Motels oder Ferienwohnungen und hatten die Gelegenheit, uns über den vergangenen Tag auszutauschen.

Doch mittlerweile ist meine Mutter wieder nach Deutschland zurückgeflogen, und sosehr ich ihren Besuch genossen habe, so sehr freue ich mich nun auf die bevorstehenden Herausforderungen. Morgens nicht zu wissen, wo ich abends schlafen werde. Ohne Schutz dem Wetter ausgesetzt zu sein. Angewiesen auf die Hilfe fremder Menschen. Zugleich bin ich gespannt auf die neuen Kontakte, die ich zweifellos knüpfen werde.

Während ich mein erstes auf dem Campingkocher gekochtes Abendessen verputze, denke ich an eine Begegnung vor fünf Jahren zurück, die mein Leben verändert hat. In Brisbane traf ich auf Antony, der mit seinem Fahrrad an der Ostküste Australiens unterwegs war und mir die Erkenntnis gebracht hat, dass ich meine große Liebe, das Radfahren, mit meinem Traum vom Reisen verbinden kann. Nur kurze Zeit später tat ich es Antony nach und tauschte meinen Rucksack gegen Radtaschen, um von Adelaide bis

Perth zu fahren. 3500 Kilometer. Allein. Ich erinnere mich an viele tolle Menschen, beeindruckende Landschaften, enorme Glücksgefühle, aber auch Schwierigkeiten, an denen ich gewachsen bin. Mein Mut wurde belohnt. Daher ist es also nicht verwunderlich, dass ich mich nach meinem Bachelorabschluss in Gesundheitsmanagement erneut per Rad ins Ungewisse stürze.

Ich wasche meinen Teller flüchtig im See und kann es kaum erwarten, die Nacht im Freien zu schlafen. Warm eingemummelt in meinen Schlafsack, werde ich vom Wellenrauschen in den Schlaf gesungen.

Auf diese erste Nacht im Zelt in Kanada folgen viele weitere. Doch obwohl ich bereits Campingerfahrung habe, bin ich immer etwas aufgeregt. Diese Aufregung wird sich nie legen, ist aber nicht zu verwechseln mit Unwohlsein oder gar Angst und ist letztlich nur dem natürlichen Überlebensinstinkt geschuldet. Denn ich genieße jede Nacht im Zelt. Es ist mein Zuhause, meine eigenen vier Wände. Mein Schutzwall. Komme, was da wolle. Mein Fahrrad und ich gegen den Rest der Welt. Ja, so empfinde ich es tatsächlich. Ein bisschen stolz bin ich auch, dass ich trotz voll beladenem Fahrrad eine Durchschnittsgeschwindigkeit von zwanzig Stundenkilometern erreichen kann. Erkenntnis: Phileas und ich sind ein eingespieltes Team!

Der kalte Wind, der über den See herüberweht, begleitet mich die nächsten Tage. Mein Hintern tut weh, irgendwie sitze ich noch nicht so entspannt wie auf dem leeren Rad. Wegen meines Gepäcks falle ich nun auch anderen Reisenden auf. Die Unterhaltungen mit interessierten Fremden nehmen zu, und es ergeben sich spontane Einladungen.

Nach knapp 300 Kilometern bin ich am White Lake angekommen. Gerade habe ich mein Zelt an einer offensichtlich viel von Wohnwagen genutzten Stelle aufgebaut, als mein Nachbar mich auf ein erfrischendes Bier bei seinen Freunden einlädt. Ohne groß nachzudenken, sage ich zu. Owen nimmt mich mit auf sein Boot, und wenig später kommen wir an einer Holzhütte an, die im Wald versteckt liegt. Menschen stehen um ein Lagerfeuer herum, Musik erschallt, Lachen und Gespräche beleben die Abenddämmerung. Beim Erzählen verfliegt nicht nur die Zeit, sondern auch meine Müdigkeit. Plötzlich ist es dunkel, und die Wellen auf dem See sind zu hoch, um in Owens kleinem Motorboot zurückzufahren. Als würden wir uns schon ewig kennen, werde ich eingeladen, mit in der Hütte zu bleiben. Platz ist genug. Ich nehme dankend an.

Ursprünglich war der Plan, mich am nächsten Morgen zu meinem Zelt und Fahrrad zurückbringen zu lassen. Diese Planung hatte ich jedoch ohne die Leute vom Bear Camp gemacht. Aus einer Nacht werden am Ende drei und mein erstes richtig kanadisches Wochenende mit Barbecue and Beers und dem traditionellen Lagerfeuer-Snack S'More aus Marshmallow, Schokolade und Cracker. Tagsüber fahren wir Quad, cruisen auf dem See und angeln. Abends gibt es gegrillten Alligator oder frischen Zander und zum Abschluss eine Runde Karaoke.

Meine nächste überwältigende Erfahrung mit kanadischer Gastfreundschaft erwartet mich in Thunder Bay. Trotz spürbarem Schlafmangel bewältige ich die 380 Kilometer vom White Lake bis zur letzten Stadt am Lake Superior in nur drei Tagen. Der Grund: Ich habe mir eine Warmshower-Übernachtung organisiert, die ich nicht gleich wieder verschieben möchte.

Warmshower ist, ähnlich wie Couchsurfing, eine Community von reiselustigen, weltoffenen Menschen, die – wenn sie nicht gerade selbst auf Reisen sind – anderen Reisenden ein Bett anbieten. Oder eine Couch. Oder einen Zeltplatz. Warmshower unterscheidet sich von anderen ähnlichen Angeboten durch seine Spezialisierung auf Radfahrer. Alles ist kostenlos und funktioniert durch das Prinzip Geben und Nehmen. Wenn ich eine Übernachtung brauche, nehme ich. Wenn ich kann, gebe ich. Es bedarf zwar immer ein wenig mehr an Organisation, doch dieser Zeitaufwand wird durch die tollen Menschen, die abenteuerlichen Erlebnisberichte, das köstliche Essen und den – zugegebenermaßen – erholsamen Schlaf belohnt.

Ich hatte die Nacht bei Vikki in Thunder Bay schon einige Tage vorher angefragt, genau genommen vor meinem spontanen Wochenende am White Lake. Die Bestätigung bekam ich am Abend vor meiner geplanten Ankunft, als ich das kostenlose WLAN in einem der zahlreichen Tim-Hortons-Coffeeshops nutzte. Mein Handy ist beim Fahren normalerweise ausgeschaltet, und ich habe ohnehin kein mobiles Internet.

Bevor ich abends in Thunder Bay eintreffe, begegne ich einem amerikanischen Pärchen und höre das erste Mal vom Oimet Canyon. Die beiden machen mir den Ausflug schmackhaft und drücken mir sogar noch zwanzig Dollar für den Eintritt in die Hand. Ich muss also quasi hin. Die Hitze ist schon auf der Straße unerträglich. Es wird nicht besser, je dichter ich zum Canyon komme.

Aber ich werde belohnt. Zwei Hängebrücken über der Schlucht, ein Wanderweg am Fluss entlang, ein Picknickplatz im Schatten und eine herzliche Dame am Eingang, die mir beim Rausgehen zwei Postkarten und eine Kette schenkt. Dieses Glück lässt mich vergessen, dass ich die acht Kilometer Schotterstraße zum Highway auch wieder zurückfahren muss. Ich fluche, aber letztlich ist es doch nicht so schlimm. Nur setze ich mich angesichts der getroffenen Verabredung mit Vikki unterschwellig unter Druck. Typisch deutsch, dass es mir selbst hier, fernab der Heimat, zutiefst widerstrebt, zu spät zu kommen.

Der viele Verkehr, die schlechten Straßenbedingungen und die ständigen Ampeln in der Stadt bedürfen am Ende des Tages noch mal richtiger Konzentration. Radfahren in Städten macht tatsächlich oft keinen Spaß. Aber gut, heute haben sich die Strapazen gelohnt.

Vikki lädt mich – nach überfälliger Dusche – zum Abendessen ein. Zum Nachtisch gibt es eine aus Thunder Bay stammende Delikatesse, einen »Perser«. Dabei handelt es sich um eine Art Zimtschnecke mit traditionell rosa Sahnehäubchen. Sehr lecker jedenfalls. Vikki ist selbst vor ein paar Jahren mit einer Freundin von Vancouver bis nach St. John's geradelt. Sie weiß also, was man nach einem langen Tag im Sattel braucht.

Am liebsten würde sie mich am nächsten Morgen ein Stück begleiten, doch sie hat beruflich zu tun, und so fahre ich allein weiter. Der Highway 11 würde mich auf einem wesentlich kürzeren Weg nach Vancouver bringen – aber durch die USA. Und das wäre ja Schummelei. Also bleibe ich auf dem Highway 17. Es fängt an zu regnen, und ich ziehe mir für zwanzig Minuten meine Regensachen über. Trotzdem werde ich patschnass. Vom Schweiß, nicht vom Regen. Der hat nach fünf Minuten wieder aufgehört.

Die Strecke ist hügelig, dennoch komme ich gut voran. Auf der Suche nach einem guten Zeltplatz an einem See stoße ich auf Ken und March. Sie wohnen am Ende einer Schotterstraße und passen auf die Fischerhütten auf, die im Winter auf dem zugefrorenen See stehen und im Sommer logischerweise an Land. Nachdem ich mein Zelt im Vorgarten aufgeschlagen habe, springe ich zur Erfrischung in den See. Zum Abendbrot wird gegrillt, und ich bin wieder einmal eingeladen. Als im Radio eine Sturmwarnung kommt, bietet March mir an, in ihrer eigenen Fischerhütte zu übernachten. So baue ich mein Zelt wieder ab und darf die Nacht geschützt im Warmen verbringen. Zwar habe ich damit mein Zelt schon zum zweiten Mal umsonst aufgebaut, aber die nette Einladung konnte ich nicht ausschlagen. Und als ich nachts den Sturm wüten höre, bin ich mir sicher, die richtige Entscheidung getroffen zu haben. Mal davon abgesehen: Wer kann schon von sich behaupten, eine Nacht in einem Ice Shack verbracht zu haben?

Mit Musik in den Ohren kämpfe ich mich die 125 Kilometer in die nächste Stadt. In Ignance helfen kalte Cola und ein leckerer Burger, mein Kaloriendefizit auszugleichen. Müde suche ich in der Dämmerung einen Schlafplatz und befinde mich plötzlich – unwissend – auf Privatgelände. Die Eigentümer heißen mich später willkommen. Ein unfassbar schönes Plätzchen zum Baden. Wenn sich nur nicht so viele Mücken an meinem Blut erfreuen würden!

Mittlerweile befinde ich mich in der »Central Standard Time«. Die erste von vielen weiteren Zeitumstellungen auf der Reise. Statt um acht Uhr sitze ich schon um sieben beim Frühstück. Zum Glück habe ich mein Lager so früh abgebrochen und mein Zelt im Trockenen einpacken können. Auf einmal fängt es nämlich an zu schütten. Die großen Tropfen verwandeln sich bald in Nieselregen, und ich bin zu faul, die Regensachen an- und wieder auszuziehen. Ich beschließe, das Wasser einfach als Erfrischung zu betrachten, und am Nachmittag wird es sogar richtig warm!

Durch den frühen Start bin ich sehr zeitig am Ziel. Eigentlich wollte ich in Dryden bei Chrystal und Mike übernachten, einem Pärchen, das ich an dem Wochenende am White Lake kennengelernt hatte. Da die beiden bis zum nächsten Abend verreist sind, entscheide ich, einen Tag Pause einzulegen. Zum Glück bietet der Strand in Dryden genügend Möglichkeiten zum Campen. Bis spät in die Nacht wird hier noch geangelt. Ich zögere den Zeltaufbau etwas hinaus, weil ich nicht möchte, dass die Angler mir Fragen stellen. Bisher hatte ich noch nie irgendwo Probleme, provozieren möchte ich trotzdem nicht. Und in Dryden geht wieder alles gut.

Nach einer Kraulrunde im See und einem ausgiebigen Frühstück, das ich mir tags zuvor im Supermarkt besorgt habe, begebe ich mich zurück in die Stadt. Heute Abend werde ich in jedem Fall bei Chrystal und Mike schlafen. Bis dahin habe ich Zeit, meinen für Familie und Freunde eingerichteten Reiseblog zu aktualisieren und mir zu überlegen, auf welcher Strecke ich weiterfahren möchte. Dank Alex verläuft der Tag anders als geplant. Alex macht auch eine Kanada-Durchquerung mit dem Fahrrad, allerdings von Vancouver nach Ottawa (also in die entgegengesetzte Richtung). Zufällig hat er in dem Tim Hortons eine Pause eingelegt, an dem ich in meiner Wartezeit vorbeilaufe. Sein bepacktes Fahrrad fällt mir auf, also gehe ich in den Coffeeshop hinein.

Wir unterhalten uns über zwei Stunden, denn Alex ist erschöpft und nicht sonderlich motiviert weiterzufahren. Ich wollte den Tag ja ohnehin nicht im Sattel verbringen. Als er mir vom dichten Verkehr, insbesondere den rasenden Lkws, auf dem Highway 1 erzählt (er hat den direkten Weg genommen), fällt mir die Entscheidung gegen ebendiese Strecke leicht. Wenigstens ein Punkt auf meiner To-do-Liste abgehakt.

Am Nachmittag treffe ich bei Chrystal und Mike ein. Das Wetter ist wieder sonnig, und ich spiele mit ihren Töchtern im Garten, während Chrystal leckere Lasagne zum Abendessen zubereitet. Später sitzen wir noch lange zusammen und erinnern uns an das gemeinsame Wochenende am See.

Um unzählige Erlebnisse reicher verlasse ich zwei Tage später Ontario und passiere bald darauf den Mittelpunkt Kanadas. In Winnipeg kämpfe ich nicht nur mit dem Verkehr, auch strömender Regen zerrt an meinen Nerven. Bin ich froh, dass ich für heute wieder ein Dach über dem Kopf sicher habe.

Die Straßen in der Stadt sind überflutet. Ich muss durch eine Unterführung, wo mir das Wasser bis zu den Knöcheln reicht – obwohl meine Füße auf den Pedalen stehen! Abends erfahre ich aus den Fernsehnachrichten, dass ich einen der stärksten Stürme des Jahres erlebt habe.

Triefnass klingle ich bei meinen Gastgebern. Mir ist es extrem unangenehm, doch trotz tropfender Klamotten werde ich herzlich willkommen geheißen.

Phileas darf in der Garage schlafen, während meine Kleidung im Wäschetrockner trocknet. Perfekt! Manchmal muss das Timing einfach stimmen. Ich weiß nicht, was ich gemacht hätte, wenn ich heute hätte campen müssen.

Am nächsten Morgen hat der Regen kurzzeitig aufgehört, und dank hilfreicher Tipps von meinen Gastgebern kann ich den Berufsverkehr auf einem Radweg stadtauswärts meiden. Nachdem ich die Vororte verlassen habe, folge ich ruhigen Landstraßen bis nach Portage La Prairie.

Die neunzig Kilometer laufen so gut, dass ich Wind und Tageslicht nutzen möchte, um weitere Kilometer zu schaffen. Ich biege gerade auf den Highway 16 ab, als es plötzlich nicht mehr weitergeht. Mein Hinterreifen ist platt! So ein Pech! Hätte das nicht in der Stadt passieren können? Was soll's. Der erste Platten nach 2573 Kilometern – da kann man sich eigentlich nicht beschweren. Wenigstens kommt das Werkzeug mal zum Einsatz. Schnell ist das Rad auf den Kopf gestellt und der Reifen abmontiert. Den schmalen Mantel von der Felge zu bekommen ist eine Qual. Schlimmer ist dann noch die Erkenntnis, dass der Mantel hinüber ist. Das Flicken des Schlauches spare ich mir, denn mit diesem Mantel weiterzufahren ist keine Option.

Per Anhalter fahre ich die zehn Kilometer zurück in die Stadt, während ich Phileas und mein Gepäck mit einem mulmigen Gefühl im Straßengraben zurücklasse. Dafür ist im Auto nicht genug Platz. Der nette Fahrer weiß von einem Fahrradgeschäft, und so bin ich guter Dinge, dass ich schnell wieder auf die Straße komme.

Pustekuchen. Zunächst fährt ein Angestellter des Ladens mit mir zurück, um meine Sachen zu holen. Dann wird mein Rad einer Inspektion unterzogen, und man rät mir, zwei neue und breitere Reifen aufzuziehen. Klingt nach einer vernünftigen Investition. Durch das Hin und Her, die Warterei und die Gespräche bin ich erst um halb acht abends wieder fahrbereit.

Ich hätte in Portage bleiben können, aber mein Ehrgeiz treibt mich weiter. Schließlich ist es noch drei Stunden hell. Etwas widerwillig nehme ich die Fahrt wieder auf. Als ich feststelle, dass die drei verbleibenden Stunden nicht ausreichen, um einen gescheiten Rastplatz oder gar eine Unterkunft zu erreichen, sitze ich auf einmal zähneknirschend im Sattel.

Wieso mache ich das eigentlich? Warum fahre ich weiter?

Ich fange an, Dinge in Frage zu stellen. Weshalb hatte ich heute eine Panne? Wieso ausgerechnet heute – an einem Tag voller Hochstimmung und der Möglichkeit, einen neuen Kilometerrekord aufzustellen?

Zum Glück bin ich die Einzige, die die Konsequenzen meines Handelns tragen muss. Im Regen baue ich mein Zelt hinter einem Stromkasten auf.

Es schüttet den vierten Tag in Folge. Mit Regen einschlafen, mit Regen aufwachen. Besserung scheint nicht in Sicht. Am nächsten Morgen beschließe ich, ins nahe gelegene Dorf Gladstone zu fahren, um dort bei einem Kaffee den Tag zu planen. Irgendwie schaffe ich es, den Abzweig zu verpassen. Jedenfalls komme ich vollständig durchnässt nach 35 Kilometern nicht in Gladstone, sondern in Neepawa an. Der örtliche McDonald's muss als Heizung und Trockner herhalten.

Während ich frühstücke, schaue ich mir die Wettervorhersage an und entscheide spontan, eine Airbnb-Unterkunft in der nächstgrößeren Stadt zu buchen. Noch nicht wieder vollständig getrocknet, kann ich auch ein paar Kilometer weiterfahren. Nur zelten möchte ich nicht wieder bei diesem Wetter. Meine Sachen sind nass, und mir ist durchgehend kalt. Landschaftlich gibt es schon seit Tagen keine Abwechslung. Der Highway 16 scheint nicht viel spektakulärer als der Highway 1 zu sein. Ich bin in der Prärie angekommen, der Steppe, der Gras- und Strauchlandschaft, wo Bisons, Kojoten und Pferde zu Hause sind. Doch nicht einmal die Sichtung dieser Tiere bessert heute meine Stimmung. Der Wind weht von allen Richtungen, und ich muss mich extrem auf die Straße konzentrieren.

Ausgelaugt komme ich bei der Unterkunft in Minnedosa an. Das Apartment ist deutlich zu groß für mich, aber ich genieße die Weiträumigkeit – ist halt doch etwas komfortabler als ein Zelt. Ich breite alle meine nassen Sachen, inklusive Zelt, im Raum aus und lege die Beine hoch. Ein wenig Luxus nach getaner Arbeit kann ich mir guten Gewissens gönnen. Schließlich ist es die erste von mir selbst gezahlte Unterkunft seit einem Monat.

2664 Kilometer haben Phileas und ich in den vergangenen dreißig Tagen gemeinsam bewältigt. Wie viele noch folgen werden, ist offen. Denn obwohl ich mein Rad nach dem Protagonisten Phileas Fogg aus Jules Vernes' Roman *In 80 Tagen um die Welt* benannt habe, sind weder die achtzig Tage ein Limit noch die Welt ein in Stein gemeißeltes Ziel. Doch hier und heute spiele ich das erste Mal mit dem Gedanken, meine Reise über das ursprüngliche Ziel hinaus fortzusetzen. Wer weiß, möglicherweise ist nach Vancouver noch nicht Schluss – mit Phileas und mir.

Nach ausführlichem Brainstorming über mögliche weitere Routen entscheide ich mich, trotz anhaltendem Regen von Minnedosa Richtung Norden zu fahren. Hier wartet der Riding-Mountain-Nationalpark auf mich. Außerdem habe ich einen Couchsurfer in der nächsten Stadt aufgetan. So werde ich zwar tagsüber nass, habe aber ein trockenes Plätzchen zum Schlafen sicher.

Beim Versuch, die Hauptstraße zu umfahren, lande ich auf einer Schotterpiste, die durch den Regen zu einer wahren Schlammpiste geworden ist. Es ist neblig, und ich bezweifle schon jetzt, dass mein Plan, durch den Nationalpark zu fahren, die richtige Entscheidung war. Als ich den Park betrete, klart es ganz kurz auf. Die Aussicht ist unerwartet grün. Ich fahre durch Wald und an Gewässern entlang. Eine willkommene Abwechslung nach dem öden Farmland der letzten Tage. Manitoba hat augenscheinlich mehr zu bieten als nur die Prärie. Doch schon bald darauf ist wieder alles grau und kalt.

Wenigstens die Nacht in Dauphin ist trocken. Am nächsten Tag genieße ich bei meinen Gastgebern ein leckeres Frühstück, doch der Wettergott meint es nach wie vor nicht gut mit mir. Bei Gegenwind kämpfe ich mich dreißig Kilometer bis zum nächsten Dorf vor und wärme mich bei einer heißen Schokolade und einem Stück Kuchen auf. Ich versuche, rational zu denken. Hat es in diesem Moment überhaupt noch Sinn weiterzufahren? Ich versuche, mich zu motivieren, indem ich mir vorstelle, dass mir heute bestimmt noch etwas Schönes passieren wird.

Die Motivation hält bis zum Dorf mit dem wohlklingenden Namen Grandview. Da es gerade ausnahmsweise nicht regnet, beschließe ich, heute Abend zu campen. Es gibt eine Schule, einen Friedhof und einen Sportplatz. Ein geeignetes Plätzchen wird schon zu finden sein – eben nur noch nicht so früh am Tag. Ich versuche, die Pause produktiv zu nutzen, setze mich auf eine Parkbank, hole meinen Laptop raus und schreibe an meinem Blog-Tagebuch. Nach einer Weile marschiere ich mit meinen Wasserflaschen los und suche eine Quelle zum Auffüllen. Ich werde nicht fündig und überlege gerade, jemanden anzusprechen, als ich ein Hinweisschild zu einem Campingplatz entdecke. Obwohl ich bisher von offiziellen Campingplätzen Abstand genommen habe, fahre ich neugierig hin.

Die Entscheidung erweist sich als goldrichtig! Der Zeltplatz befindet sich hinter dem Community Center, wo es Wasser, Toiletten und Internet gibt. Der Platz selbst ist wie ausgestorben. Während ich mein Zelt in der Sonne aufbaue, den Akku meines Handys auflade und Abendbrot esse, läuft eine Frau mit ihrem Hund vorbei. Muss ich jetzt zahlen? Doch es ist nur eine Bewohnerin aus dem Dorf, die sich mit mir unterhalten möchte. Als wir von immer mehr Mücken umschwirrt werden, verabschieden wir uns. Ich mache noch ein paar Fotos und will zur Abwechslung mal zeitig schlafen gehen, als ein Auto angefahren kommt. Wieder denke ich, dass ich jetzt wohl doch die Gebühr entrichten muss. Doch es ist Sharon, die Dame mit dem Hund, die ihr Abendbrot mit mir teilen möchte und eine halbe Pizza vorbeibringt.

Ich träume von Rückenwind und hoffe für morgen auf die magischen Kräfte dieser Pizza.

Und tatsächlich fahre ich am nächsten Tag satte 215 Kilometer! Es ist die längste Strecke, die ich jemals an einem Tag mit dem Fahrrad zurückgelegt habe, und dann auch noch mit Gepäck. Ich überschreite die Grenze zu Saskatchewan und kann kaum glauben, wie schnell ich Manitoba durchquert habe. Nach einem obligatorischen Fotostopp fahre ich weitere 64 Kilometer, ganz ohne Pause, bis nach Yorkton. Eigentlich habe ich für heute genug geschafft, aber ich habe Rückenwind, und den sollte ich nutzen. Also stärke ich mich mit Banane, Avocado, Erdnussbutter, Keksen und Schokomilch aus dem Supermarkt und kaufe außerdem Studentenfutter und Sonnencreme. Während meine Beine in der Sonne baumeln, suche ich auf der Karte nach einer Übernachtungsmöglichkeit. Mit einem abendlichen Ziel vor Augen vergeht die Zeit tatsächlich schneller. Ich mache einen Rastplatz in 89 Kilometer Entfernung aus, schwinge mich hochmotiviert zurück in den Sattel und lasse mich vom Wind treiben. Durchschnittsgeschwindigkeit am Ende des Tages: 30,5 Stundenkilometer – das ist und bleibt der Rekord.

Ganz nebenbei habe ich die 3000-Kilometer-Marke überschritten und freue mich auf den nächsten Meilenstein. Zu früh gefreut? Man soll den Tag nicht vor dem Abend loben …

Nach einem guten Tag fühlt sich Gegenwind gleich doppelt so schlimm an. Kurz nach dem Verlassen meines Schlafplatzes treffe ich ein Pärchen aus Vancouver. Margo und Chris radeln in die andere Richtung und fliegen beinahe an mir vorbei. Als sie mir gestehen, dass sie gestern des Windes wegen pausiert haben, fühle ich mich deutlich besser. Ich muss gar nicht weiter. Wenn überhaupt, dann möchte ich es. Eine Verabredung mit den beiden in ihrem Haus in Vancouver gibt mir die nötige Motivation zum Weitermachen. Die beiden befinden sich gerade auf einem zweiwöchigen Radurlaub und wollen von ihrer Zieldestination mit dem Zug zurückfahren. Doch auf mich warten bis Vancouver noch etliche Kilometer, viel Wind und Regen, aber auch neue Bekanntschaften.

Auf einer ziemlich langen, geraden Straße geht es weiter gen Westen. Ich komme nach North Battleford, und obwohl ich genug Zeit und auch Energie zum Weiterfahren gehabt hätte, rufe ich mir in Erinnerung, was mir einer meiner Gastgeber mit auf den Weg gegeben hatte: »Beim Rasten und Ruhen lernst du viel mehr als beim Rasen.«

Also widme ich mich der Übernachtungsfrage. Wo schlafe ich heute Nacht? Ein für viele beängstigendes Gefühl ist für mich Teil des Abenteuers geworden. Wenn ich morgens nicht weiß, wo ich am Abend übernachte, bleibe ich offen für jegliche Eventualitäten. Ich kann spontan sein, ohne Pläne über den Haufen werfen zu müssen. Gibt es keinen Plan, kann ich mir selbst auch nicht vorwerfen, ihn nicht eingehalten zu haben. Ich kann situationsabhängig entscheiden und auf meine Bedürfnisse hören – zumindest theoretisch. Allerdings melden sich noch zu oft Wetteifer und Zielstrebigkeit. Oft denke ich: Ach, die hundert Kilometer mache ich noch voll. Oder eben die 200 Kilometer … Doch diese Reise ist kein Wettkampf, kein Wettlauf um die beste Zeit. Es ist meine Reise.

Dank Couchsurfing komme ich diesmal in den Genuss einer Stadtrundfahrt, eines eigenen Zimmers, darf mein Fahrrad im

Wohnzimmer parken, werde zum Abendessen eingeladen und darf dann auch noch mit einem süßen Lämmchen schmusen, während meine Gastgeber ihre Pferde füttern. Mein Hilfsangebot wird mit der Ansage: »Du hast heute schon genug gemacht! Du ruhst dich aus!«, freundlich abgelehnt. Später entschuldigen sie sich sogar dafür, mich noch so lange auf den Beinen gehalten zu haben. Obwohl ich diejenige bin, die sich für schmutzige Kleidung, stinkende Schuhe und generelle Unordnung im Haus entschuldigen müsste. Trotz allem hätten sie mich gerne noch ein paar Tage länger beherbergt, doch die Windvorhersage ist vielversprechend. Ich schnalle mal wieder meine Siebensachen ans Rad und mache mich auf den Weg. Der Wind kommt aus Südost, und ich fahre nach Nordwesten. Das wird ein Fest!

Ich folge den Empfehlungen des Ehepaars aus Vancouver und bleibe für die nächsten Tage auf ruhigen Nebenstraßen. Der Verkehr soll auf der Hauptstraße nach Edmonton grässlich und gefährlich sein. Die Ausweichroute ist insofern eine Erleichterung, denn die Anzahl der Autos ist überschaubar. Aber da sind immer wieder diese Hügel, und ich frage mich allmählich, wie ich eigentlich die Rocky Mountains überstehen soll, die schon bald am Horizont zu sehen sind.

Klebrig von zerlaufener Sonnencreme komme ich nach 182 Kilometern in Wainwright, Alberta, an. Der Wind ist mir neuerdings gewogen, und ich hänge dreißig Kilometer dran, bevor der immer schwärzer werdende Himmel mich zum Zeltaufbau unter einem Unterstand am Straßenrand bewegt. Zwar hatte der ehrgeizige Teil von mir gehofft, heute meinen Rekord von 215 Kilometern zu brechen, doch die Gewissheit, im Trockenen schlafen zu können, siegt. Allerdings kenne ich ziemlich schnell den Grund, warum an diesem Parkplatz keine anderen Camper übernachten: vielbefahrene Eisenbahnschienen. Also Ohrstöpsel rein und durch. So habe ich die wenigstens nicht ganz umsonst eingepackt.

Nach einem völlig unspektakulären Tag (auch mal ganz angenehm, nicht von Ereignissen und Eindrücken überfrachtet zu sein) schaffe ich es ins dörfliche Tofield. Ich entscheide mich spontan für den offiziellen Campingplatz. Ein beheiztes Waschhaus mit Dusche und Toiletten bietet mir Schutz vor Kälte und Nässe, die mich erneut den Großteil des Tages begleitet haben. Irgendwie hatte ich mir den Sommer hier in Kanada anders vorgestellt. Genau genommen haben wir ja auch erst Frühling oder maximal Frühsommer, denn es ist gerade Anfang Juni. Also besteht noch Hoffnung.

Da ich anscheinend die Einzige bin, die bei so einem Wetter naturnah reist, habe ich das Waschhaus ganz für mich allein. Ich breite meine nassen Klamotten aus, betreibe Katzenwäsche, lade Powerbank und Handy-Akku in den vorhandenen Steckdosen, bevor ich mein Abendbrot, ebenfalls im Trockenen, genieße. Bis zum Schlafengehen bleibe ich in meinem kleinen Unterschlupf, äuge nur hin und wieder nach draußen, um zu prüfen, ob mein Zelt noch steht. Der Wind läuft zu Hochtouren auf, und mein kleines portables Zuhause wird enorm durchgeschaukelt. Aber es hält stand!

Ich freue mich bei dem Gedanken, dass mir bisher alles irgendwie gelungen ist. Wenn ich einen Unterschlupf brauchte, habe ich einen gefunden. Wenn ich hungrig war, habe ich schon bald etwas zu essen bekommen. Wenn das Wasser aufgebraucht war, gab es immer eine Möglichkeit zum Nachfüllen. Und wenn die Motivation im Keller war, haben mich Begegnungen mit Unbekannten wieder aufgebaut. Bei so vielen guten Erlebnissen entwickelt sich ein gewisses Grundvertrauen in die Güte dieser Welt, in die Macht des Universums und natürlich in meine eigenen Fähigkeiten.

Der Sturm hat über Nacht weiter zugenommen. Der Zeltabbau wird ein Abenteuer im Abenteuer, und als mein Rad endlich gepackt ist, fahre ich nur kurz um die Ecke, um in einer Raststätte zu frühstücken. Beim Essen werde ich mitleidig beobachtet.

Bis Edmonton, zu meinem nächsten Etappenziel, sind es siebzig Kilometer. Ich bin nicht in Eile. Doch Wind und Regen lassen keine Gnade walten. Meine Hände umklammern den Lenker. Meine Schuhe habe ich präventiv von der Klick-Pedale gelöst. Die Regenjacke ist durchnässt. Beim Fahren fühle ich mich weder wohl noch sicher. Ich werde regelrecht von links nach rechts geweht und kann kaum noch etwas sehen – Regenwasser klatscht mir ins Gesicht. Dann wird der Regen zu Hagel, und nach gerade einmal acht Kilometern gebe ich auf. Ich könnte zurückfahren und meinen Gastgebern in Edmonton Bescheid geben. Sie hätten sicherlich Verständnis dafür, wenn ich einen Tag später auftauche. Aber ich bin nass, mir ist kalt, und ich fühle mich schwach. Eine weitere Nacht im Zelt klingt nicht gerade einladend. Also entscheide ich mich für die bequemere Lösung und halte meinen Daumen raus.

Keine drei Minuten vergehen, bis ein Pick-up-Truck anhält. Wir heben mein schweres Rad auf die Ladefläche und fliegen förmlich nach Edmonton. Ich werde an einem Shoppingcenter abgesetzt und habe Zeit, mich umzuziehen, aufzuwärmen und sogar ein wenig im Internet zu surfen, bevor ich mich am Nachmittag zu meinen Gastgebern begebe.

Hagel und Regen haben sich verzogen, aber es stürmt noch immer. Ich muss eine Brücke überqueren und steige ab, da ich sonst sicherlich in die Aufhängung geweht worden wäre. Wie froh ich bin, als ich unversehrt bei Rob und Natalie ankomme. Ohne Zögern wird mir ein Wohnungsschlüssel überreicht, damit ich den morgigen Tag in der Stadt ganz frei gestalten kann.

In der Frühe versuche ich zunächst, die nächsten Etappen zu organisieren, doch schon bald zieht es mich in die Stadt. Obwohl oder vielleicht gerade weil ich jeden Tag draußen aktiv bin, fällt es mir zunehmend schwerer, länger am Computer zu sitzen. Vor allem hier in Edmonton, wo eine ganze Stadt darauf wartet, erkundet zu werden, kann ich dem Drang nach draußen nicht widerstehen. Heute dann aber zu Fuß.

Ich genieße das Herumschlendern, kaufe neue Bremsbacken für Phileas und ein Gästebuch für Rob und Natalie. Eine Pizza am Abend füllt meinen Kohlenhydratspeicher auf. Ein letzter Blick in den Wetterbericht verspricht Besserung für morgen (weniger Wind und kein Regen). Hoffentlich bestätigt sich diese Vorhersage!

Der entspannte Ruhetag hat Wunder bewirkt. Die Straße ist verhältnismäßig flach, die Landschaft grün und die Weite traumhaft. Bei einer Snackpause mit Banane und Schokomilch – irgendwie muss ich meinen Zuckerhaushalt wieder ins Gleichgewicht bringen – entdecke ich auf der Karte einen Rastplatz, den ich für den Abend anpeile. Ich stelle fest, dass es ein beliebter Trucker-Stopp ist. Ein ständiges Kommen und Gehen. Dennoch entscheide ich zu bleiben. Ich unterhalte mich mit mehreren Leuten, ernte Anerkennung und Respekt. Das Angebot einiger Motorradfahrer, mir etwas aus der nahe gelegenen Stadt mitzubringen, lehne ich dankend ab. Als die ersten Regentropfen fallen, verziehe ich mich nach drinnen. Denn tatsächlich hat dieser Rastplatz ein superschickes und neues Toilettenhaus mit Aufenthaltsraum, Glasfenstern und Trinkwasser. Als es dunkel wird und immer stärker regnet, hole ich mein Rad ins Häuschen und entscheide spontan, meinen Schlafsack in einer versteckten Ecke auszubreiten. Weniger gemütlicher als mein Zelt, aber auf das Aus- und Einpacken der nassen Plane verzichte ich gerne. Vor allem wenn es eine trockene Alternative gibt.

Es folgt eine Nacht, die leider alles andere als erholsam ist. Lkw-Fahrer rasten und starten die gesamte Nacht. Ich wache immer wieder auf, kann schon früh am Morgen kein Auge mehr zutun und bin ziemlich gerädert.

Meine Beine machen trotzdem mit – und das ist der Vorfreude zu verdanken. Schon bald nämlich kann ich in der Ferne die ersten schneebedeckten Gipfel sehen. Die Rocky Mountains! Ich habe Gänsehaut. Was für ein erhebendes Gefühl es ist, hier zu sein – ganz ohne motorisiertes Vehikel, nur aus eigener Kraft und ohne die Umwelt zu verschmutzen. Meine Begeisterung und mein Glücksempfinden lassen mich in diesem Moment jegliche Anstrengung und jeden Schmerz vergessen. Das kann man vermutlich nur verstehen, wenn man es selbst erlebt hat.

Es ist bereits Abend, als mich ein Auto überholt und kurz vor mir eine Vollbremsung macht. Als ich auf gleicher Höhe bin, fährt der Wagen langsam neben mir her. In mir breitet sich Unbehagen aus. Was will der Typ da in dem Auto?

»Wo schläfst du heute Nacht?«, fragt er.

Ich antworte nicht.

»Bieg in fünf Kilometern links auf einen kleinen Trampelpfad ab«, verrät er mir, »da findest du eine versteckte Lichtung.«

Und weg ist er. Eigentlich sollten spätestens jetzt alle Alarmglocken läuten. Doch ich bleibe ruhig. Trotz seines anfänglich irritierenden Verhaltens vertraue ich ihm. Ist das mein siebter Sinn oder die Menschenkenntnis, die ich durch meine bisherigen Reisen gewinnen konnte? Letztendlich weiß man nie, was passieren wird. Aber meine Intuition hat mich nicht getäuscht. Vielleicht bin ich auch einfach nicht schneller gefahren, als mein Schutzengel fliegen kann.

Der Tipp bewahrt mich jedenfalls vor einer weiteren unruhigen Nacht an einem Lkw-Rastplatz. Ich baue mein Zelt auf und hänge einen Beutel mit Essen, Zahnpasta und Schmutzwäsche in einen ausreichend entfernten Baum. Bärensicher. Dann drehe ich noch eine kleine Runde und mache auf einem Felsvorsprung ein Selfie von mir und dem Sonnenuntergang, bevor meinem Handy der Saft ausgeht. Als es dämmert, laufe ich zurück. Ich bleibe am Fahrrad stehen, das ich an einem Baum geparkt habe, schließe es an und drehe mich gedankenverloren um.

Und da ist er plötzlich. Mein erster Bär. Keine drei Meter von mir entfernt. Ich, der Bär und mein Zelt, zu dem ich jetzt gerne flitzen würde, um meine Kamera zu holen. Rennen wäre aber keine gute Idee, und wahrscheinlich hätte ich es ohnehin nicht gekonnt, denn mein Körper ist plötzlich wie erstarrt. Mit großen Augen beobachte ich den Bären und versuche, anhand seines Aussehens festzustellen, ob es ein Grizzly-, ein Braun- oder ein Schwarzbär ist. Letztlich erfreue ich mich einfach seiner Anwesenheit. Gott sei Dank interessiert er sich nicht für mich, sondern nur für den kleinen Bach am Rande der Lichtung. Als er sich aus meinem Blickfeld entfernt, verschwinde ich schnell in mein Zelt. Manchmal ist es besser, nicht zu wissen, was da draußen in der Nacht so vorgeht.

Kapitel 2
Wanderparadies Rocky Mountains

Endloser Gegenwind, unendliche Weite, grüne Wiesen und Felder, so weit das Auge reicht, werden abgelöst von kristallklaren Seen, schneebedeckten Gipfeln und dem ersten 2000-Meter-Pass. Die Steppe habe ich nun endgültig hinter mir gelassen. Ich fahre in die Berge. Am Jasper-Nationalpark habe ich eine Gesamtstrecke von 4000 Kilometern hinter mich gebracht und endlich die Rocky Mountains erreicht.

Jeder erzählt von der Schönheit dieser Gegend, doch niemand beneidet mich darum, dass ich sie mit meinem schweren Rad durchqueren möchte. Doch das ist – wie so vieles im Leben – wieder nur eine Frage des Standpunkts. Und der fremden Erwartungen, die oftmals von meinen eigenen abweichen. So war die Prärie, die viele Kanadier als eintönig oder gar öde bezeichnen, für mich rückblickend anstrengender als die Rocky Mountains.

Der nun folgende Abschnitt meiner Tour durch Alberta ist geprägt von faszinierenden Aussichten, aufregenden Wanderungen und herzlichen Begegnungen mit anderen Radfahrern. Durch den Kauf des »Discovery Pass« verschaffe ich mir für ein gesamtes Jahr unbeschränkten Eintritt in sämtliche kanadische Nationalparks.

Trotz andauernden Nieselregens begleitet mich mein breites Grinsen. Die Ausblicke sind einfach unbeschreiblich. Ich lege häufiger Fotostopps ein als bisher und baue hier und da kleine Ausflüge zu besonderen Aussichtspunkten ein. Dadurch komme ich langsamer voran als bisher, aber das macht nichts. Schließlich geht es nicht darum, diese einmalige Reise in Höchstgeschwindigkeit hinter mich zu bringen.

Als es eines Morgens wieder einmal regnet, streiche ich kurzerhand alle Outdoor-Aktivitäten vom Tagesplan und entscheide mich für einen ruhigen Tag in der Stadtbücherei. Diese Tage werden im Verlauf der Reise zunehmend wichtiger. Sie geben mir Zeit, Gedanken niederzuschreiben, mit Freunden und Familie in Kontakt zu bleiben und den nächsten Streckenabschnitt zu planen.

Zunächst einmal fahre ich ein Stück auf dem Icefields Parkway – dem angeblich schönsten Highway der Welt. Endlich werde ich die Berge erklimmen, die sich schon seit einigen Tagen am Horizont auftun. Per Rad natürlich. Um zu überprüfen, ob es wirklich so anstrengend ist, wie mir alle prophezeiten. Ich habe Respekt. Vor Bären, vor dem Autoverkehr und nicht zuletzt vor den Anstiegen. Die Ausblicke sorgen glücklicherweise für regelmäßige Adrenalinschübe, und der Wettergott hat eingesehen, dass körperliche Arbeit mit Sonnenstrahlen belohnt werden sollte.

Ich überhole ältere Herren, alle über sechzig, der älteste ist sogar schon 85. Das Radfahren scheint hier eher ein Hobby für Herren im Ruhestand zu sein. Die Frauen bleiben zu Hause, und die Männer ziehen mit ihren Rädern los. Meinen höchsten Respekt haben sie allemal. Ich wünsche mir, im hohen Alter ebenfalls so fit zu sein.

Ob sie sich auch mit Schokolade und anderen Naschereien über Hitze und Anstrengung hinweghelfen? Eigentlich erschreckend, wie viel Zucker ich auf dieser Radtour futtere. Ich, als studierte Gesundheitsmanagerin. Aber irgendwie schaffe ich es, meinen Kalorienhaushalt im Gleichgewicht zu halten.

Entlang des Athabasca-Flusses geht es zu den Athabasca Falls und den Sunwapta-Wasserfällen. Solange ich am Fluss entlangradle, ist der Anstieg kaum spürbar. Doch dann, nach neunzig Kilometern, zwingt mich ein kurzer, aber erbarmungsloser Anstieg dermaßen in die Knie, dass ich froh bin über meinen kleinen Kalorienpuffer.

Ohne Schieben, dafür mit etlichen kleinen Pausen komme ich am Icefield Discovery Center an, das auf knapp 2000 Metern Höhe liegt. So hoch brachte mich in meinem bisherigen Leben nur ein Skilift.

Das Wetter ist vielversprechend, und so entscheide ich, einen Wandertag einzulegen, um die Gegend per pedes zu erkunden. Am Campingplatz, der vom Athabasca-Gletscher nur zwei Kilometer entfernt liegt, schlage ich mein Lager auf. Für sechzehn Dollar habe ich Zugang zu einem überdachten Küchenplatz, zu Wasser, Toiletten und Bear-Boxes, wo man seine Lebensmittel geschützt vor Bären aufbewahren kann. Direkt hier beginnt der Wanderweg, den ich mir für morgen vorgenommen habe – der Wilcox Pass Trail.

Ich stehe früh um sechs Uhr auf, packe ein paar Sachen für den Tag zusammen und fahre per Anhalter an das andere Ende des Trails. Noch vor acht Uhr begebe ich mich auf einen ruhigen Trampelpfad, der mich hoffentlich direkt zu meinem Zelt bringen wird. Irgendwann, wenn ich genug habe von diesem wahnsinnigen Naturschauspiel. Wie glücklich ich bin, dass es heute sonnig ist.

Auf halber Strecke mache ich eine Essenspause und genieße das Hier und Jetzt ausgiebig. Dann ist es Mittag, und plötzlich kommen mir Menschen entgegen. Stundenlang war ich allein unterwegs und habe darüber ganz vergessen, dass ich mich in einem Wandereldorado befinde.

Zurück am Zeltplatz ist es zu früh zum Faulenzen, und so schnappe ich mir Phileas. Wir radeln zum Fuß des Athabasca-Gletschers, den ich gestern noch aus der Distanz bestaunt habe.

Nach wunderbaren Träumen von schneebedeckten Gipfeln, Bergziegen, blauem Himmel und Schäfchenwolken wache ich mit einem ordentlichen Muskelkater auf. Ob es eine gute Idee ist, erneut eine Wanderung zu machen? Doch die vernachlässigten Muskelgruppen wollen bewegt werden. Heute wartet der Parker Ridge Trail auf mich. Ich reibe mir den Schlaf aus den Augen, baue das Zelt ab und packe meine Sachen zusammen, stärke mich mit einem Löffel Erdnussbutter und radle auf komplett leeren Straßen zum Ausgangspunkt des Trails. Am Sunwapta Pass verlasse ich den Jasper-Nationalpark und betrete den Banff-Nationalpark.

Der frühe Vogel fängt den Wurm, denke ich mir. Tatsächlich bin ich dort zunächst allein und stapfe munter los. Mein Muskelkater meldet sich wieder, doch zum Glück ist diese Wanderung leichter als die gestrige. Deswegen allerdings nicht weniger spektakulär! Mir tun die Touristen leid, die hier vorbeirasen, ohne einen Stopp einzulegen. Runter vom Rad und rein in die Wildnis – das ist es, was mir an diesem Abschnitt am besten gefällt.

Nach einem weiteren atemberaubenden Pass und einem Sprung in den kalten Bow Lake treffe ich in Lake Louise auf Dea. Während ich in der Sonne ein zweites Frühstück genieße, schiebt sie gerade ihr Fahrrad Richtung Touristeninformation. Nicht irgendein Rad, nein, ein Weltreise-Rad. Endlich eine Frau, die genauso unkonventionell reist wie ich. Nun gut, ich kann mit meinen 4418 zurückgelegten Kilometern nicht ganz mithalten – weder was die Gesamtstrecke noch was die Anzahl an bereisten Ländern betrifft. Dea stammt aus Dänemark und ist derzeit ohne ihren Partner Chris unterwegs, der wegen einer Rahmenpanne eine Zwangspause einlegen muss. Wir unterhalten uns lange und tauschen Kontaktdaten aus. Unsere Wege werden sich in den nächsten Jahren noch mehrmals kreuzen.

Wegen der überlaufenen Campingplätze – dabei ist noch nicht einmal Ferienzeit – begleitet mich schon ab der Mittagszeit die Frage: Wo schlafe ich heute Nacht? Dreißig Kilometer südlich von Lake Louise biege ich von der Hauptstraße ab auf einen kleinen, zunächst vielversprechend wirkenden Campingplatz. Leider ist hier alles reserviert. Während ich noch Ausschau nach einem freien Fleckchen halte, winkt mich eine Gruppe Erwachsener zu sich heran und lädt mich ein, auf ihrem Stellplatz zu zelten.

Zwei Ehepaare aus den Niederlanden machen Urlaub ohne ihre insgesamt acht erwachsenen Kinder. Schmunzelnd adoptieren sie mich für eine Nacht als ihre Leihtochter und versorgen mich mit Abendessen und Frühstück. Auch diese vier fabelhaften Menschen zögern nicht, mir uneigennützig etwas Gutes zu tun. Mal wieder plagt mich mein schlechtes Gewissen, weil ich erneut nur nehme, ohne zu geben. Erst viel später auf meiner Reise begreife ich, dass ich allein durch meine Anwesenheit, durch meine Geschichten und mein Lachen ausreichend zurückgebe und immer etwas von mir dalasse, das die Menschen bewegt. In jedem Fall ist dieser Abend ein ausgezeichneter Abschluss der Alberta-Etappe.

Nach zwölf Tagen überquere ich die Grenze zu British Columbia. Mich interessiert vor allem die Frage, warum ein ganzes Land in diese Provinz verliebt ist. In meiner Zeit im Osten Kanadas haben mir so viele Menschen vom Westen und Vancouver vorgeschwärmt, dem angeblich besten Platz der Welt. Also los, British Columbia, überzeuge mich!

Die Blicke vom Vermillion Pass (1640 m) und vom Sinclair Pass (1486 m) sind schlichtweg überwältigend. Auch hier überschlagen sich meine Gefühle. Wenn ich jeden verdammten Zentimeter allein und aus eigener Kraft zurückgelegt habe, kann ich auch mal stolz sein. Ich ernte ehrfürchtige Blicke von vorbeirasenden Autofahrern, verspüre selbst aber nur pure Freude.

Lebensfreude.

Nach dieser Anstrengung verwöhne ich meine müden Beine (die Wanderungen stecken mir immer noch in den Knochen) mit einem Besuch in den heißen Quellen des Dorfs Radium Hot Springs, welche nicht weit von meinem Schlafplatz entfernt liegen. Danach schlafe ich wie ein Murmeltier.

Nach einer Woche Sonnenwetter holen mich Wind und Regen wieder ein. Die Straße folgt einem Fluss in Richtung Mündung, sodass es quasi nur bergab geht. Als ich nach sechzig Kilometern an einem Rastplatz anhalte, treffe ich auf Gesellschaft. Zwei Ehepaare laden mich zum Mittagessen ein. Während die Männer auf ihren Rennrädern Tagesausflüge machen, fahren die Frauen mit dem Auto hinterher, sorgen tagsüber für Verpflegung und sammeln Männer und Räder am Ende des Tages wieder ein, um gemeinsam ins warme Hotel zurückzufahren. Wir haben heute dasselbe Ziel, und die Frauen bieten mir eine Fahrt im Auto an. Doch ich bleibe stark und lehne ab. Der Möglichkeit, mein Rad etwas leichter zu machen, kann ich hingegen nicht widerstehen, und so landen meine Radtaschen, Zelt und Schlafsack im Kofferraum.

Die restlichen Kilometer nach Golden sind entspannt, ich fahre im Kollektiv mit den Herren. Ungewohnt, aber am Ende lustig. Als wir in Golden auf die Frauen treffen, bekomme ich eine Flasche Honig geschenkt und bin mal wieder sprachlos angesichts dieser Gutherzigkeit.

Während die vier zurück in ihr Hotel in Radium Hot Springs fahren, muss ich überlegen, wo ich diese Nacht unterkomme. Ich habe keine Lust, viel Geld für einen Zeltplatz auszugeben, und sehe auf der Warmshower-Website nach. Prompt werde ich fündig. Pierre antwortet innerhalb von fünf Minuten auf meine Lastminute-Anfrage und lädt mich zu sich ein. Superglücklich, ein trockenes und kostenloses Plätzchen zum Schlafen zu haben, mache ich mich auf den Weg.

Als ich wenig später dort ankomme, begrüßen mich zwei ausgesprochen großzügige und freundliche Mountainbiker. Es ist Freitagabend, und die Jungs wollen mir die Stadt zeigen. Obwohl wir eigentlich alle erschöpft sind und nur etwas essen wollen, wandern wir vom Restaurant zu einer lokalen Brauerei und später in eine Bar. Während ich zunächst angespannt bin, weil die Zeit immer weiter fortschreitet, lädt Pierre mich ein, eine weitere Nacht zu bleiben. Die Entscheidung fällt leicht, und plötzlich kann auch ich das Nachtleben genießen.

Am übernächsten Tag sitze ich wieder im Sattel. Ich überquere auf dem Weg nach Revelstoke den Rogers Pass (1327 m) und fahre das erste Mal durch einen der Tunnel, die zum Schutz vor Lawinen über die Straße gebaut wurden. Zum Glück hatte mir Pierre aus Golden davon erzählt, und so hatte ich mein Licht bereits am Fahrrad. Oben angekommen, nehme ich mir kaum Zeit für die spektakuläre Aussicht, sondern entfliehe den Massen an Touristen, indem ich gleich weiter nach Revelstoke fahre, wo ich mir eine weitere Warmshower-Übernachtung organisiert habe.

Bei meinem Gastgeber Douglas ist am nächsten Morgen leider Stromausfall. Der Sturm hat die ganze Nacht gewütet und etliche Bäume entwurzelt. Einer davon ist auf der Stromleitung gelandet, und ganz Revelstoke ist ohne Strom. So muss ich mich heute ohne morgendlichen Kaffee verabschieden.

Auf der Hauptstraße erwarten mich ein kühler Wind und die Warnung, dass die Straße an einigen Stellen mit Wasser überflutet sei. Tatsächlich ist das kein großes Problem. Allerdings muss ich etliche Male stoppen, da Arbeiter damit beschäftigt sind, die Bäume von der Straße zu beseitigen. Nach fünfzig Kilometern gelange ich zu einer Fähre, die ein offizieller Teil des Highways und deswegen kostenlos ist. Jenseits des Flusses wartet ein monströser Anstieg auf mich. Ich muss schieben. Damit habe ich nicht gerechnet. Aber aus dem Stand bergauf zu fahren ist einfach nicht zu schaffen. Erneut ziehen Gewitterwolken auf. Die Straße ist kurvig, ich fahre vorsichtiger als sonst und muss beim Abwärtsfahren viel bremsen, um Geschwindigkeit rauszunehmen. Der Asphalt ist feucht, und auch ich bin bald vom Regen durchnässt.

Als ich in Nakusp ankomme, ist mir so kalt, dass ich in einem warmen Motel einchecke. Die Entscheidung fühlt sich genau richtig an. Ich kann meine Sachen trocknen, mich aufwärmen, gemütlich zu Abend essen und ein wenig Schlaf nachholen. Bevor ich Nakusp am nächsten Tag verlasse, bekomme ich die Zusage von einem Warmshower-Gastgeber in Nelson. Damit ist die Entscheidung für die heutige Route getroffen: Statt nach Westen geht es nach Südosten. Wieder ein kleiner Schlenker auf meinem Weg nach Vancouver.

Zwischen Nakusp und Nelson liegen 150 Kilometer. Ich rase los. Trotz einer Durchschnittsgeschwindigkeit von gut zwanzig Stundenkilometern brauche ich über sieben Stunden. Exklusive Pausen. Bereits die ersten dreißig Kilometer zwingen mich in die Knie. Ich spiele mit dem Gedanken, per Anhalter zu fahren, gebe aber der Versuchung nicht nach, sondern stärke mich stattdessen nach fünfzig Kilometern in einem Café. Die verbleibenden hundert Kilometer meistere ich auch noch irgendwie. Besonders auf dem letzten Teil der Strecke ist die Landschaft wunderschön. Wie konnte ich überhaupt auf die Idee kommen, hier per Anhalter entlangzudüsen? Ich erzähle niemandem davon.

Nass geschwitzt komme ich um Punkt achtzehn Uhr, der von mir angekündigten Zeit, in Nelson an und werde von meinen

Gastgebern an einem vereinbarten Treffpunkt abgeholt. Das bieten sie ihren Gästen an, da sie am Ende einer sehr steilen Bergstraße wohnen. Nach dem langen Tag nehme ich das Angebot dankend an. Murielle und Roland sind selbst begnadete Tourenradler und haben großen Respekt vor meiner heutigen Leistung. Sie tischen mir eine extragroße Portion Essen auf und lassen mich in ihrem ausgebauten Keller wohnen.

Kapitel 3
Das letzte Stück bis Vancouver

»Du lässt dir aber auch keinen Pass entgehen, was?«, kommentiert ein Motorradfahrer, als ich ihm von meiner geplanten Route erzähle, die mich von 1575 Metern Höhe bis zum Meeresspiegel führen wird – über den Strawberry Pass, den Anarchist Mountain, den Sunday Summit und den Allison Pass.

Mit Musik auf den Ohren – um die brutalen Anstiege zu vergessen – komme ich verhältnismäßig rasch von Nelson nach Trail. Ernüchterung bringt der Blick auf die Karte: Von Rossland, meinem heutigen Etappenziel, trennen mich noch zehn Kilometer, die steil bergauf führen. Ich stärke mich mit einem leckeren Burger, doch der bringt heute auch nicht viel. Was für eine Tortur! Für einen Augenblick bereue ich, den Empfehlungen von Margo und Chris, dem Ehepaar aus Vancouver, gefolgt zu sein. Theoretisch könnte ich jetzt schon in Vancouver sein.

Ich fluche und schwitze, muss zwischendurch schieben und Pausen einlegen, aber ich gebe nicht auf. Das Wissen, dass mich auf dem Campingplatz in Rossland eine erfrischende Dusche erwartet, ist letztendlich Motivation genug. Der Zeltplatz ist überraschender-

weise kostenlos, und so nutze ich die Gelegenheit für einen Ruhetag. Ohne Gepäck fahre ich in die Stadt und mache mir einen
entspannten Tag. Ich frühstücke im Café, sitze in der Bücherei und
bummle durch die Straßen. Es ist viel los, obwohl noch gar nicht
Wochenende ist. Später erfahre ich, dass heute der letzte Schultag
vor den Sommerferien war. Das heißt, ich muss ab sofort mit noch
mehr Verkehr rechnen.

Plötzlich ist es achtzehn Uhr und damit Zeit, zurück zum Zelt
zu radeln. Die Abendroutine ruft. Ein paar Liegestütze, Kniebeugen
und Ausfallschritte, Bauchmuskeltraining und Stärkung des unteren
Rückens. Auch Dehnübungen dürfen nicht fehlen. Mein Training
dauert alles in allem meist nicht länger als zehn Minuten, doch mein
Körper sagt danke. Danach wird gekocht, gegessen und Tagebuch
geschrieben. Je nach Uhrzeit lese ich noch oder tippe ein paar Nachrichten an Freunde, die allerdings erst zugestellt werden, wenn ich
nächstes Mal online gehe. Schon wieder ein Tag vorbei und wieder
keine Zeit, zu Hause zu vermissen. Wo genau war zu Hause noch mal?

Am folgenden Morgen erobere ich den nächsten Anstieg ganz langsam und in Ruhe. Danach lasse ich mich rollen, bis in den Stadt-
park von Grand Forks. Vor nur einem Monat hat ein Hochwasser
die Stadt verwüstet. Der Campingplatz und etliche Geschäfte sind
aufgrund andauernder Renovierungsmaßnahmen geschlossen.
Während ich im Park sitze und meine Beine entspanne, beginnt
ein älteres Ehepaar eine Unterhaltung mit mir. Als es anfängt zu
regnen, verabschieden sich die beiden. Ich bleibe unter meinem
Baum stehen. Nach wenigen Minuten kommen sie zurück und laden mich auf einen wärmenden Tee ein. Die Einladung zum Tee
geht über in ein gemeinschaftliches Abendessen und endet mit
einer Übernachtung im Trockenen.

Bisher bin ich in erster Linie bei anderen Fahrradfahrern untergekommen, doch auch Greg und Carol zeigen ihre Qualitäten

bei der Versorgung einer hungrigen jungen Frau. Ich bekomme nicht nur Kaffee und Kuchen, Abendessen, Nachtisch, Frühstück und einen Muffin to go, sie organisieren mir außerdem noch eine Unterkunft in Victoria auf Vancouver Island. Ich bin mal wieder überwältigt von der Gastfreundlichkeit, die ich tagein, tagaus erfahren darf, und verabschiede mich mit einer herzlichen Umarmung. Greg empfiehlt mir, den Highway ein Stück zu umfahren, und schickt mich auf den Kettle Valley Trail, eine ehemalige Eisenbahnstrecke.

Diesen Weg habe ich schon einige Male gekreuzt, mich aber aufgrund des Schotterbelags immer dagegen entschieden. Heute, nach so viel Herzenswärme, habe ich das Gefühl, es Greg zuliebe ausprobieren zu müssen. Und er behält recht. Die Sicht ist fabelhaft, und ich habe die Strecke ganz für mich allein. Allerdings ist der Weg nicht für ein voll gepacktes Tourenrad gemacht. Das hätte ich eigentlich wissen sollen. Mit Fluchen und Schieben komme ich irgendwann in Greenwood an und stärke mich in einem Café mit Kaffee und Kuchen. Ich habe für 35 Kilometer mehr als drei Stunden benötigt. Obwohl der Trail ohne Umweg weiter parallel zum Highway verläuft, entscheide ich mich für Letzteren. Es geht bergab, auf gutem Asphalt und ohne Wind.

Ein kurzes Vergnügen. Bis zu dem von mir angepeilten Rastplatz geht es wieder bergan. Nach 25 schweißtreibenden Kilometern muss ich feststellen, dass man auf dem Rastplatz nicht übernachten darf. Ich beginne also erst mal zu kochen und beobachte die eintrudelnden und abfahrenden Autos.

Nach einer Weile beschließe ich, mein Zelt – trotz Verbot – etwas versteckt im grünen Gras unter ein paar Bäumen aufzubauen, und werde dabei auch von niemandem gestört. Ich beobachte den Sonnenuntergang, bemerke, dass die Mücken hier wesentlich ruhiger sind als in den Nationalparks, und kuschle mich gegen neun Uhr glücklich in meinen Schlafsack.

Als ich morgens um halb sieben erwache, ist die Welt noch in Ordnung. Die Straßen sind wie leer gefegt. In der nächsten Stadt finde ich ein offenes Café. Während ich meinen Kaffee trinke und den Tag plane, wird es um mich herum voller und voller. Ich erinnere mich, dass heute »Canada Day« ist, und bin froh, so früh wach gewesen und dem Trubel entkommen zu sein. Obwohl heute einer der wichtigsten Feiertage des Landes ist, hat der Supermarkt geöffnet. Die Kanadier sind in der Hinsicht entspannter als wir Deutschen. Ich freue mich, meine Verpflegung für den Tag kaufen zu können. Die nächste größere Stadt ist über hundert Kilometer entfernt, und ich bin mir nicht sicher, ob ich heute so weit kommen werde.

Der Wind hat zugenommen, und ich habe zu kämpfen. Ich lege eine längere Pause in Keremeos ein. Ein Dorf am südlichen Ende des Okanagan Valley, das zu dieser Zeit voll mit Obstständen ist. Überall Kirschen, Erdbeeren und Blaubeeren. Ich gönne mir eine Handvoll frischer Himbeeren, wenn ich sie auch lieber selbst gepflückt hätte. Aufgrund der Automassen wäre das allerdings ein halsbrecherisches Unterfangen. Ich spiele mit dem Gedanken, es für heute gut sein zu lassen mit dem Radfahren, motiviere mich dann aber ein weiteres Mal mit meiner baldigen Ankunft in Vancouver und fahre weitere sechzig Kilometer. Nach der Hälfte der Strecke kann ich endlich den Highway verlassen und wechsele auf die Old Hedley Road in Richtung Princeton.

Heute hat das Fahren aufgrund der Unmengen an Autos einfach keinen Spaß gemacht. Ich hätte einen Radweg gebraucht, um ungestört voranzukommen. Als ich endlich an dem von mir angepeilten kostenlosen Campingplatz eintreffe, ist es bereits neunzehn Uhr, und ich bin froh, zwischen den anderen Campern ein kleines verstecktes Plätzchen am Strand zu finden. Nach dem Abendessen mit Aussicht auf den Similkameen River und einem Sprung ins Wasser werde ich von einer Gruppe Kanadier ans Lagerfeuer eingeladen. Obwohl der Geburtstag Kanadas für mich keine große Bedeutung hat, freue ich mich doch, den Abend mit richtigen Kanadiern verbringen zu dürfen. Neben dem traditionellen Budweiser-Bier bekomme ich mal wieder einen supersüßen S'More serviert, aber nach über hundert anstrengenden Kilometern schmeckt alles.

Die verbleibenden 300 Kilometer nach Vancouver führen mich über das nördliche Ende der Kaskadenkette, durch den Zedernwald des Manning Provincial Park, eine wohlklingende Stadt namens Hope und am Ufer des Fraser River entlang.

Ich bin voller Adrenalin, die Sonne scheint, und an Motivation mangelt es auch nicht. Ich kündige mich für den Abend bei Margo und Chris an, dem Radfahrer-Ehepaar, das mich zu sich nach Vancouver eingeladen hat.

Auf immer größer werdenden Straßen wird die Orientierung immer komplizierter. Ich kämpfe mich durch die weitläufigen Vororte von Vancouver. Ständig muss ich anhalten und auf die Karte schauen. Jedes Mal finde ich einen vermeintlich besseren Weg. Irgendwann erreiche ich eine Straße, der ich nur noch geradeaus folgen muss. Das klingt einfach, doch Ampeln und Hügel verzögern meine Ankunft immer wieder. Zwischendurch lege ich eine Pause ein, um die Skyline in der Ferne zu genießen.

Nachdem ich einen letzten Berg überwunden habe, entdecke ich eine Deutschlandfahne an einem Gartentor. Hier muss es sein. Margo erzählt mir, dass sie das für jeden Gast macht. Sie weiß einfach, wie es sich anfühlt, am Ende eines anstrengenden Tages herzlich willkommen geheißen zu werden. Am Ende eines anstrengenden Tages und am Ende einer wahnsinnig aufregenden Kanada-Durchquerung.

Nun bin ich also in Vancouver, der Stadt, von der so viele Menschen schwärmen. Bevor ich mich ins Getümmel stürze, sitze ich im Garten von Margo und Chris und nutze den ruhigen Moment an diesem idyllischen Ort, um die letzten Monate zu reflektieren.

Ich bin in zwei Monaten insgesamt 5766 Kilometer geradelt. Auf meiner Reise durch vier Zeitzonen und fünf Provinzen hatte ich nur einen einzigen Platten und habe dreizehn Bären gesichtet. Meistens habe ich eine kostenlose Unterkunft gefunden – die ersten zehn Nächte »sponsored by mom«, danach im eigenen Zelt oder bei verschiedenen Gastgebern. Alles in allem habe ich wesentlich mehr Geld fürs Essen als fürs Schlafen ausgegeben.

Mein Rad erweist sich als wahre Maschine. Der eine platte Reifen hatte den Kauf von zwei neuen Mänteln zur Folge. In Edmonton hab ich die Bremsbacken am Hinterrad gewechselt, und in Vancouver hab ich mich überreden lassen, Kette, Kassette und verbogenen Umwerfer zu tauschen. Das hab ich Phileas geschenkt, als Dank für seine treuen Dienste.

Soll das jetzt wirklich das Ende sein? Das Ende der wunderbaren Freundschaft zwischen Phileas und mir? Das Ende meiner Radreise? Was wird mit meinem treuen Kameraden passieren? Ich kann ihn nicht verkaufen, damit er jemand anderen glücklich macht! Soll ich ihn nach Deutschland schicken, damit er mir dort nach meiner Rückkehr weitere gute Dienste leistet? Oder soll ich ihn einfach behalten, mit ihm gemeinsam Vancouver erkunden und dann vielleicht den Rest der Welt?

Vancouver war mein Ziel. Mein erstes Ziel dieser Radreise. Ich brauchte ein Ziel zum Glücklichsein. Mit einem Ziel vor Augen geht alles leichter. Zwar hatte ich auf der Reise keinen langfristigen Plan, habe temporäre Pläne über den Haufen geworfen, bin Empfehlungen gefolgt und habe eigene Wege gefunden. Doch die Motivation, dieses festgelegte Ziel zu erreichen, ließ mich immer weiter in die Pedale treten. Nie habe ich ernsthaft bezweifelt, dass ich ankommen würde.

Doch wie geht es jetzt weiter? Halte ich an meiner ursprünglichen Idee fest und trampe durch die USA, fliege weiter nach Australien und backpacke durch Asien zurück nach Europa? Nein, irgendwie fühlt sich dieser Plan nicht mehr richtig an. Ich möchte Kanada doch noch nicht verlassen. Der Moment, in dem ich aussprechen muss, was ich innerlich schon seit Wochen weiß, ist gekommen.

Ich kehre nicht nach Hause zurück. Nicht heute, morgen oder übermorgen, nicht in naher Zukunft. Ich weiß nicht wann. Mein Zuhause ist momentan die Welt. Und mein Rad mein treuster Freund. Es geht also weiter.

Ich werde meinem Herzen folgen und vertraue darauf, dass Phileas und ich den Weg finden werden. Wir lassen uns von meiner Neugier und dem Wetter treiben. Der Weg ist das Ziel.

Kapitel 4
In den eisigen Norden des Yukon

Während ich die Straßen Vancouvers unsicher mache, freue ich mich auf meinen Abstecher nach Vancouver Island gemeinsam mit Ciaran, einem Freund, den ich noch von meiner Australienreise kenne. Die etwa tausend Kilometer lange Tour über die größte nordamerikanische Pazifikinsel dauert elf Tage. Ich genieße die frische Meeresluft, wir sichten riesige Weißkopfseeadler und Wale, fahren über holprige Waldwege, entdecken Bärenkot und werden mehrmals spontan von gastfreundlichen Insulanern eingeladen. Ein besonderes Erlebnis ist der gemeinsame Sprung von einer zehn Meter hohen Brücke in den kalten Kennedy Lake. Erfrischung. Reinigung. Stärkung. Am nördlichsten Zipfel der Insel nehmen wir die Fähre nach Prince Rupert und sind sechzehn Stunden später zurück auf dem Festland.

Weiter geht es auf dem sogenannten Highway of Tears, der traurige Berühmtheit erlangt hat, weil hier in den letzten Jahrzehnten viele Frauen verschwunden sind, insbesondere kanadische Ureinwohnerinnen. Etliche von ihnen wurden ermordet aufgefunden, doch die wenigsten Fälle sind bisher aufgeklärt. In Terrace werden Ciaran und ich von Warmshower-Gastgeberin Meredith empfangen und mit einer riesigen Portion Spaghetti verwöhnt. Wir dürfen unsere Wäsche waschen, räumen unsere Radtaschen auf und putzen unsere Zelte. Außerdem gibt es Gelegenheit zum Buchtausch. Auf Reisen habe ich nämlich immer ein Buch dabei, und wenn es ausgelesen ist, tausche ich es irgendwo mit irgendwem gegen ein neues Buch.

Und dann heißt es auch schon Abschiednehmen von Ciaran. Wir wollen uns wiedersehen – irgendwo, irgendwann, mit unseren Fahrrädern. Für heute trennen sich unsere Wege. Ciaran fährt Richtung Süden. Ich Richtung Norden. Warum es mich seit geraumer Zeit weiter und weiter in den Norden zieht? Vermutlich ist es die Ungewissheit und der Versuch, mal wieder meine Komfortzone zu verlassen. Kurz zweifle ich an meiner Entscheidung, weiß ich doch, dass Richtung Norden auch Richtung Kälte heißt. Doch die wird mir hoffentlich noch eine Zeit lang erspart bleiben. Jetzt geht es erst mal dem Horizont entgegen. Allein und doch nicht einsam.

Auf dem Nisga'a Highway ist meine leicht wehmütige Stimmung verflogen, und meine pure Fahrfreude kehrt zurück. Wenig frequentierte Straße, wahnsinnige Natur. Ich fahre durch Felder aus Lavagestein und fühle mich nach Island zurückversetzt, wo ich vor meiner Kanada-Radtour zwei Monate verbracht habe. Am Nisga'a Memorial Lava Bed Provincial Park Campground angekommen, habe ich freie Platzwahl und kann mein Zelt gerade noch ohne Lampe aufbauen. Werden die Tage tatsächlich schon wieder kürzer? Ich genieße die Ruhe und die unermessliche Weite, die ab jetzt wieder meine ständigen Begleiter sind.

Die Straße wechselt von Asphalt zu Schotter. Schilder warnen mich vor umgefallenen Bäumen, Schlaglöchern und Bären. Ich bin auf einer Forest Service Road, wo es kaum öffentlichen Verkehr gibt. Es ist also höchste Vorsicht angesagt. Am Dragon Lake finde ich ein paar Picknickbänke und koche Porridge. Gestärkt geht es vierzig Kilometer auf der Buckelpiste weiter, bis der Weg mich zum angestrebten Highway führt. Am nächsten Rastplatz überlege ich kurz, ob ich bleiben soll, entscheide mich jedoch, weitere 75 Kilometer durchs Niemandsland bis zum nächsten offiziellen Campingplatz zu fahren. Der Grund ist, dass mir gerade nicht ganz wohl bei dem Gedanken ist, allein in freier Wildbahn zu campen. Seit heute früh habe ich schon fünf Bären gesehen. Einer hat mir zwischenzeitlich sogar den Weg versperrt, und ich habe mit meiner Weiterfahrt so lange gewartet, bis ich einem näher kommenden Auto signalisieren konnte, dass ich an dem lebendigen Hindernis lieber mit Geleitschutz vorbeiwollte. Ich kann mir durchaus vorstellen, dass einer dieser Bären mein Zelt und meine Vorräte interessant finden könnte. Da hänge ich lieber ein paar Kilometer an mein Tagespensum ran.

Nach 147 Kilometern erreiche ich hundemüde und wieder erst kurz vor Sonnenuntergang den Meziadin-Lake-Campingplatz. Sofort werde ich von den Rangern abgefangen, denn der Platz ist zu meiner Überraschung komplett voll. Da ich als Radfahrerin nun wirklich keine Möglichkeit habe, auf einen anderen Platz auszuweichen, denn der nächste ist hundert Kilometer entfernt, darf ich mein Zelt auf der Picknickwiese aufbauen. Und das auch noch umsonst. Ich bedanke mich und springe noch schnell in den See. Ein Eisbad für die Muskeln. Brrr. Machen Leistungssportler das nicht auch so?

Am nächsten Tag klettern die Temperaturen auf dreißig Grad. Ich dachte, so etwas gibt es in Kanada gar nicht. Trotz der Hitze genieße ich die Ruhe auf dem Highway. Nach knapp hundert Kilometern komme ich an der Bell 2 Lodge vorbei. Die erste Spur von Zivilisation seit heute früh. Eine Erfrischung gönne ich mir aus dem kleinen Shop, doch zum Übernachten sieht es mir hier zu edel aus. Frei nach dem Motto: »Was du heute kannst besorgen, das verschiebe nicht auf morgen«, starte ich noch mal durch.

Nach dreizehn Kilometern entdecke ich einen niedlichen Rastplatz und beschließe, genau hier mein Zelt aufzubauen. Als ich bereits um halb neun in mein Bett schlüpfe, lasse ich die »Zimmertür« offen, um den Sternenhimmel zu beobachten. Das ist Freiheit!

Strahlend blauer Himmel, Berge, wo immer ich hinschaue, Felsen, die von der aufgehenden Sonne beleuchtet werden, überall grüne Wiesen mit duftenden Blumen, klares Wasser, das am Wegesrand plätschert, und eine ungewöhnlich ruhige Straße – das ist der Stewart-Cassiar Highway, den ich seit gestern mein neues Zuhause nenne.

Ich beginne meine Tage früh, um der quälenden Hitze zu entfliehen. Meist radle ich noch vor dem Frühstück dreißig bis fünfzig Kilometer, aber mein Körper hat mit den Anstrengungen zu kämpfen. Meine Beine sind müde. Selbst nach dem Frühstück komme ich nicht so richtig in die Gänge. Eine Pause muss her. Doch wo macht man die, mitten im Nirgendwo?

Kurz nach dem Erinnerungsfoto vor dem »Willkommen im Yukon«-Schild nutze ich eine Tankstelle, um meinen Körper mit Koffein vollzutanken. Ich habe kein Ziel für heute und lasse mich treiben. In einem Restaurant (absolut selten zu finden hier im Norden) gönne ich mir zur Feier des Tages einen saftigen Burger und verbringe etwas Zeit mit dem Lesen meines Buches. Später peile ich einen vierzig Kilometer entfernten Campingplatz an und genieße es, ausnahmsweise eine der Ersten zu sein. So habe ich mehr Zeit für meine Abendroutine.

Die Landschaft ist weniger spektakulär, seitdem der Stewart-Cassiar Highway in den Alaska Highway gemündet ist. Ich habe die Berge vorerst hinter mir gelassen und fahre nun größtenteils durch Wald. Der Weg führt geradewegs Richtung Norden, und ich genieße die unglaubliche Ruhe, die mich hier umgibt.

Bald sind es nur noch 200 Kilometer bis zu meinem kurzfristig organisierten Aufenthalt in Whitehorse. Dort werde ich im Rahmen des weltweiten Netzwerks WWOOF als Helferin auf einem Biobauernhof mitarbeiten. Der planmäßigen Pause sehe ich freudig entgegen. Jeden Tag den Ort zu wechseln, jeden Tag neue Menschen zu sehen, jeden Tag mein Zelt woanders aufzubauen kann auf die Dauer ganz schön ermüdend sein.

Am Teslin-See verbringe ich meine vorerst letzte Nacht im Zelt. Ich setze mich mit meinem Laptop an den Picknicktisch und schaue mir zuvor heruntergeladene Videos von Radweltreisen an. Obwohl ich mich auf meiner eigenen durchaus beachtlichen Reise befinde, empfinde ich die Abenteuer anderer Reisender nach wie vor als unglaublich inspirierend. Sie geben mir Mut und Selbstvertrauen, denn sie zeigen mir, dass wirklich alles möglich ist. Wenn ich wollte, könnte ich mit dem Rad bis zum Polarkreis. Ich könnte aber auch bis zum nördlichen Ende der Straße weiterfahren und von dort einen Flieger irgendwo anders hin nehmen. Im Grunde könnte ich ewig so weitermachen. Keine Verpflichtungen. Kein Zwang. Auf Luxus verzichten. Mich nur um mich selbst kümmern. Neue Dinge lernen. Anderen etwas beibringen. Gelassenheit und Grundvertrauen.

Jetzt aber freue ich mich darauf, meine zwei Hände mal wieder produktiv einzusetzen. Das permanente Aus- und Einpacken meiner Radtaschen werde ich erst mal nicht vermissen. Ich bin neugierig auf meinen Gastgeber, gespannt auf die anderen Reisenden, die bei ihm wohnen, und sehe erwartungsvoll allem entgegen, was der Yukon zu bieten hat. Das Territorium ist nur etwas größer als Deutschland, hat aber nur 35 000 statt 83 Millionen Einwohner. Ich freue mich auf imposante Naturkulissen, die weitgehende Unberührtheit, auf historische Geisterstädte, Polarlichter und den Top of the World Highway.

Nach dem vorerst letzten Tag im Fahrradsattel komme ich in Whitehorse an und betrete das Haus von Stephen. Mein Gastgeber selbst ist noch arbeiten, hat mir aber den Schlüssel hinterlegt, damit ich mich einrichten kann. Begrüßt werde ich von einem riesigen liebenswerten und flauschigen Hund – Tyson. Bei einer kurzen Hausbesichtigung finde ich alles so vor, wie Stephen es in seinem Profil beschrieben hat.

Die nächsten Wochen verbringe ich »into the wild«. Das Haus wäre nach europäischem Standard eine Bruchbude. Es gibt kein fließendes Wasser, lediglich ein Plumpsklo im Garten, immerhin Strom von Solarzellen. Geduscht wird im See, geheizt wird mit Holz. Der eine bewohnbare Raum fungiert als Wohnzimmer, Schlafkammer und Küche zugleich. Alles kein Problem, nur eine Umstellung nach drei Monaten des Alleinreisens. Am ersten Abend lerne ich Stephen und Julie kennen, eine Helferin aus den Niederlanden. Ich habe sofort das Gefühl, hier gut aufgehoben zu sein.

Mein Gastgeber hat feste – wenn auch außergewöhnliche – Arbeitszeiten. Dienstag, Donnerstag und Sonntag arbeitet er als Postbote in der Gegend. Julie und ich dürfen ihn auf seiner Tour begleiten, den Tag in der Stadt verbringen oder auf der Farm bleiben. Montag und Mittwoch werkeln wir gemeinsam an Projekten im Haus oder im Garten. Freitag und Samstag ist Wochenende und damit Zeit für Roadtrips, die Stephen für Julie und mich organisiert.

Wir baden in den heißen Quellen von Atlin, toben im sonnenwarmen Sand der Carcross Desert, der kleinsten Wüste der Welt, und beobachten die Sterne am Dempster Highway. Beim Campen am Three Guardsmen Lake beobachten uns dann die Bären. An Wildlife mangelt es ebenso wenig wie an farbenfroher Natur und zerklüfteten Bergspitzen. Mit Wanderschuhen geht es auf den Feather Peak, den Monarch Mountain und durch den Tombstone Territorial Park. Wir genießen Wald, Wasser, Berge und subarktische Tundra, wo die Bäume langsam verschwinden und einen weiten Blick in die Ferne freigeben.

Ein Abstecher nach Skagway, Alaska, ist eher eine spontane Notlösung, nachdem das Wetter die geplante Tageswanderung nicht zugelassen hat. Wir verbringen einen gemütlichen Nachmittag in der Stadt, die seinerzeit durch den Goldrausch aufgeblüht ist. Beim Schlendern durch die Gassen fühlt man sich zurückversetzt in die Zeit, als Menschenmassen aus der ganzen Welt hierherkamen. Doch der Goldrausch verhalf nur wenigen zu einem vermögenden Leben.

Heutzutage ist Skagway Ziel von riesigen Ozeanlinern, die täglich Touristen ausspucken. Im Idealfall kaufen sie die von Einheimischen hergestellten Dinge wie Schmuck, Kleidung, Kosmetik oder Kerzen und sichern so den Lebensunterhalt der Bewohner. Ich bin dankbar für Stephens authentische Stadtführung, stelle allerdings fest, dass ich mich in solchen von Touristen überlaufenen Orten weniger wohlfühle als in einer kleinen Gruppe am Lagerfeuer. Und daran hat es in meiner Zeit im Yukon zum Glück auch nicht gefehlt.

Nach gut drei Wochen bei Stephen habe ich gelernt, dass ein Mensch grundsätzlich nicht viel zum Leben benötigt. Was bringt uns das perfekte Haus oder das neueste Auto? Warum strebt die Mehrzahl der Menschen nach Luxus und Perfektionismus, nach materiellen Dingen, anhand derer sie ihren Wohlstand vergleichen können? Ich weiß es nicht.

Mittlerweile ist es schon Ende August. Und so gerne ich mit meinem Snowboard im Schnee stehe, ziehe ich auf meinem Fahrrad doch Temperaturen über null vor. Damit steht die Entscheidung fest. Statt weiter Richtung Polarkreis zu fahren, drehe ich hier und jetzt um. Die bevorstehende Kälte ist der Hauptgrund, warum ich mich nicht weiter nach Norden oder Westen begebe, sondern meinen langen Weg Richtung Süden antrete.

Kapitel 5
Südwärts – dem Sommer hinterher

Tagein, tagaus erlebe ich neue Abenteuer, lerne neue Leute kennen und entdecke Orte, von denen ich nicht einmal wusste, dass sie existieren. Oft bin ich überwältigt von der unglaublichen Menge an neuen Eindrücken. Eine Pause hier und da dient der Verarbeitung. Ich schreibe auf, was ich erlebt habe, und erzähle meinen daheimgebliebenen Freunden von meinen neuen Bekanntschaften. Doch dann, irgendwann, kommt der Moment, an dem ich bereit bin für neue Eindrücke.

Nach drei Wochen Aufenthalt im Yukon, ohne auch nur einen Meter auf meinem Fahrrad zurückgelegt zu haben, brauche ich einen Moment, um mich an meine alte Routine zu gewöhnen. Mein Fahrrad ist mit Wasser, Haferflocken, Nüssen und Dosenfutter beladen und damit besonders schwer. Doch es ist ungewiss, wann ich das nächste Mal Menschen treffe oder vernünftig einkaufen kann.

Leider sorgt das Wetter dafür, dass ich diese Reise ins Ungewisse nicht genießen kann. Es regnet ununterbrochen. Doch Fluchen macht die Situation auch nicht besser. Stattdessen versuche ich, die zurückgewonnene ultimative Freiheit zu genießen, die ich im Sattel so stark wie nirgendwo sonst verspüre.

Ich komme nur langsam vorwärts, aber wen stört das schon? Niemand wartet auf mich, und ich muss auf niemanden warten. Mein Abenteuer. Mein Tempo. Mein Fahrrad und ich, gemeinsam auf dem Alaska Highway.

Die nächste Nacht will ich auf dem offiziellen Strawberry Flats Campground verbringen. Als das Wetter aufklart, erwäge ich kurz weiterzufahren, um mir ein kostenloses Fleckchen zu suchen. Der Platz am See aber ist so verlockend, dass ich bleibe. Der starke Wind pustet mein Zelt trocken, während ich mich im eiskalten Muncho Lake wasche und mir später zur Belohnung eine heiße Schokolade koche. Gegen neunzehn Uhr wird es betriebsamer, und der Platzwart dreht seine Runde, um die Gebühr von zwanzig Dollar einzufordern.

Nach dem üblichen Dialog, einschließlich anerkennender Worte, die immer wieder guttun, überrascht mich der Ranger, indem er bedauert, dass es keine Ermäßigungen für Soloreisende oder Radfahrer gebe. »I think, I didn't see you tonight«, meint er augenzwinkernd und erlässt mir die Gebühr. Danke!

Gedanklich bereite ich mich auf einen langen Tag vor. Es sind noch 140 Kilometer zur ersten Stadt seit meiner Abreise bei Stephen, und ich bin motiviert, diese Distanz an einem Tag zu bewältigen, denn nach drei Regentagen sehne ich mich sehr nach einer heißen Dusche und einem trockenen Platz zum Schlafen. Ich profitiere von meiner guten Recherchearbeit: Irgendwann am Straßenrand habe ich Empfang und schicke eine kurze SMS an eine der vorsorglich gespeicherten Telefonnummern von möglichen Warmshower-Gastgebern in Fort Nelson.

Da ich nicht mit einer zeitnahen Antwort rechne, fahre ich auf blauen Dunst weiter. Notfalls nehme ich mir halt irgendwo ein Zimmer. Doch schon nach dem nächsten Funkloch habe ich eine aufmunternde SMS auf meinem Handy: Mo und ihre kleine Familie erwarten mich in ihrem warmen Zuhause. Dort angekommen, geht es als Erstes unter die heiße Dusche. Die beste Dusche seit langem. Der Familienanschluss beim Abendessen, das Kinderlachen und das federweiche Bett machen es mir leicht, spontan einen Tag länger zu bleiben. Den Ruhetag nutze ich zum Wäschewaschen, Taschentrocknen, Energietanken und zur Routenplanung.

Ich werde dem Alaska Highway bis zu seinem südlichen Ende folgen, dann erneut den Jasper-Nationalpark durchqueren und anschließend entlang der Küste nach Vancouver radeln. Dort werde ich abermals einen Zwischenstopp einlegen, um den nächsten Schritt zu planen – meine Reise durch die USA. Aber immer der Reihe nach.

Ist es die Angst vor den in der Umgebung wütenden Waldbränden, die mich am nächsten Tag knapp 200 Kilometer bis zum Campingplatz Buckinghorse River treibt? Gestern noch bin ich mit Mo die verschiedenen Übernachtungsmöglichkeiten durchgegangen, aber irgendwie läuft es heute so gut, dass ich an allen vorbeifahre. So komme ich erst nach Einbruch der Dunkelheit an, werde aber – noch bevor ich mein Zelt fertig aufgebaut habe – von einem älteren Ehepaar zu Tee und Abendessen in ihren Wohnwagen eingeladen. Durchgefroren vom kalten Regen nehme ich die Einladung dankend an. Hier kann ich mich nicht nur aufwärmen, auch meine Klamotten können ein wenig trocknen.

Die nächsten Tage sind wechselhaft. Mal kämpfe ich mich bergauf. Mal rase ich bergab. In einem Moment bin ich nass von Regen oder Schweiß und im nächsten friere ich, wenn ich die Berge runterdüse. Die einzige Möglichkeit, warm zu bleiben, ist weiterzuradeln.

Schließlich komme ich nach Dawson Creek – dem südlichen Ende des Alaska Highways. Auch wenn ich diesen nicht komplett von seinem nördlichen Beginn bis zum südlichen Ende gefahren bin, mache ich ein »Siegerfoto« vor dem offiziellen Schild. Über 9000 Kilometer habe ich jetzt allein in Kanada zurückgelegt!

Mehr als dieses Schild gibt es hier allerdings nicht zu sehen. Nur graue Häuser und Fabriken. Warum ausgerechnet hier der berühmte Highway nach Alaska beginnt? Vermutlich hat der Goldrausch auch diese Gegend geprägt.

Der nächste Highway führt mich direkt nach Hinton, wo ich auf meinem Weg von Ost- nach Westkanada das erste Mal die schneebedeckten Spitzen der Rocky Mountains gesehen hatte. Knapp drei Monate sind seitdem vergangen. Da ich das letzte Mal nur die Stadt durchfahren habe, beschließe ich, diesmal dort zu übernachten. Tatsächlich kann ich frühzeitig einen Gastgeber organisieren. Es bleiben zwei Nächte im Zelt, bevor ich erneut die Gastfreundschaft der Kanadier genießen darf. Zwei Nächte bedeuten drei Tage auf dem Rad. Drei Tage durch die Ausläufer der Rocky Mountains. Drei Tage den Highway mit den Autos teilen. Drei Tage Gegenwind. Und endlich wieder drei Tage T-Shirt-Wetter. Katzenwäsche im Fluss. Schokolade zum Nachtisch. Idyllische Ruhe. Das ist meine neue Definition von Luxus!

Ich lasse mir Zeit für die kommenden Anstiege. Niemand wartet auf mich. Abfahrten mit neuer Höchstgeschwindigkeit – 73 Stundenkilometer! Das pure Vergnügen.

Lächelnd erreiche ich meine Unterkunft in Hinton. Mein Gastgeber Bruce hat vor Jahren in seinem Garten ein riesiges Baumhaus errichtet. Jetzt, da sich seine Tochter zu groß dafür fühlt, dient es müden Radfahrern als Unterschlupf. Heute ist es mein Reich. Meine persönliche Matratzenburg. Ich erinnere mich an unser Baumhaus zu Hause in Berlin und nutze die Gelegenheit, mal wieder dort anzurufen.

Hin und wieder plagt mich das schlechte Gewissen, wenn ich mich lange nicht zu Hause gemeldet habe. Ich möchte nicht, dass man sich meinetwegen Sorgen macht. Während vor zwanzig Jahren die Daheimgebliebenen monatelang auf eine Nachricht warten mussten, wird heute aufgrund der modernen Technik viel häufiger ein Lebenszeichen erwartet. Wenn ich Internetzugang habe, sende ich Fotos und kurze Updates zu meiner Route. Wo bin ich gerade? Wo werde ich als Nächstes sein? Auf diese Weise bleibe ich Teil meiner alten Welt, egal, wo ich mich auf dieser Erde befinde. Ich werde zu Geburtstagsfeiern und Hochzeiten eingeladen. Erfahre von neuen Jobs, dem neuen Haus und dem neugeborenen Kind. Die Verbindung bleibt – trotz der räumlichen Distanz. Doch während das Leben zu Hause dem ganz normalen Wahnsinn folgt, beschäftige ich mich mit überlebenswichtigen Dingen.

Wo bekomme ich sauberes Trinkwasser her?

Wo fülle ich meine Essensvorräte auf?

Wo verbringe ich die nächste Nacht?

Zu Hause scheint heute zum Glück alles in Ordnung zu sein. Ich begebe mich zurück in mein persönliches Funkloch, denn auf dem Fahrrad bleibt das Handy aus.

Das Wetter ist auch am nächsten Tag fabelhaft. Auf dem Weg zum Jasper-Nationalpark genieße ich die schneebedeckten Gipfel aus sicherer Distanz und stelle fest, dass diese Gegend auch beim zweiten Besuch noch viel Neues für mich bereithält. Während ich bei meinem letzten Aufenthalt im Nationalpark nicht im Dorf Jasper geschlafen habe, sondern auf einem Campingplatz etwas außerhalb, komme ich diesmal in den Genuss, bei der Nationalpark-Rangerin Sanne übernachten zu dürfen.

Sie ist eine Bekannte von Dea, der dänischen Radfahrerin, die ich bei meiner Reise durch den Banff-Nationalpark kennengelernt habe und die auf meine Nachfrage hin den Kontakt hergestellt hat. Sanne hat durch ihre Arbeit das Privileg, im Nationalpark wohnen zu dürfen. Sie ist sehr herzlich und gibt mir nicht nur ein Dach über dem Kopf, sondern bereitet Käse- und Schokofondue zum Abendessen vor. Das ist wie Weihnachten und Geburtstag zusammen!

Statt von hier direkt weiter nach Süden zu fahren, biege ich zunächst in Richtung Westen ab. Ich fahre durch den Mount Robson Provincial Park. Mit 3954 Metern ist der Mount Robson der höchste Berg der kanadischen Rocky Mountains. Nicht der höchste Berg Kanadas. Aber eben der Rocky Mountains. Die Zahl der Höhenmeter, die ich überwinden muss, halten sich überraschenderweise in Grenzen, und es geht für mich sogar etwas mehr bergab als bergauf. Nach lockeren vierzig Kilometern treffe ich auf Katrien, eine 25-jährige Belgierin, die eine Radtour durch die Rockies macht. Gemeinsam fahren wir zum Mount-Robson-Aussichtspunkt.

Dort angekommen, werden wir von Menschenmassen überrascht. Mal wieder das perfekte Timing. Morgen findet der jährliche Mount-Robson-Marathon statt. Das wäre mal eine neue Herausforderung, doch das Wetter ist nicht so einladend, und außerdem sind die Startplätze schon ausgebucht.

Katrien und ich verstehen uns spontan so gut, dass wir beschließen, zusammen weiterzufahren. Am nächsten Rastplatz brauche ich nicht lange, um Katrien davon zu überzeugen, hier die Nacht zu verbringen. Picknickbänke, Toiletten, Mülleimer, Trinkwasser, Strom und kostenloses WLAN. Eine riesige grüne Wiese lädt zum Verweilen ein. Wir quatschen ununterbrochen, genießen die gegenseitige Gesellschaft und beschließen, auch morgen miteinander zu fahren.

Valemount, die nächste Stadt, liegt nur knapp dreißig Kilometer entfernt, aber Katrien hat einen Freund, dessen Oma dort wohnt, und sie wurde eingeladen, auf ihrer Tour vorbeizuschauen. Das tun wir jetzt gemeinsam. Oma Christa stammt aus Deutschland und empfängt uns wie ihre eigenen Enkelkinder. Sie hat bereits gekocht und Ausflüge vorbereitet. Ich bin überwältigt von ihrer Freundlichkeit und begeistert von der Tatsache, dass sie mit über neunzig Jahren körperlich und geistig topfit ist. Nur zu gern unterhalte ich mich auf Deutsch mit ihr – ein bisschen Heimatgefühl für uns beide.

Nach zwei Nächten bei Christa beschließen wir schweren Herzens weiterzuziehen. Da ich zügiger unterwegs bin als Katrien, trennen sich nun – nach dieser kurzen, aber intensiven Zeit – auch unsere Wege. Der Gegenwind pustet wehmütige Gedanken weg. Nach der Steigung hinter dem Dorf Blue River geht es stetig bergab. Irgendwie logisch. Schließlich bin ich unterwegs zum Meer. Allerdings weiß ich von übereinstimmenden Erzählungen, dass meine gewählte Route über Whistler und Squamish noch einige Höhenmeter – dafür aber auch atemberaubende Panoramen – für mich bereithält.

Für heute ist Schluss am Rastplatz Wire Cache. Durch mein Tagespensum von 145 Kilometern überschreite ich die 10 000-Kilometer-Marke! Gefeiert wird – aus Mangel an Möglichkeiten – allein mit einer Tafel Schokolade.

Dann, knapp 8000 Kilometer Luftlinie von zu Hause entfernt, ergibt sich die Gelegenheit, meine Mutter erneut zu treffen. Eine organisierte Reise mit Flugzeug, Bus und Schiff führt sie in meine Gegend. Ich habe mir die Reiseroute geben lassen und überlege, wo ich sie erwischen könnte.

Auf meiner Karte entdecke ich einen Zeltplatz am Dunn Lake – nur über eine kleine Straße inklusive Fährüberfahrt zu erreichen. Da kommt der Bus meiner Mutter zwar nicht entlang, doch genau so ein Abenteuer brauche ich jetzt nach Highway und Straßenlärm.

Ich muss die 10 000-Kilometer-Pizza auf einen anderen Tag verschieben und stattdessen einen Sprint hinlegen, um die Fähre noch zu erreichen, die gerade dabei ist abzulegen. Da es möglicherweise die letzte Fahrt ist, mache ich dem Fährmann klar, dass ich gerne mitfahren möchte. Der erzählt mir dann leicht verwundert, was mich auf der anderen Seite des Flusses erwartet. Eine Schotterpiste. Ein steiler Anstieg. Sonst nichts. Mal abgesehen von dem See in acht Kilometer Entfernung.

Ich radle im Regen über Stock und Stein, vorbei an Kühen und verlassenen Farmhäusern. Rücksichtslos rast ein Pick-up-Truck an mir vorbei. Noch nasser und dreckiger als sowieso schon fahre ich weiter. Es ist keine Option, jetzt umzudrehen und zurückzufahren. Der Fährmann würde mich vermutlich auslachen. Ich komme leidlich voran bis zu einem Anstieg, der aufgrund des Regens selbst mit Allradantrieb nicht so ohne weiteres zu bewältigen wäre. Das Wasser hat die Straße regelrecht weggespült. Nass vom Schweiß oder vom Regen schiebe ich mein Rad über die riesigen Auswaschungen.

Es sind noch drei Kilometer bis zum Zeltplatz, als ein Auto neben mir zum Stehen kommt. Die Scheibe wird runtergekurbelt. Carol und Norman stellen sich vor und schauen mich dann irritiert und besorgt an: »Was machst du hier draußen?« Ich versichere ihnen, dass es mir gut geht und dass ich bestimmt noch vor Sonnenuntergang den Campingplatz erreiche. Doch das beruhigt sie nicht. Die beiden erzählen mir von ihrer Ferienhütte am anderen Ende des Sees und laden mich kurz entschlossen ein, dort zu übernachten. Dankend nehme ich an und folge ihrer Wegbeschreibung.

Tatsächlich wird der Weg bald wieder befahrbar, und ich komme rechtzeitig an, um das Gelände noch im Halbdunkeln erkunden zu können. Was für ein genialer Ort! Ich habe die Wahl zwischen zwei Häusern, die Norman selbst gebaut hat. Der See liegt direkt vor der Haustür. Ein richtiges Bett. Ein Dach über dem Kopf. Die Möglichkeit, all meine nassen Sachen ausbreiten zu können. Ein Traum.

Am nächsten Morgen ist es unerwartet kalt, Wolken und Regen begleiten mich erneut. Eigentlich ein Tag, den ich lieber im Bett oder am warmen Kaminfeuer verbringen würde. Aber mein heutiges Ziel ist das Dorf Sun Peaks, wo mich das Wiedersehen mit meiner Mutter für die Strapazen belohnen wird. Also schnappe ich mir Phileas und folge der Waldstraße bis in ein Dorf namens Barrière. Dort wärme ich mich kurz bei einem Kaffee auf und nutze das WLAN, um sicherzugehen, dass der Reisebus weiterhin planmäßig unterwegs ist.

Später am Tag treffe ich tatsächlich auf die Reisegruppe. Vier aufregende Monate sind seit dem vorigen Abschied von meiner Mutter vergangen. Da gibt es natürlich einiges zu erzählen. Leider kann die Reisegruppe die Weiterfahrt nicht verschieben, da sonst der straffe Zeitplan nicht einzuhalten ist. Diese Art zu reisen wäre wirklich nichts für mich. Am Abend werden wir in einem Lokal von einem deutschen Wirt bekocht. Ganz kurz fühlt es sich an, als wäre ich zurück in Deutschland. Am nächsten Morgen gibt es noch schnell ein Erinnerungsfoto, dann winke ich dem Bus hinterher.

Mit neuer Energie starte ich in die letzte Etappe nach Vancouver. Noch fünf Tage sind es bis dorthin. Die Ausblicke auf dem Sea-to-Sky-Highway sind genial, die Straße ruhiger als erwartet. Wo kein Seitenstreifen vorhanden ist, sind blinkende Warnschilder montiert. Vor den Tunneln, die ich passieren muss, gibt es einen Drücker für mich, über den ich Autofahrern signalisiere, dass ich im Tunnel bin. Unzählige Rennradfahrer kommen mir entgegen. Die letzte Begegnung mit einem Tourenradler ist jetzt schon eine Weile her.

Das Wetter ist endlich wieder trocken und wärmer. Nur eine Baustelle kurz vor dem Ziel zwingt mich zu einer längeren Pause. Hier sind die Bauarbeiter damit beschäftigt, einen von einem Erdrutsch zerstörten Straßenabschnitt zu erneuern. Bei einem monströsen Anstieg mit Steigungen von bis zu 22 Prozent hinterfrage ich mal wieder meine Fähigkeiten, eine ordentliche Route zu planen. Aber warum beschwere ich mich eigentlich? Anstrengende Wege werden in der Regel belohnt – durch viel Anerkennung, spektakuläre Kulissen und neue Erkenntnisse.

Kapitel 6
Von der Sunshine Coast nach Washington State

Ich bin zurück in Vancouver. Hinter mir liegen 10 730 Kilometer von Ost nach West, über den Norden zurück in den Süden. In Europa wäre ich bei so viel Strecke vermutlich durch zwanzig Länder gereist und weit in Russland gelandet. Hier hingegen bin ich noch immer in Kanada. Doch meine Zeit neigt sich dem Ende zu. Das jedoch scheint meinem Körper nicht zu gefallen, denn er brütet irgendetwas aus. Für heute ignoriere ich die sich anbahnende Erkältung und strample mit müden Beinen nach Victoria auf Vancouver Island. Von hier will ich mit der Fähre hinüber in die Vereinigten Staaten fahren.

Vorher treffe ich mich aber noch mit Michael, einem Freund von Dave und Kelly, die ich von meinem ersten Aufenthalt auf Vancouver Island kenne. Michael hat angeboten, mir die Stadt zu zeigen. Ich genieße die Tatsache, nicht permanent auf die Karte schauen zu müssen, und folge einfach meinem privaten Stadtführer. Als wir nach der Tour wieder in Downtown Victoria ankommen, lädt mich Michael ein, bei sich und seiner Frau Brigitte zu übernachten. Da ich noch keine Übernachtungspläne habe, nehme ich dankend an.

Auch mein Körper fühlt sich eingeladen und fährt einfach mal komplett runter. Mehrere Tage liege ich mit einer fetten Mandelentzündung im Bett und träume von den Orten, an denen ich jetzt sein könnte, hätte ich nur ein bisschen aufmerksamer auf meinen Körper gehört. Blöder Ehrgeiz.

Trotz allem bin ich glücklich, dass ich meine Krankheit bei zwei so fürsorglichen Menschen auskurieren darf. Michael und Brigitte kochen mir Tee und verwöhnen mich mit leckerem Essen, während ich langsam wieder zu Kräften komme.

Am 6. Oktober, genau zehn Monate nach meiner Einreise, lege ich die letzten 25 Kilometer auf kanadischem Boden zurück. Jetzt heißt es endgültig: Cheers Canada! Wenig später stehe ich auf der Fähre.

Nach neunzig Minuten berühre ich mit meinen Füßen und Phileas mit seinen Rädern den Boden der Vereinigten Staaten von Amerika. Ich beginne meine persönliche »American Dream«-Tour auf den San Juan Islands, einer Inselgruppe im Nordwesten des US-Bundesstaats Washington.

Sechs Fähren in sechs Tagen. Anstatt Rad zu fahren, verbringe ich die kommenden Tage überwiegend auf dem Wasser. Nach einer Woche Bettruhe ist das genau die richtige Dosierung für den langsamen Wiedereinstieg. Nachdem ich die San Juan Islands erkundet habe, ist es an der Zeit, das friedliche Inselleben hinter mir zu lassen. Das Festland ruft.

In Port Townsend stoße ich auf einen richtigen Fahrradweg, den Discovery Trail, dem ich fortan bis zur Pazifikküste folge. Vorher warten noch ein paar Highlights auf mich. Nach einem kurzweiligen Aufenthalt in Sequim, mit eigenem Gästehaus, leckerem Essen und einer Bibellesung, mache ich mich, gesegnet mit glücklichen Gedanken und gutem Wetter für die nächste Woche, auf den Weg zum Berg Hurricane Ridge. Auf den Gipfel in 1670 Meter Höhe führt eine 27 Kilometer lange und kurvige Straße. Ich habe mittlerweile schon einiges an Höhenmetern hinter mich gebracht. Ich habe die Rocky Mountains nicht nur einmal, sondern gleich mehrere Male überquert, und man sollte meinen, mein Körper gewöhnt sich daran – was wahrscheinlich auch irgendwie der Fall ist. Aber ein Berg bleibt ein Berg, und mein schwer beladenes Fahrrad ist eben ein schwer beladenes Fahrrad.

Glücklicherweise gibt es auf halber Strecke einen Campingplatz. Dort baue ich schnell mein Zelt auf, lasse die nicht benötigte Ausrüstung (also eigentlich alles außer einer Trinkflasche und einem kleinen Snack) zurück und fahre ohne Last weiter. Auch so ist es noch eine lange und schweißtreibende Fahrt. Aber es lohnt sich, insbesondere bei diesem herrlichen Wetter! Die Aussicht ist wahrlich atemberaubend, doch die untergehende Sonne setzt mich unter Druck, denn ich möchte ungern im Stockdunkeln die Talfahrt antreten. Nachdem ich zuvor stundenlang geschwitzt habe, friere ich auf meiner Abfahrt zurück zum Campingplatz. Nachts ist es mittlerweile empfindlich kalt.

Auf einen Umweg folgt der nächste, aber das Wetter am kommenden Tag ist noch immer zu gut, um sich zu beeilen. Kurz vor Sonnenuntergang erreiche ich Cape Flattery und stehe nach einer kurzen Wanderung im äußersten Nordwesten des Bundesstaats Washington. Überwältigt von meinen Emotionen, sehe ich zu, wie die Sonne den Ozean berührt.

Während alle anderen Besucher nach dem Spektakel mit ihren Autos in die Dunkelheit davonfahren, koche ich schnell etwas zu Abend und baue mein Zelt zwischen den Bäumen auf. Auf den traumhaften Sonnenuntergang folgt am nächsten Morgen ein ebenso wunderschöner Sonnenaufgang. Ich baue das Zelt ab, fahre ein Stück zurück und begebe mich auf den Highway 101, der mich weiter Richtung Süden bringen wird.

Die Straße verläuft ein Stück an der Küste entlang. Ich schleiche mich arglos an der Schranke eines für die Saison geschlossenen Campingplatzes vorbei und verbringe den Nachmittag am Strand, während Zelt und handgewaschene Wäsche in der Sonne trocknen. Dabei beobachte ich eine Frau am anderen Ende des Campingplatzes, die neben einem Wohnmobil sitzt und den Meerblick genießt. Vor dem Abendessen gehe ich hinüber zu ihr und erkundige mich, wie sie es trotz geschlossener Schranke mit ihrem Gefährt hierhergeschafft hat. Nach der Begegnung mit ihr bin ich um eine inspirierende Geschichte und um zwanzig Dollar reicher. Evonne hat eine Sondergenehmigung für ihr Wohnmobil, verspricht aber, mich nicht zu verraten, wenn ich ohne Erlaubnis hierbleibe. Das

Geld sei für ein paar warme Mahlzeiten, sagt sie. Ich bin sehr dankbar für dieses Geschenk, frage mich allerdings, ob ich tatsächlich so bedürftig aussehe, als könnte ich mir kein Essen leisten.

Nach zwei Tagen auf dem Highway 101 nutze ich jede Gelegenheit, um diese stark befahrene Straße zu verlassen. Ich folge landschaftlich reizvollen Waldwegen um den Lake Quinault. In einem winzigen Café genieße ich dank Evonnes Geld ein heißes Mittagessen, und nach ein paar Streifzügen durch den Regenwald fliege ich quasi dem Sonnenuntergang entgegen. Gerade noch rechtzeitig komme ich in Pacific Beach an. Kurz denke ich darüber nach, mein Zelt direkt am Strand aufzubauen. Der gehört nämlich ganz mir, inklusive farbenfrohem Kino am Horizont und kostenlosem Konzert in Form von Wellengeräuschen. Doch ich habe Respekt vor den unberechenbaren Gezeiten und entscheide mich für den offiziellen Campingplatz. Dank meiner späten Ankunft und meines frühen Aufbruchs entfällt das Bezahlen.

Nach fünf Nächten im Zelt sehnt sich mein Körper nach einer heißen Dusche und einem richtigen Bett. Ich finde einen Warmshower-Gastgeber in Aberdeen, und mit dieser Aussicht komme ich noch besser voran. Noch immer ist es manchmal seltsam, tagsüber nicht zu wissen, wo man abends sein Lager aufbauen kann. Die Gewissheit, abends eine gemütliche Unterkunft zu haben, kann unglaublich motivierend sein. Wobei ich auf diesem Abschnitt eigentlich kaum Motivationsprobleme habe, denn die Straße führt am Pazifik entlang, und ich will einfach mehr und mehr von diesem Meer.

Kurz nach sechzehn Uhr treffe ich bei Jim und Fran in Aberdeen ein. Sie erzählen mir von zwei anderen Tourenradlerinnen, die ich, wenn ich in meinem bisherigen Tempo weitermache, wohl bald einholen werde. Eine von ihnen hat im Trockner ein Paar Socken vergessen, die Jim und Fran mir mitgeben. Die Socken finden ihren Platz in meinen Radtaschen, die schon von den vielen frisch gebackenen Keksen überquellen. Doch während sich die Kekse am folgenden Tag verflüchtigen, bleiben mir die Socken treu. Für ganze 2000 Kilometer. Zur Kurierfahrerin würde ich möglicherweise noch nicht taugen.

Mittlerweile begegne ich immer häufiger anderen Radfahrern: allein reisenden Männern, Paaren, Freundinnen und Frauen, die wie ich solo unterwegs sind. In der kurzen Zeit, die ich an der Pazifikküste verbringe, sehe ich mehr Fahrradtouristen als in Kanada.

Die Sockenbesitzerin jedoch hat einen Teil der Strecke per Bus zurückgelegt. Ich kann es ihr nicht verübeln. Das Wetter ist mies und der Nebel so dicht, dass ich den Ozean, der buchstäblich direkt neben mir liegt, häufig nicht sehen kann.

Auch als ich zu einer vier Meilen langen Brücke über den Columbia River komme, kann ich nichts von dem Fluss erkennen. Aber es gibt nur diesen einen Weg. Also trete ich weiter. Schneller und schneller drehen sich meine Pedale. Die Stimmung ist düster. Mir ist es unangenehm, nicht zu sehen, wo ich bin. Ich muss mit dem Seitenwind kämpfen und versuchen, rechts von der weißen Linie zu bleiben, um nicht von Autos überrollt zu werden. Ein kleiner Moment der Unachtsamkeit würde genügen, und schon käme ich unter die Räder …

Doch ich komme nicht nur ans andere Ende der Brücke, sondern lasse auch Washington hinter mir und erreiche Oregon. Ein Bundesstaat, der berühmt ist für seine hinreißende Küste. Nach nur wenigen Kilometern bemerke ich die Unterschiede gegenüber Washington State und Kanada. Plötzlich gibt es Fahrradwege oder zumindest Straßenschilder, die die Autofahrer auffordern, respektvoll mit uns Radfahrern umzugehen. Ein sehr fahrradfreundlicher Staat, dieses Oregon.

Kapitel 7
Regentage in Oregon

Nach drei Wochen voller Inseln, Sandstränden und einer salzigen Meeresbrise habe ich Lust auf einen Abstecher ins Landesinnere. Bei einer Pause am Wegesrand komme ich mit einem anderen Fahrradfahrer ins Gespräch, der mir empfiehlt, einen Umweg über Portland zu machen. Während ich auf dem Highway 26 langsam mit dem Fahrrad die Küstenberge hinaufkrieche, frage ich mich, warum ich bloß seinem Rat gefolgt bin. Ich kenne niemanden in der Stadt und weiß eigentlich auch nicht, was es dort zu sehen oder zu tun gibt.

Schließlich bin ich in Beaverton angekommen. Von hier aus ist es nicht mehr weit nach Portland. Ich muss mich organisieren und einen Ort finden, wo ich mein Zelt für die Nacht aufbauen kann. Warmshower-Anfragen bleiben leider erfolglos, Unterkünfte sind spontan nicht zu haben oder viel zu teuer. Ich muss ziemlich verzweifelt ausgesehen haben, denn die erste und einzige Person, die mich anspricht, bietet mir sofort eine Unterkunft an. Dabei hatte ich mich schon mit dem Gedanken abgefunden, mein Zelt in der Stadt aufzubauen, neben einem der über 4000 Obdachlosen.

Gerald heißt mich in seinem Zuhause willkommen. Ich werde mit einer heißen Dusche, einem würzigen thailändischen Abendessen und Gesprächen über meine Heimatstadt aufgebaut. Gerald ist gerade mit seinem Sohn von einem Berlin-Urlaub zurückgekehrt. Wieder einmal bin ich überwältigt von der Großzügigkeit wildfremder Menschen. Und von der Fähigkeit des Universums, mir immer im richtigen Augenblick einen Funken Hoffnung zu schicken.

Am nächsten Morgen, bevor ich mich verabschiede, nimmt Gerald mich mit auf eine Tour zu seinem Arbeitsplatz – dem Nike Headquarter. Jetzt weiß ich endgültig, warum ich die zusätzlichen Kilometer nach Portland auf mich genommen habe. Jeder »Umweg« auf meiner Reise hat sich am Ende als etwas Besonderes herausgestellt. Etwas ganz Wunderbares, was ich sonst verpasst hätte.

Ich verlasse zwar meine neuen Freunde, bleibe aber noch ein paar Tage in Downtown Portland, um den Umweg richtig auszukosten. Ich erkunde den Stadtwald, genieße den Duft im Rosengarten und das leckere Essen in den Hipsterrestaurants und versuche, die Brücken zu zählen, die hier in der Stadt über den Columbia River führen.

Auf einem der vielen Stadtberge habe ich Ruhe zum Nachdenken. Wo fahre ich als Nächstes hin? Obwohl mich eine Durchquerung des Landes von West nach Ost reizen würde, muss ich mir eingestehen, dass meine Aufenthaltsgenehmigung für drei Monate nicht mehr reichen würde. Also bleibt nur der Süden, aber auf welchem Weg? Und was mache ich eigentlich nach meinen drei Monaten in den USA?

Ich vertage meine Entscheidung und beschließe, wieder Richtung Küste zu fahren. Es fängt gerade an zu regnen, als ich vor Clatskanie den Highway verlasse. Eine Unterkunft käme mir jetzt sehr gelegen. Doch irgendwie scheint alles geschlossen zu sein. Als ich mich mit dem Gedanken abgefunden habe, doch in meinem Zelt zu schlafen, taucht ein Mann auf. Er stellt sich als der Besitzer des Bike Inn vor. Eigentlich haben sie schon für dieses Jahr geschlossen, aber ich habe Glück und darf bleiben. Ein phantastischer Ort, wo es einen großen Raum mit Betten und Sofas, Büchern und Fahrrädern gibt und außerdem eine kleine Küche, ein Bad und eine Waschmaschine. Mir stehen ein WLAN-Zugang, ein großer Fernseher und mehrere Filme zur Verfügung, allerdings bin ich zu müde, um mir einen davon anzusehen. Ich habe die ganze Unterkunft für mich allein. Das Geld ist es absolut wert!

Dank WLAN kann ich einen Warmshower-Gastgeber in Seaside organisieren. Die Wettervorhersage schaut nicht sehr vielversprechend aus, doch die Aussicht, am Abend ein Dach über dem Kopf zu haben, wird die Fahrt im Regen erleichtern.

Sam ist noch bei der Arbeit, als ich in Seaside ankomme, aber er hat die Tür für mich offen gelassen. Die heiße Dusche fühlt sich göttlich an, dennoch ist es ein merkwürdiges Gefühl, mich hier häuslich einzurichten, ohne Sam je begegnet zu sein. Mir wird blind vertraut. Dieses Fahrradfahren scheint ein wirklicher Türöffner zu sein. Klar, dass ich mich irgendwie bedanken muss. Ich koche Abendessen. Auch komisch. In einer fremden Küche. Ohne zu wissen, wann der Hausbesitzer denn eigentlich auftaucht.

Prompt öffnet sich die Tür in dem Moment, als ich gerade mit dem Kochen fertig bin. Bei großartigen Gesprächen stillen Sam und ich unseren Hunger und tauschen Reisegeschichten aus. Er lädt mich ein, noch eine Nacht zu bleiben, aber ich habe meinen nächsten Gastgeber bereits arrangiert.

Next Stop: Tillamook. Neunzig Kilometer. Fünf Stunden.

Doch bei dem aktuellen Regen ist es vollkommen egal, ob ich fünf Stunden oder nur fünf Minuten draußen bin. Völlig durchnässt komme ich bei Bruce an. Er bietet mir gleich heißen Kakao und noch warme Kekse an. Am liebsten würde ich mich damit einfach nur auf die Couch fläzen, doch unversehens werde ich Teil eines Vier-Generationen-Essens. Umgeben von spielenden Kindern und Erwachsenen, die mich mit Fragen und einem Bier nach dem anderen vom Zubettgehen abhalten. Das ist eine Sache, die ich an Warmshower liebe – man weiß nie, was man bekommt. Erwarte das Unerwartete. Gib dich der Überraschung hin. Du wirst belohnt.

Beim Abschied am nächsten Morgen erzählt Bruce mir von zwei Radfahrern, die am Tag meiner Ankunft abgereist sind. Angespornt von dem Gedanken, den nächsten Campingplatz mit anderen Radlern zu teilen, fliege ich weiter Richtung Süden. Schönste Strände wechseln sich mit urigen Wäldern, Naturschutzgebieten, malerischen Aussichtspunkten und süßen kleinen Städten ab. Abends auf dem Campingplatz des South Beach State Parks begegne ich tatsächlich Bruna und Anthony, von denen Bruce mir berichtet hatte. Ich bin nass und hungrig, und es fängt schon wieder an zu regnen, bevor ich mein Zelt aufbauen kann, doch heute macht es mir nichts aus.

Bald darauf sitzen Bruna, Anthony und ich mit einer heißen Schokolade an einem überdachten Picknicktisch des Zeltplatzes. Die scheinen hier auf Regen eingestellt zu sein. Glück für uns.

Bruna löchert mich mit Fragen, insbesondere zum Thema allein reisende Frauen. Hast du keine Angst?, will sie wissen. Fühlst du dich oft einsam? Vermisst du denn keine Begleitung? Hattest du schon mal Probleme mit Männern? Was machst du, wenn dein Rad kaputtgeht? Wie lebst du deine feminine Seite aus, wenn du den ganzen Tag nur T-Shirt und Shorts trägst? Tut dein Hintern nicht unglaublich weh? Und hast du gar keinen Muskelkater? Was sagen deine Familie und Freunde dazu, dass du dich auf unbestimmte Zeit abgemeldet hast? Ist das rastlose Leben auf Dauer nicht anstrengend?

Ich beantworte ihre Fragen nach bestem Wissen und Gewissen, egal, wie laienhaft ich mich – trotz sechsmonatiger Erfahrung – dabei fühle.

Nach einem so vergnüglichen Abend wie lange nicht mehr fällt es mir schwer, beiden am nächsten Morgen Lebewohl zu sagen. Wir hätten ohne Probleme ein paar Tage gemeinsam verbringen können. Ohne Zeitdruck, ohne Plan. Doch mein sportlicher Ehrgeiz nimmt mir die Entscheidung leider wieder ab. Bis nach Dunes City hätten es meine neuen Freunde nicht an einem Tag geschafft, und ich möchte meinen bereits organisierten Warmshower-Platz nicht absagen. Ich bekomme ein Paar Ohrringe von Bruna als Abschiedsgeschenk und die Abmachung, sich irgendwo auf der Welt wiederzutreffen.

Meine Strecke verläuft auch weiterhin an der Küste. Nach einer Nacht an einem hübschen See namens Woahink Lake kurz vor Dunes City habe ich einen kleinen Durchhänger. Das Wetter spielt nicht mit, und ich beschließe, tagsüber eine längere Pause in einem Café einzulegen. Der Campingplatz, den ich als Nächstes anpeile, liegt weniger als zwanzig Kilometer entfernt. Dorthin werde ich es für die Nacht auf alle Fälle noch schaffen.

Ich verlasse meinen gemütlichen Fensterplatz gerade rechtzeitig, um vor Einbruch der Dunkelheit zum Campingplatz im Tugman State Park zu gelangen. Bei meiner Planung habe ich natürlich keine Zwischenfälle wie Pannen einkalkuliert. Meine Ausrüstung hat heute jedoch ihre ganz eigenen Bedürfnisse. Ein Platten im Hinterrad – wo auch sonst!

Es ist der zweite Platten auf 13 000 Kilometern. Kein schlechter Schnitt. Tatsächlich nehme ich den Reifenwechsel mit einer gewissen Genugtuung in Angriff. Kurz nachdem ich den Reifen abgenommen habe, hält neben mir ein Mann auf seinem Tourenrad, um mir seine Hilfe anzubieten. Doch ich will mir nicht bei etwas helfen lassen, was ich allein schaffe. Außerdem möchte ich beim Flicken nicht beobachtet werden. Also fährt der Gentleman unverrichteter Dinge weiter. Kurze Zeit später rollt es auch bei mir wieder. Ich sehe dunkle Wolken auf mich zukommen und beeile mich. Gerade als ich am Campingplatz eintreffe, erwischt mich der erste Regenschauer.

Die Nacht wird ziemlich miserabel, und ich wünschte, ich hätte eine Übernachtung in Dunes City drangehängt. Nicht ohne Grund nennen die Bewohner ihre Westküste liebevoll »Wet-Coast«. Ich kann mich nicht erinnern, dass es in meinem Zelt jemals so laut war. Auch Donner und Blitz halten mich eine Weile wach. Eine echte Prüfung für mein Zelt. Eine echte Mutprobe für mich. Wie war das noch mit dem Gewitter und den Bäumen?

Zu meinem Erstaunen klart es am Morgen auf, und es folgt ein rundum perfekter sonniger Tag. Zu diesem Zeitpunkt weiß ich noch nicht, dass der Regen dieser Nacht der letzte ist, den ich für lange Zeit sehen werde.

Kapitel 8
California Dreaming

Pünktlich zu meiner Ankunft in Kalifornien klettert das Thermometer auf über zwanzig Grad. Es ist Anfang November. Der Himmel ist strahlend blau.

Momentan befinde ich mich etwa auf halbem Weg zwischen der kanadischen und der mexikanischen Grenze. Ich muss mir langsam Gedanken machen, wie es weitergehen soll. Mein Kopf quillt über vor lauter möglichen Reisezielen. Doch ich muss bald eine Entscheidung treffen. Zum Glück kommen mich im Dezember erst mal meine beiden Brüder besuchen. Vielleicht ergibt sich bei unserem weihnachtlichen Familientreffen etwas Neues.

In Crescent City übernachte ich zum ersten Mal in einem Gemeindehaus und teile meinen Schlafplatz mit anderen Abenteurern. Schon bald entscheide ich mich, einen Tag dranzuhängen. Ich beschließe, die Zeit zu nutzen, um mit Phileas zum Fahrraddoktor zu gehen. Das habe ich vor mir hergeschoben wie andere einen unangenehmen Zahnarzttermin. Nun gebe ich ihn bei Backcountry Cycles ab und erfahre, dass die Kette und mit ihr die Kassette abgenutzt sind. Notiz an mich selbst: Kette öfter putzen, Länge kontrollieren und bei Bedarf sofort wechseln! Das wird auf Dauer deutlich günstiger, als jedes Mal eine neue Kassette zu kaufen.

Vom Fahrradladen gehe ich zu Fuß auf Entdeckungsreise. Selbst kurze Strecken kommen einem plötzlich lang vor, wenn man es gewohnt ist, überall mit dem Rad hinzufahren.

Am Morgen vor meiner Weiterreise beschließe ich, wiedervereint mit Phileas, einen Ausflug zum Jedediah Smith Redwoods State Park zu machen. Ich lasse meine Sachen im Gemeindezentrum und fahre auf Nebenstraßen und Waldwegen den Redwoods entgegen. Purer Sauerstoff durchströmt meine Lunge. Frische Waldluft ist einfach das Beste. Ich nehme mir Zeit für Fotos und Spaziergänge, sauge die Energie der riesigen Mammutbäume in mich auf.

Nach meiner Rückkehr in die Stadt belade ich Phileas, und gemeinsam stellen wir uns einer langen Steigung, um zurück auf den Highway zu kommen. Wegen des morgendlichen Ausflugs ist es schon ziemlich spät, und mir bleibt nicht viel Tageslicht. Auf dem Hiker & Biker Site des Elk Prairie Campgrounds begegne ich fünf anderen Radfahrern. Wir verbringen einen lustigen Abend und einen faulen Morgen, bevor alle nach und nach ihren Weg fortsetzen.

Die Straße ist außergewöhnlich ruhig und führt durch einen eindrucksvollen Wald, bevor sie uns wieder an der Küste ausspuckt. Ich habe in Eureka einen Last-minute-Warmshower-Host organisiert. Der Ort ist genau hundert Kilometer entfernt – eine schöne Strecke für den Tag. Und der Abend ist dann noch schöner.

Nachdem ich am nächsten Tag Eureka und einige steile Hügel hinter mir gelassen habe, mache ich einen weiteren Abstecher zu den ältesten und größten Redwoods der Welt. Ich habe die beeindruckenden Baumriesen ganz für mich allein. Es hat schon Vorteile, in der Nebensaison unterwegs zu sein. Ich habe sogar die Gelegenheit, einen Handstand auf der Straße zu machen, ohne überfahren zu werden.

Als ich auf dem Highway weiterfahre, bemerke ich am zunehmenden Verkehr, dass ich mich San Francisco nähere. Während diese Stadt früher nie auf meiner Liste von Plätzen stand, die ich unbedingt besuchen wollte, ist San Francisco in den letzten Wochen doch zu einer Art Zwischenziel geworden. Jetzt will ich unbedingt dorthin und mit meinem Fahrrad über die Golden Gate Bridge fahren. Und vor allem möchte ich ein Foto machen, um damit angeben zu können. Diese Stadt ist wirklich jedem ein Begriff. Monterey, Guadalupe oder Escondido liegen zwar weiter entfernt, sind aber für Außenstehende nicht greifbar. Wenn Anni in San Francisco ist, dann ist sie wirklich *weit* gefahren.

Ich habe noch drei Radtage vor mir – mit Hügeln, schmalen Straßen sowie atemberaubenden Aussichten. Von meiner Gastgeberin in Mill Valley aus kann ich schon die Wolkenkratzer in San Francisco erahnen, muss aber noch etwas weiter fahren, bevor plötzlich die riesige Brücke vor mir auftaucht. Was für ein Spektakel! Ich habe Gänsehaut. Mit eigener Kraft habe ich das Wahrzeichen von San Francisco erreicht. Zeit für eine kleine Belohnung – neue Fahrradschuhe für mich, für Phileas nichts außer einem Tag Pause.

Da San Francisco für seine steilen Straßen bekannt ist, lasse ich das Rad lieber stehen und begebe mich zu Fuß auf Erkundungstour.

Chinatown, Fisherman's Wharf, die Painted Ladies.

Lombard Street, Presidio, Union Square.

Überall Straßenbahnen, Fähren und Fahrräder.

Obwohl ich als gebürtige Berlinerin eigentlich ein Großstadtkind bin, fühle ich mich hier fremd. Ich möchte atmen können. Ich möchte mein Geld nicht für überteuerte Touristenattraktionen ausgeben. Ich möchte nicht fünf Dollar für ein kleines Stück Kuchen und zehn Dollar für ein kleines Bier ausgeben. Ich möchte mein Erspartes so lange wie möglich zum Reisen nutzen. Zum Reisen auf dem Rad. San Francisco ist ohne Frage eine eindrucksvolle

Stadt, aber auch erdrückend. Nach nur zwei Nächten breche ich ab, packe meine Sachen zusammen und fahre aufs Land.

Es ist Samstag, und meine Gastgeberin hat Zeit, mich ein Stück zu begleiten. Ich schätze es sehr, jemanden zu haben, dem ich hinterherfahren kann. Nicht an jeder Kreuzung abbremsen und auf die Karte schauen zu müssen ist eine enorme Erleichterung.

Nach nur sechzig Kilometern beenden wir die heutige Fahrt in Half Moon Bay. Abgesehen davon, dass eigentlich jeder Tag etwas Besonderes hat und unvergesslich ist, wird mir der heutige Tag im Gedächtnis bleiben: Wir sind insgesamt zwölf Radfahrer auf dem Campingplatz!

Einige mir bekannte Gesichter sind dabei, aber auch einige Neulinge. Es ist so anregend, all die verschiedenen Geschichten zu hören, über Ausrüstung, Set-ups und Fahrräder zu sprechen. Aber als Teil einer solchen Gruppe wird mir immer auch bewusst, warum ich diese Reise allein mache, denn nur dann kann ich wirklich frei entscheiden, wohin ich fahren möchte. Das ist für mich die ultimative Freiheit.

Am Abend bekomme ich eine Nachricht von einer Frau namens Charly. »Kannst du mir mal ein Foto von den Socken schicken? Ich glaube, das sind meine!«

Ich krame die Socken aus den Tiefen meiner Taschen hervor, mache ein Foto und schicke es ihr. Wenig später die erlösende Antwort: »Ja! Die gehören mir!«

Hat sich diese Frage also auch endlich geklärt. Jetzt müssen wir nur herausfinden, wo und wann die Übergabe stattfinden wird. Es stellt sich heraus, dass Charly und Hunter gerade in Santa Cruz untergekommen sind und tatsächlich erst dort bei einer längst überfälligen Inspektion ihrer Ausrüstung die fehlenden Socken bemerkt haben.

Half Moon Bay ist knappe hundert Kilometer von Santa Cruz entfernt. Eine Tagesetappe wie für mich gemacht. Nach einer Slalomfahrt über die Fußgängerpromenade von Santa Cruz (Fahrräder erlaubt!) treffe ich mich also schon am nächsten Tag mit den beiden Mädels. Es stellt sich heraus, dass sie nur kurz nach mir im Osten Kanadas losgeradelt sind. Durch meinen Abstecher in den Yukon waren sie mir in den USA dann aber weit voraus. Nur weil sie ein eher gemütliches Fahrtempo haben, bin ich überhaupt in ihre Nähe gekommen. Als sie dann einen Teil der Strecke mit dem Bus fuhren, verlief sich ihre Spur für mich. Letztendlich hat einer unserer gemeinsamen Gastgeber die Verbindung hergestellt.

Vor lauter Glück über die zurückgewonnenen Socken laden sie mich zu Kaffee und Keksen ein. Wir sprechen über unsere Erlebnisse als Frauen auf dem Rad, über unsere komplett unterschiedlich verlaufene Cross Canada Tour und über all die Radfahrer und Gastgeber, die unsere Reisen zu dem machen, was sie eben sind. Da die beiden noch für ein paar Wochen in Santa Cruz bleiben werden, fahre ich allein weiter.

Nach dem Stadtgetümmel in und um San Francisco bin ich froh, als ich die Küste von Big Sur erreiche. Bei Surfern für hervorragende Wellen berühmt und von Wanderern für die eindrucksvollen Aussichten geliebt.

Ich halte öfter an als sonst, mache Fotos von Stränden, Felsküsten und tiefblauem Ozean. Mein Fahrrad lasse ich an der Leitplanke stehen und laufe zu Aussichtspunkten, die ich, dank fehlender Autoparkplätze, fast immer für mich allein habe. Wären da nicht die enorme Hitze und der damit einhergehende Wassermangel, würde ich hier wohl eine längere Wanderung machen. Ich muss sparsam umgehen mit meinen Ressourcen. Auch Essen und Trinken, das mir von einem Urlauber angeboten wird, reicht nicht für eine zweitägige Wanderung. Nächstes Mal.

Als ich am Sand Dollar Beach ankomme, beschließe ich spontan, in den Dünen die Nacht zu verbringen. Ich bin nur 56 Kilometer gefahren, aber warum sollte ich eine ausgezeichnete Campingmöglichkeit verschenken?

Die Aussichten der nächsten Tage lösen bei mir eine Art Rausch aus. Ein unglaubliches Panorama folgt dem nächsten. Ich sehe Wasserfälle und kreischende Seelöwen, besichtige ein richtiges Schloss und begegne noch mehr Radfahrern.

Zwischen San Luis Obispo und Santa Maria sind Radfahrer auf dem Highway nicht mehr erlaubt, und es ist eine Umfahrung eingerichtet. Zwar sind wir damit geschützt vor dem unmittelbaren Kontakt mit Autos, den Lärm müssen wir trotzdem ertragen.

In den Küstenbergen wüten seit mehreren Wochen schlimme Brände. Die Medien berichten auf allen Kanälen, und sogar in Berlin macht man sich Sorgen um meine Weiterfahrt. Selbst an der Küste werde ich in ein paar Tagen kaum mehr etwas von der Landschaft sehen können, die Straße ist aus Sicherheitsgründen gesperrt, und ich muss sehr wahrscheinlich einen Umweg über das Landesinnere in Kauf nehmen. Ich freue mich gar nicht auf die Straßen in und um Los Angeles, denn der Verkehr wird wohl schlimmer werden als in San Francisco, Portland und Vancouver zusammen.

Verzweifelt suche ich nach einem Schlafplatz für die Nacht. Statt Campingplätzen, Strand oder Wald sehe ich heute nur Betonklötze. Es ist heiß, und es widerstrebt mir, für ein Hotelbett Geld auszugeben. Da würde ich ohnehin kein Auge zumachen. Auf der Website von Warmshower finde ich schließlich den rettenden Beitrag der Feuerwehrleute in Guadalupe. Sie erlauben Radfahrern, im Hinterhof zu campen. Ohne Vorwarnung tauche ich auf und bekomme nicht nur eine kalte Dusche und einen sicheren Schlafplatz, sondern auch eine Besichtigung des Feuerwehrautos und die Einladung, mich dem Freitagsstammtisch der Feuerwehrmänner anzuschließen.

Die Bevölkerung von Guadalupe scheint nur aus Latinos zu bestehen. Zum ersten Mal in meinem Leben bin ich die einzige weiße Person in einer Bar. Ich probiere eine »Michelada« (mexikanisches Bier mit Tomatensaft) und benutze die wenigen mir bekannten spanischen Wörter wie *gracias* und *por favor*. Das wird kaum genügen, um für eine Weiterfahrt durch Mittel- und Südamerika gewappnet zu sein. Kommt Zeit, kommt Rat. Und einige Kilometer sind es ja noch bis dahin.

Auf eine kurze Nacht in Guadalupe folgt eine erholsame Nacht am Gaviota State Park Beach. Ich bin die Einzige auf dem bereits geschlossenen Campingplatz. Am Morgen wandere ich noch vor Sonnenaufgang zu den Gaviota Wind Caves. Diese einzigartigen freiliegenden Sandsteinformationen kann man bereits vom Highway sehen, doch es ist schon ein ganz besonderes Erlebnis, diese Höhlen von nahem zu sehen, die von starkem Wind und in Tausenden von Jahren geformt wurden. Der Pazifik glitzert in der Distanz. Die Fahrzeuge auf dem Highway sehen aus wie Spielzeugautos. Ich lehne mich an den kühlen Sandstein und lasse die Magie dieses Ortes auf mich wirken. Noch einmal tief durchatmen und ungestört die Aussicht genießen, bevor es weiter in Richtung Metropolregion geht.

Durch Beziehungen habe ich eine Unterkunft bei Kimberley in Santa Barbara sicher, nur fünfzig Kilometer von meinem aktuellen Schlafplatz entfernt. Ein richtiges Bett hatte ich zuletzt vor einer Woche. Wie die Zeit verfliegt. Die Kilometer auch. 15 000 habe ich davon mittlerweile auf der Uhr.

Der Weg nach Santa Barbara ist gut ausgeschildert. Wieder geht es am Pazifik entlang, zuerst auf dem Highway, dann auf Radwegen. Am Ziel angekommen, habe ich etwas Zeit zu überbrücken, bis Kimberly mich empfängt. Ich fahre durch das Universitätsgelände und den Hafen, bevor ich dem Zoo einen Besuch abstatte und anschließend in der State Street – eine Art Fußgängerzone, voller Geschäfte und Cafés – den Großstadttrubel auf mich wirken lasse.

Bei Kimberly bekomme ich ein eigenes Schlafzimmer mit einer großartigen Aussicht, werde mit leckerem Essen verwöhnt, kriege Empfehlungen für noch mehr Sehenswürdigkeiten in der Stadt und bleibe eine zweite Nacht, um Zeit für all diese Dinge zu haben. Zum Abendessen werde ich ins Moby Dick Restaurant am Pier eingeladen. Natürlich bin ich *completely underdressed*.

Kimberly sorgt auch dafür, dass ich nicht nur mit mehr Liebe im Herzen, sondern auch mit mehr Gewicht in meinen Taschen gehe. Ich bekomme eine Atemmaske, um mich vor dem Rauch zu schützen, der mich seit ein paar Tagen begleitet und Richtung Malibu noch heftiger werden wird. Und ausreichend Essen für zwei Tage obendrauf.

In der letzten Woche habe ich mich übers Internet mit vielen anderen Radfahrern ausgetauscht und mit ihnen über die momentane Brandsituation in dieser Gegend diskutiert. Während einige noch mit dem Rauch des Feuers nördlich von San Francisco kämpfen, nehmen andere den Zug, um der ganzen Situation zu entkommen. Ich hatte irgendwie Glück. Bisher.

Nun beunruhigt mich jedoch eine Straßensperrung in Malibu. Wenn ich nicht in der Lage bin, entlang der Küste nach Süden zu radeln, muss ich landeinwärts fahren, das Küstengebirge hochstrampeln und durch eine Vielzahl von Vororten navigieren. Der erhöhte Zeitaufwand setzt mich dabei nicht unter Druck, denn bis zum geplanten Treffen mit meinen Brüdern habe ich noch ausreichend Zeit. Aber preiswerte Übernachtungsmöglichkeiten sind in der Metropolregion von Los Angeles kaum zu organisieren. Campingplätze gibt es gar nicht erst. Ideal wäre, einfach auf dem Radweg entlang der Küste zu bleiben. Doch der ist eben nördlich von Los Angeles gesperrt. So bleibt mir im Moment nur, die Daumen zu drücken und auf ein Wunder zu hoffen.

Nachdem ich Santa Barbara verlassen habe, genieße ich eine kräftige Meeresbrise, die nicht nur mich erfrischt, sondern auch meinen Atem von Rauch befreit. Doch starker Wind verschlimmert zugleich die Waldbrände. Schon bin ich in Ventura, der letzten zugänglichen Stadt. Wenige Kilometer außerhalb des Orts ist die Straße gesperrt. Niemand weiß, für wie lange. Immer wieder informiere ich mich auf der offiziellen Internetseite über das aktuelle Brandgeschehen und die Schließung des Highways, doch mir ist nicht nach Warten zumute. Ein Plan muss her. Das Ziel bleibt: der Süden. Nur der Weg dorthin ändert sich.

Mein neuer Kurs führt mich westlich von Ventura durch viel Ackerland und einige kleine Städte. Ich verbringe eine Nacht in Camarillo und zwei Nächte in Simi Valley. Da das Radfahren auf endlos langen Straßen mit vielen Autos, Baustellen und sehr vielen Ampeln nicht wirklich Spaß macht, weiche ich auf die Topanga Canyon Road aus. Ich muss zwar erneut einige Berge erklimmen, aber zumindest geht es anstatt Richtung Osten nun wieder nach Süden. Im Topanga State Park finde ich, wonach ich mich die letzte Zeit so gesehnt habe: Ruhe und Frieden im Einklang mit der Natur.

Das Ziel für den nächsten Tag steht fest: an Los Angeles vorbei! Ich möchte den Stadtverkehr umgehen, dreckige Stadtteile, Lärm und Stress hinter mir lassen. Leider ist die etwa 200 Kilometer lange Strecke zwischen Los Angeles und San Diego ebenfalls alles andere als ruhig. Ich habe für jeden Radfahrer Verständnis, der beschließt, seinen Trip von der kanadischen bis zur mexikanischen Grenze in L. A. abzubrechen.

Eigentlich könnte auch ich meine Tour hier beenden. Ich habe noch etwas mehr als zwei Wochen zu überbrücken, bis meine Brüder in Los Angeles ankommen. Jeder normale Mensch würde sich wahrscheinlich eine Unterkunft buchen und warten. Frühstück im Hotel. Shoppen am Broadway. Disneyland. Griffith-Observatorium. Universal Studios. Langweilig wird es bestimmt nicht. Aber möchte ich das? Ganz sicher nicht! Wieso für Unterkunft und Unterhaltung zahlen, wenn ich sie auch umsonst haben kann? Ich fahre also weiter auf meinem Rad und schlafe in meinem Zelt. In meinem Zuhause.

Doch wie weit in den Süden will ich fahren? Ich nähere mich der Grenze zu einem Land, vor dem ich großen Respekt habe. So ergibt sich mein Zwischenziel von selbst: San Diego – die letzte Stadt vor der mexikanischen Grenze.

Ich verlasse mein Wochenenddomizil frühmorgens, um die kurze Zeit zu genießen, bevor mich die Sonne wieder brutzelt. Im Nu bin ich zurück an der Küste (jetzt geht es ja bergab!) und mache Pause am Santa Monica Pier. Anschließend kämpfe ich mich langsam, aber stetig voran. Der Radweg entlang der Strandpromenade wird nämlich nicht nur von anderen Radlern genutzt, auch Jogger und Skater fühlen sich hier wohl. Ich falle mit meinem farbenfrohen Rad gar nicht auf und lasse mich einfach mit dem Strom treiben. Ein Blick auf die Karte verrät, dass der Radweg vor mir gesperrt ist. Also muss ich die kürzeste Umfahrung ausfindig machen. Hier sind mehr Autos unterwegs als im Berufsverkehr. Ist heute nicht Sonntag? Deswegen sind wohl auch so viele Sportler unterwegs.

Der Zickzackkurs durch den Stadtverkehr endet, als ich in Long Beach ankomme. Nach meiner Mittagspause fahre ich weiter. Von nun an bin ich wieder auf dem Highway 1 und kann die meiste Zeit das Meer sehen. Trotzdem gibt es hier alles andere als Natur. Gefühlt habe ich Los Angeles noch gar nicht richtig verlassen. Die Städte gehen fließend ineinander über. Ich radle durch viele kleine Gemeinden, jede mit eigener Brauerei, vorbei an diversen Künstlerateliers und Unmengen an Touristen. Der erste Campingplatz, an dem ich vorbeikomme, hat – wie ich von einem meiner früheren Gastgeber weiß – keinen Hiker-&-Biker-Platz. Stattdessen will man mir fünfzig Dollar in Rechnung stellen. Fünfzig Dollar? Für eine Frau mit Fahrrad? Ernsthaft? Als der Ranger sagt, er denkt, dass es das Geld wert sei, drehe ich mich um und fahre weiter. Ich hätte nur ein winziges Zelt aufgebaut, hätte keinen Strom benötigt, hätte keinen Lärm gemacht, wäre früh schlafen gegangen und früh aufgestanden – dafür sind fünfzig Dollar definitiv zu viel.

Der nächste Campingplatz ist zwanzig Kilometer entfernt. Ich halte noch kurz beim Supermarkt und esse am Picknicktisch vor dem Laden zu Abend. Dann warte ich, bis es dunkel wird, und fahre die letzten Kilometer zum Doheny State Beach. Ich hoffe, dass die Schranke nach Einbruch der Dunkelheit geschlossen wird. Tatsächlich ist der Ranger aber noch da, und die Übernachtung soll nur wenig billiger als bei dem vorherigen Campingplatz sein. Dieser Ranger aber ist netter und lässt mich passieren, nachdem ich ihn überzeugt habe, dass ich eine Familie finden würde, die bereit ist, ihren Platz zu teilen. Diese Vorgehensweise habe ich von anderen Radlern gelernt.

Nun, da es dunkel ist, haben sich alle in ihre Wohnmobile zurückgezogen, und ich bin zu schüchtern, um zu klopfen und zu fragen. Aber ich entdecke einige freie Plätze, und im Schutz der Bäume kann ich mein Zelt aufbauen, ohne gesehen zu werden.

Bei Sonnenaufgang bin ich wieder verschwunden.

Wenn die Campingplätze hier überall so teuer sind, brauche ich einen Plan. Genervt stelle ich fest, dass es aktuell viel Energie und Zeit erfordert, einen Schlafplatz zu finden. Während es sich in abgelegenen Gebieten mit vielen wilden Campingmöglichkeiten einfacher gestaltet, ist es in gut besiedelten Gebieten sehr viel schwieriger. Ich nutze das WLAN von Starbucks und beginne, Warmshower-Anfragen zu versenden. Glücklicherweise gibt es in bevölkerungsreicheren Gebieten viel mehr Gastgeber. In einem Umkreis von fünfzig Kilometern kann ich etwa zehn Personen schreiben. Bereits beim zweiten Kaffee habe ich eine positive Rückmeldung und damit ein Tagesziel: Encinitas.

Die verbleibenden Kilometer bis dorthin fliegen buchstäblich an mir vorbei. Nach San Clemente befinde ich mich auf einer kleinen Straße neben dem Highway und komme schließlich am

Camp Pendleton vorbei, einem Marinestützpunkt. Plötzlich dürfen Radfahrer nicht weiter, und der offizielle Pacific Coast Bicycle Trail mündet in den Freeway.

Die Vorstellung, auf deutschen Autobahnen zu radeln, ist erschreckend. Aber das ist ja auch gar nicht erlaubt. Hier jedoch ist es gestattet, mit dem Rad auf einem fünf- oder sogar zehnspurigen Freeway zu fahren! Wenigstens gibt es einen Seitenstreifen so breit wie eine Autospur. Ich habe also quasi meinen eigenen Radweg.

Das geht so lange gut, bis dieser versperrt ist, beispielsweise durch einen Pick-up mit einer Panne. Ausweichen kann ich entweder auf die Autospur oder hinter die Leitplanke. Aber dafür müsste ich mein Fahrrad erst mal dahinterheben. Also warte ich gute fünf Minuten auf eine Lücke im fließenden Verkehr, die groß genug zum Überholen ist.

Danach kommt mir alles vor wie Zucker. Kleine Städte mit genialen Radwegen, Meerblick und Kaffee an jeder Ecke. Mein GPS weist mir den Weg nach San Diego. Ich erlaube mir zu trödeln, denn ich warte immer noch auf meine Brüder. Gedanken, wann und wie es nach der Geschwisterzeit mit meiner Reise weitergehen soll, versuche ich mir jetzt noch nicht zu machen. Das klappt mal mehr, mal weniger gut.

Wenn ich jetzt wie geplant mit meinen Brüdern auf ein Auto umsteige und dann tatsächlich die Idee verfolge, nach Argentinien zu radeln, hätte ich nicht die gesamte Strecke aus eigener Kraft zurückgelegt. Das fühlt sich für mich an wie Schummelei.

Ist es aber nicht. Denn für meine Reise gibt es keine Regeln! Außer Spaß zu haben. Und daran wird es mit meinen Brüdern nicht mangeln – auch, wenn wir per Auto unterwegs sind.

Ich denke darüber nach, was ich die letzten Monate alles bewältigt habe. So viele kleine Ziele habe ich erreicht. So viele Hürden überwunden und auch mal Zweifel aus dem Weg geräumt.

Ich habe gelernt, meinem Herzen zu folgen. Weder habe ich ein endgültiges Ziel erreicht noch einen wirklichen Meilenstein überwunden. Die Frage nach einem Ende der Reise stellt sich mir nicht. Trotzdem begleitet mich heute ein Gefühlschaos. Es ist wohl einfach die Vorstellung, mein Rad bald stehen zu lassen. Eigenartig. Nicht mehr Phileas wird mich von einem Ort zum anderen bringen, sondern ein Auto, ein Van, mit einem richtigen Motor. Ein Vielfaches an Pferdestärken!

Um die Zeit zu überbrücken, bleibe ich ein paar Tage in San Diego. Meine Gastgeberin lässt mich so lange in ihrem Hinterhof campen, wie ich möchte. Sie versteht, dass ich in der Luft hänge, Zeit für mich brauche. Also erlaube ich mir eine kleine Auszeit ohne Pläne, ohne Gedanken. Stattdessen genieße ich einfach nur das Sein. Im Hier und Jetzt.

Nach Stadtrundfahrten, der Ocean Beach Holiday Parade, Streetfood-Orgien und einer Tagestour zur mexikanischen Grenze packt mich wieder die Reiselust. Die Vorfreude auf meine Brüder treibt mich zurück Richtung Großstadt.

In einem der Vororte quartiere ich mich bei einem Couchsurfer ein. Phileas wird in der Dusche komplett gereinigt und mit einem vorderen Gepäckträger aufgerüstet. Der zusätzliche Stauraum erlaubt es mir, mehr Wasser und Lebensmittel zu transportieren. Wer weiß, wie weit in Zukunft die Einkaufsmöglichkeiten auseinanderliegen.

Mittel- und Südamerika sind für mich bisher ein weißer Fleck auf der Landkarte. Und ich spiele immer öfter mit dem Gedanken, genau dorthin zu fahren.

Doch jetzt hat mein Kilometerzähler erst mal Pause.

Als Erster trifft mein jüngerer Bruder Jan ein. Er ist per Anhalter von Vancouver nach Los Angeles gefahren und nun zwei Tage vor der Ankunft meines älteren Bruders Niklas da. Einvernehmlich buchen wir noch schnell eine Unterkunft über Airbnb für unsere erste Woche zu dritt in Los Angeles.

Gemeinsam fahren wir mit dem Bus zum Flughafen, um Niklas abzuholen. Die Wiedersehensfreude ist riesig, und wir schmieden gleich Pläne für unser gemeinsames Abenteuer. Schon bald sind wir uns einig: Wir werden mit einem gebrauchten Van für drei Monate die USA und Mexiko unsicher machen. Ich wusste es. Wenn Jan und Niklas da sind, wird sich ein neuer Plan von ganz allein ergeben. Gut so.

Kapitel 9
Vamos a la playa – Geschwisterzeit in Mexiko

Nach ein paar Tagen mit Papierkram und Organisation geht es los. Der Van ist fahrbereit und bietet mit einem eigens von meinen Brüdern gebauten Bett einen Schlafplatz für uns drei. Auch Phileas findet einen Platz, und damit ist klar, dass ich nicht nach Los Angeles zurückkehren werde, sondern meine Reise auf dem Rad fortsetze, wann und wo auch immer ich von meinen Brüdern genug habe. Oder vom Reisen mit dem Van. Was zuerst eintritt, wird sich zeigen. Vermutlich Letzteres.

Wir verlassen Los Angeles Richtung Norden und besuchen den Yosemite-, Death-Valley-, Zion-, Grand-Canyon- und Joshua-Tree-Nationalpark. Von Kalifornien geht es nach Nevada, Utah und Arizona. Staaten, die ich mit meinem Fahrrad nicht mehr erreicht hätte. Mein Visum läuft bald ab. Zwischen den spektakulären Aussichtspunkten frieren wir in diesen Dezembertagen ordentlich, denn die Heizung im Van funktioniert nicht. Die Temperaturen sinken in der Nacht schon mal unter den Gefrierpunkt. Wir sehen Canyons, Salzseen und Sanddünen. Auf neunzig Metern *unter* dem Meeresspiegel beobachte ich kopfstehend Touristengruppen. Auf 1700 Metern *über* dem Meeresspiegel fällt mir wieder mein Visumproblem ein. »Wir müssten mal schnell über die Grenze. Bitte.« Mit dem Auto geht das ja zum Glück zackig.

In Tijuana treffen wir uns mit einer Freundin von Niklas. Sie erleichtert uns den Einstieg in Mexiko, hilft uns bei der Autoregistrierung, nimmt uns für ein paar Tage auf und lädt uns sogar zu einer Silvesterparty ein. Wir drei Deutschen werden herzlichst willkommen geheißen. Mit dem einen oder anderen Bier wird auf die Freundschaft angestoßen. Schon so früh so viel über die mexikanische Kultur zu lernen ist großartig. Nicht so großartig sind nach wie vor meine Spanischkenntnisse. Ich wünschte, ich könnte mehr Fragen stellen.

Niklas fungiert als Dolmetscher. Mal mehr, mal weniger enthusiastisch. Er ist es auch, der uns leckere Fisch-Tacos und Micheladas am Strand bestellt.

Die nächsten Wochen sind geprägt von Kakteen und Flamingos, von Ruinenstädten, Salzseen, kaputten Straßen und abgelegenen Zeltplätzen. Wir duschen unter einem Wasserfall, besuchen den größten Baum der Welt, erleben eine Panne nach der anderen und kommen in den Genuss des mexikanischen Abschleppdienstes.

Die Tage sind erfüllt von neuen Eindrücken, und es fühlt sich für mich ungewohnt an, dafür nichts tun zu müssen. Ich sitze auf der Rückbank und übe mich im Nichtstun. Das ist etwas, was ich noch nie besonders gut konnte. Am Strand liegen und in der Sonne brutzeln? Stundenlang aus dem Fenster schauen? Faulenzen und abwarten, bis der Tag vorbei ist? Nur damit sich alles am nächsten Morgen wiederholt? Klingt grandios – wenn ich es denn genießen könnte. Ich atme tief durch und versuche, mich zu entspannen.

Das Auto trägt uns von einem Strand zum anderen. Ein rosaroter Sonnenuntergang folgt dem nächsten. Für Fotoshootings, zum Lesen und zum Sonnenbaden klettern wir auf den Van. So ein Flachdach eignet sich für viele Dinge.

Wir unterhalten uns über Gott und die Welt, insbesondere mein Fahrrad ist immer wieder ein Thema. Nicht meine Fahrradreise wohlgemerkt, sondern Phileas. »Immer müssen wir dein Rad rein- und rausräumen. Ohne deinen Kram hätten wir viel mehr Platz«, meint Jan. »Wenn du noch einmal sagst, wie gerne du jetzt im Sattel sitzen würdest, schmeißen wir dich raus«, ergänzt Niklas. »Du kannst jederzeit mit dem Rad weiterfahren!« Doch solche Sätze sind immer begleitet von einem Lachen.

So richtig eng wird es dann, als unser Vater zu Besuch kommt. Ziemlich spontan hat er sich entschieden, diesen Moment zu nutzen, an dem die drei Kinder an einem Ort beisammen sind, und zu uns zu fliegen. Wir holen ihn in Mexiko-Stadt ab, von dort bringen uns kurvige Bergstraßen nach Oaxaca. In einer Bar stoßen wir auf unser Leben an. Bisher wurden wir nicht einmal bedroht, überfallen oder beraubt. Unser weißer Van mit kalifornischem Nummernschild schaut zwar wie ein Drogengefährt aus, doch der Verdacht stellt sich immer wieder als falsch heraus.

Wir genießen die weißen Sandstrände, toben in den Wellen der Karibik, schnorcheln, bis uns die Luft ausgeht, grillen selbstgefangenen Fisch auf dem Feuer, bestaunen Krokodile und Pelikane, campen am größten Süßwassersee Mexikos und spazieren in den Dschungel, wo wir Zigtausende Schmetterlinge in den Baumkronen beobachten können.

Es ist verdammt heiß, und auch das runtergekurbelte Fenster trägt nicht wirklich zur Abkühlung bei. Mit meinem Vater im Schlepptau gönnen wir uns hin und wieder ein Hotelzimmer.

Das tut der allgemeinen Stimmung gut, und auch unsere schwitzenden Körper freuen sich. Wir besuchen etliche Maya-Ruinen und baden in mit Wasser gefüllten Grotten. Dabei kommen wir aus dem Staunen nicht heraus. Diese einzigartigen Naturerscheinungen würden sich bestens als Drehort für Horrorfilme eignen. Wunderschön und faszinierend, aber zugleich mystisch und unheimlich.

Auf der Halbinsel Yucatán lernen wir ein ganz neues Mexiko kennen. Vierspurige Autobahnen, ein Hotelkomplex neben dem anderen, Strände voller Menschen. Handtuch reiht sich an Handtuch. Ein Sonnenschirm greller als der nächste. Vom Traumstrand ist da nicht mehr viel zu sehen. Straßenverkäufer wollen uns die reizvollsten und natürlich günstigsten Touren verkaufen. Ich vermisse das Mexiko, das wir im Lauf der letzten zwei Monate erleben durften, und bemitleide all die Pauschaltouristen, die dieses verzerrte Bild von Mexiko in die Welt tragen werden.

Für mich ist Mexiko nicht der kleine Bruder der USA. Nicht das Land eiskalter Cocktails, durchtrainierter Butler und deutschenglischer Musik im Radio. Tequila, Tacos, Traumstrände – diese Stichwörter mögen zwar zutreffen, doch Mexiko ist so viel mehr. Auf unserer Fahrt über abgelegene Wege haben wir das ursprüngliche Mexiko kennengelernt. Wir haben Armut, Dreck und Hunger gesehen. Lachende, stolze und tanzende Menschen. Gastfreundschaft wird großgeschrieben. Familie ist wichtiger als materielle Besitztümer. Den Rhythmus haben die Menschen im Blut. Höflichkeit auch. Pünktlichkeit eher nicht so. Dieses Klischee erweist sich im Gegensatz zu vielen anderen als wahr.

Vor allem aber ist Mexiko für mich das Sprungbrett zu meiner Reise durch Lateinamerika geworden.

In Chetumal ist unser »Familien-Van-Life« zu Ende. Papa fliegt zurück nach Deutschland. Für mich geht es wieder in den Sattel. Auf meinem Fahrrad fahre ich weiter Richtung Süden. Allein. Nie werde ich diese wertvolle Zeit vergessen, die grandiosen und ein-samen Orte, die unzähligen Erinnerungen, die Vor- und Nachteile des Reisens mit einem Campervan. Ich bin meinen Brüdern so dankbar, dass sie mich besucht haben, sonst hätte ich das alles nicht erlebt. Jan und Niklas werden ebenfalls südwärts fahren. Aber in einer anderen Geschwindigkeit.

Mittel-
amerika

Kapitel 10
Backroads in Belize

Es ist der erste Tag, den ich allein in Mittelamerika verbringe. Als ich unser Apartment im mexikanischen Chetumal verlasse, ist es bereits vierzehn Uhr. Jetzt wird es ernst. Ab sofort muss ich wieder allein klarkommen. Vertrauen und Selbstbewusstsein, kurzzeitig geschwächt durch den Respekt vor Mexiko, habe ich, dank meiner Brüder, zurückgewonnen. Die Gewissheit, als weiße Frau allein durch Mittelamerika fahren zu können, auch. Und egal, wo mich dieser Weg hinführt, sehr wahrscheinlich ist irgendjemand diesen Weg schon mal vor mir gegangen.

Mein Fahrrad ist schwer und fühlt sich noch schwerer an, weil ich drei Monate lang nicht gefahren bin. Zum Glück scheint die Gegend flach zu sein.

Am 6. März 2019 fahre ich über die Grenze nach Belize. Hier bin ich wenigstens in der Lage zu kommunizieren. Amtssprache: Englisch.

Das Militär, immerzu präsent in Mexiko, ist aus dem Blickfeld verschwunden. Die Soldaten, die als Wachposten abkommandiert wurden, tragen keine Maschinengewehre. Das gefällt mir ebenso wie das Lächeln und die zustimmend ausgestreckten Daumen, die ich von der Bevölkerung bekomme. Viel Musik. Viel Farbe. Viel Verkehr. Leider.

Sattelschlepper ballern die Straße lang. Rücksichtslos. Kein Platz für Radfahrer. Ich fühle mich unwohl. Diesem Risiko will ich mich eigentlich nicht aussetzen, und ich zweifle schon jetzt an meiner Entscheidung. Hätte ich im Van bei meinen Brüdern bleiben sollen? Die Reise mit ihnen fortsetzen sollen? Steck doch nicht sofort den Kopf in den Sand, Anni!, ermahne ich mich.

Vermutlich brauche ich nur eine Adaptionsphase.

Abends baue ich mein Zelt an einer abgelegenen Badestelle auf. Meine erste Nacht allein seit Kalifornien. In meinem Traum rolle ich noch auf asphaltierten Straßen, doch meine gewählte Route hält nichts als Dreck, Schlaglöcher und Pfützen für mich bereit. Der Anfang einer langen und holprigen Fahrt nach Argentinien. Hoffentlich hält Phileas dieser Belastung stand.

Jetzt beginnt das richtige Abenteuer.

Ich fahre auf matschigen Seitenstraßen, aber die Menschen sind hilfsbereit. Ein zehnjähriger Junge bietet mir Unterstützung beim Schieben meines Rads an. Danke – aber nein danke. Das muss ich allein schaffen.

Ich komme zu einem See namens Honey Camp Lagoon. Gibt es da Honig? Nein. Aber einen Mann namens Sandfly, der mich zum Zelten einlädt und mit traditionellem Essen versorgt.

Flora und Fauna des Landes sind faszinierend. Zwischen Belize-Stadt und Belmopan besuche ich den größten Zoo Mittelamerikas. Egal ob Brüllaffen, Königsboa oder Tapire – alle Tiere in dem Zoo sind heimische Arten. Wenig später bin ich für eine Nacht zu Gast bei der Vogelschutzorganisation Belize Bird Rescue und wache am Morgen vom Gezwitscher von Hunderten hungriger Papageien auf. Bei einer Wanderung durch das Cockscomb Basin Forest Reserve entdecke ich Spuren von einem Jaguar. Kurz darauf esse ich exotische Früchte, von denen ich noch nie was gehört habe. Es ist schwül, und ich trinke sechs bis acht Liter am Tag.

Zwischendurch habe ich einen kleinen Durchhänger. Das Rad ist so unglaublich schwer, und die Hitze macht das Fahren zu einer echten Herausforderung. Zum Glück begegne ich anderen Radlern, mit denen ich aufbauende Gespräche auf Englisch führe. Die Erkenntnis: Verdammt, ich muss unbedingt Spanisch lernen. Wie soll ich denn sonst in Gegenden überleben, wo Englisch nicht Amtssprache ist?

Ich fahre durch niedliche Küstendörfer mit echtem Karibikflair: Palmen, Strand und Hängematten. Ich mache einen Spaziergang in Flipflops. Zum ersten Mal zahle ich Bestechungsgeld – sonst hätte man mich mit meinem Fahrrad nicht auf die Fähre von Placencia nach Indepencia gelassen. In der Ferne erahne ich schon Guatemala.

Doch dann mehren sich Mängel an meiner Ausrüstung: ein Loch in der Luftmatratze, eine defekte Radtaschenhalterung, und mein Gefährt macht beängstigende Geräusche. Möchte mir das Universum irgendetwas sagen? Mich befallen gewisse Zweifel. Will ich mit diesem Rad wirklich bis nach Südamerika?

Positives Denken ist eine wichtige Voraussetzung auf einer solchen Reise. Trotzdem darf man auch einmal pessimistisch sein. Hauptsache, die negativen Gedanken gewinnen nicht die Überhand. Zum Glück gelingt es mir auch jetzt, mich neu zu motivieren. Das Leben ist einzigartig, und ich allein habe mich entschieden, hier zu sein! Also mache ich auch etwas draus!

Eine meiner größten Herausforderungen in den nächsten Monaten werden die Grenzübergänge sein: Guatemala – El Salvador – Honduras – Nicaragua – Costa Rica. Und dann Panama, wo die Straße im Darién Gap endet, einem gefährlichen Urwaldgebiet. Nicht aber meine Reise. Ich muss nur einen anderen Weg nach Kolumbien finden.

Ich bin aufgeregt. Mir ist bewusst, dass die nächsten Monate kein Kinderspiel werden und ganz sicher den einen oder anderen Stolperstein bereithalten.

Doch neben Hindernissen gibt es auch viele herzerwärmende Momente. Wenn ich mit den Leuten auf der Straße über meine Abenteuer spreche, habe ich manchmal sogar das Gefühl, als könnte ich sie dazu inspirieren, das zu tun, was sie wirklich tun wollen. *Nothing is impossible.* Wenn eine Frau auf dem Fahrrad durch Amerika fährt, dann scheint da was Wahres dran zu sein.

Meine letzte Station in Belize, Punto Gorda, begrüßt mich mit einem bunten Schriftzug, einem bildhübschen Meerblick und lebhaften Straßen.

Am nächsten Morgen kaufe ich mein Fährticket. Jetzt bin ich bereit. Ich kaufe mein Ticket nach Guatemala. Mein Ticket in eine andere Welt.

Kapitel 11
Ein Zwillingsvulkan in Guatemala

Ein neues Land ist immer aufregend, vor allem wenn man die Landessprache nicht spricht.

Meine Beine sind wackelig von der holprigen Überfahrt. Auf der anderen Seite des Amatique Bay angekommen, werden meine Siebensachen vom Hafenpersonal entladen. Ich befestige alles wieder an seinem Platz, bevor ich die ersten Pedalschläge auf guatemaltekischem Boden tätige.

Man weist mich gleich in die richtige Richtung. Zum Einreisebüro. Natürlich hätte ich einfach so losfahren können, doch ich will mich nur ungern illegal im Land aufhalten. Also nichts wie hin zu dem kleinen Fenster, hinter dem ein Beamter sitzt und Fußball schaut. Nach meinem zaghaften »Buenos dias« nimmt er meinen Pass, zieht ihn einmal durch sein Lesegerät und verziert ihn mit einem großen, kräftigen Stempel. Nicht eine einzige Frage. Als er mein etwas verdutztes Gesicht sieht, streckt er den Daumen nach oben. Na, wenn mal alle Grenzübertritte so problemlos verlaufen.

Neunzig Tage bleiben mir nun, um Guatemala, El Salvador, Honduras und Nicaragua zu erkunden. Zwar brauche ich in jedem Land einen neuen Einreisestempel, aber die Tage laufen einfach weiter. Genauso wie die SIM-Karte für mein Handy, die bis Panama nutzbar ist. Mobile Daten und Gespräche sind so viel günstiger als in Nordamerika, sodass ich mich kurzerhand für diesen kleinen Luxus entschieden habe. Die Möglichkeit, jemanden anzurufen und Informationen aus dem Internet zu ziehen, ohne auf freies WLAN angewiesen zu sein, ist einfach zu verlockend. Den Google-Übersetzer hatte ich ohnehin schon auf dem Handy. Damit kann dann eigentlich nichts mehr schiefgehen.

Das habe ich bis zu dem Moment gedacht, als ich merkte, dass Sonntag ist und keine einzige Bank offen hat. Gerade hatte ich mich daran gewöhnt, dass der in Deutschland heilige Sonntag in Amerika oft ein Werktag ist. Aber das scheint für Banken in Guatemala nicht zu gelten. Muss ich mich also weiter mit meiner Kreditkarte rumschlagen. Grundsätzlich kein Problem. Nur hab ich panische Angst davor, dass die irgendwann mal nicht funktioniert und ich dann ganz ohne Bargeld dastehe. Deswegen lege ich mir immer zuallererst ein bisschen Landeswährung zu. Aber gut. Für heute muss es ohne Quetzals gehen.

Ich kämpfe mich durch die überfüllten Straßen von Puerto Barrios, Seite an Seite mit Tuk-Tuks und insgesamt kaum schneller als Fußgänger. An einem ebenfalls völlig überfüllten Supermarkt halte ich an, um mich mit Essen einzudecken. Mit einem mulmigen Gefühl lasse ich mein Hab und Gut draußen stehen, während ich den gut klimatisierten Markt unsicher mache.

In meinem Kopf kreisen Vorurteile und Aussagen zur angeblichen Kriminalität in Guatemala. Seit Kanada werde ich von den Einheimischen vor dem jeweils nächsten Land gewarnt. Die Kanadier warnten mich vor den US-Amerikanern. Die US-Amerikaner warnten mich vor Mexiko. Die Mexikaner wussten viel über Belize und Guatemala zu berichten. Nur die Leute in Belize verschonten mich mit diesen angsteinflößenden Bemerkungen. Doch jetzt nehmen die Warnungen wieder zu. El Salvador? Honduras? »Was? Nie im Leben! Fahr da bloß nicht hin!« Und Kolumbien? »Pass gut auf und lass dir bloß keine Drogen andrehen!«

Ich trinke gerade eine eiskalte Schokomilch, als mich ein Taxifahrer in perfektem Englisch anspricht. Er macht mir Mut, dass ich wohl auch mit meinem gebrochenen Spanisch ziemlich weit kommen werde. Trotzdem würde ich mich wohler fühlen, wenn ich ein bisschen mehr verstehen könnte. Da muss ich wohl noch mehr Zeit mit meiner Duolingo-App verbringen. Doch bei der offenen Art der Latinos bleibt dafür keine Zeit. Ich unterhalte mich noch immer mit dem Taxifahrer, als ein bewaffneter Sicherheitsmann auftaucht und sicherstellt, dass ich nicht belästigt werde. Der hat offenbar auch die ganze Zeit auf mein Fahrrad aufgepasst. Vielleicht sollte ich wirklich aufhören, mir so viele Gedanken zu machen.

Ich verlasse die Karibikküste und mache mich auf den Weg zurück zum Pazifik. Unzählige steile Straßen warten auf mich. Bei der aktuellen Hitze kommt mir alles noch viel anstrengender vor, doch von allen Seiten begrüßen mich Menschen mit einem Lächeln. Ich schwelge in Euphorie und bin einen winzigen Moment unkonzentriert. Und schon fahre ich volle Kanne über eine Bodenwelle und zwinge damit meinen Gepäckträger in die Knie. Er ist komplett verbogen und einfach aufs Hinterrad gefallen. Das Rad steht still. Was nun? Ohne Bargeld kann ich auch keinen der zahlreichen Minibusse nehmen, um in die nächste Stadt zu kommen. Will ich ja auch gar nicht. Interessierte Schaulustige beobachten das Geschehen. Ich kann weder um Hilfe bitten, noch verstehe ich, was sie mir sagen möchten. Die Blicke machen mich nervös. Ich kann nicht aussprechen, was ich denke, und wäre jetzt lieber ganz allein. Oder aber in Begleitung von jemandem, der zufällig einen Ersatzgepäckträger bei sich hat. Wunschdenken. Ich schaffe es, die Streben zurückzubiegen, ziehe alle Schrauben extrafest und belade Phileas – diesmal ganz besonders vorsichtig – mit seinem Gepäck. Glück gehabt.

Guatemala ist relativ dicht besiedelt, und alle paar Kilometer komme ich durch ein kleines Dorf. Wo werde ich heute Nacht schlafen? Nach der ganzen Aufregung habe ich keine Energie, nach einer Zeltmöglichkeit zu fragen. Für heute gönne ich mir ein kleines Zimmer. Als Belohnung für die gemeisterten Unannehmlichkeiten.

Es fehlt nicht an günstigen Unterkünften, und schon bald gewöhne ich mich an den Luxus eines richtigen Bettes und einer erfrischenden Dusche am Ende des Tages. Der kalte Wasserstrahl, der Schweiß und Dreck verschwinden lässt, ist genau genommen unbezahlbar. Die Möglichkeit, sich umziehen und ausbreiten zu können, ohne beobachtet zu werden, ist auch nicht zu unterschätzen. Ich bin mir bewusst, dass jede bezahlte Nacht mein Reisekonto belastet, trotzdem gönne ich mir diese kleine Annehmlichkeit. Wenn ich die Reise nicht genießen kann, bringt mir ein volles Konto auch nichts. Die durchschnittlich gezahlten vier Dollar pro Nacht in Guatemala sind der Rede nicht wert, wenn ich die unzähligen Liter an Trinkwasser und die frischen Früchte berücksichtige, die mir regelmäßig geschenkt werden.

In Guatemala-Stadt erwartet mich das reinste Verkehrschaos. Staub und Abgase mindern die Sicht, und ich bin erleichtert, als ich die Großstadt wohlbehalten durchquert habe. Das war der Höhepunkt der bisherigen Reizüberflutung. Bürogebäude und Hochhäuser auf einer Seite. Übereinandergestapelte Hütten und

Bruchbuden auf der anderen. Was ich in der Theorie im Geographieunterricht gelernt habe, sehe ich jetzt in der Realität. Die Kluft zwischen der Armut in den Slums und dem Reichtum im Finanzviertel ist offensichtlich.

Dank der App iOverlander, die ich seit Mexiko nutze, um Schlafplätze zu finden, weiß ich von einem Schweizer Hotel in den Bergen, etwas außerhalb der Hauptstadt. Zwar habe ich nicht vor, dort für ein Zimmer zu zahlen, doch Reisenden wie mir ist es erlaubt, ihr Lager im hoteleigenen Garten aufzuschlagen. Ich freue mich auf die Nacht im Zelt und hoffe insgeheim auf einen leichten Luftzug und einen etwas erholsameren Schlaf als in den überhitzten und stickigen Zimmern in den Unterkünften.

Die Rezeptionsdame empfängt mich freundlich, ja sogar herzlich, und im Nu baue ich mein Zelt auf einer grünen Wiese auf, während ich die Aussicht auf die Großstadt genieße. Mir gefällt der Platz so gut, dass ich zwei Nächte einplane. Zum Glück war ich gerade einkaufen.

Ich freue mich auf die erste kostenlose Nacht in Guatemala. Die erste Nacht in meinem Zelt, seitdem ich den Strand in Belize hinter mir gelassen habe. Doch plötzlich steht die nette Dame vom Empfang neben mir und winkt mit einem Schlüssel. Ich frage dreimal nach, ob ich sie richtig verstehe, aber sie versichert mir (das vierte Mal auch auf Englisch), dass ihr Chef mir etwas Gutes tun möchte. Der Schlüssel gehört zu einem freien Zimmer. Ich schwebe auf Wolke sieben. Doppelbett, Schreibtisch, Kühlschrank, Kaffeemaschine, TV, Internet und Badezimmer mit warmem Wasser. Alles picobello sauber. Schick und modern. Ich hatte ganz vergessen, wie europäischer Standard aussieht. Für mich hier und jetzt der pure Luxus.

Ich genieße eine ausgiebige Dusche und ein simples Abendessen. Später liege ich im Bett und schaue ein paar Folgen einer spanischen Netflix-Serie. Meine neue Lieblingsbeschäftigung. Mit englischen Untertiteln verstehe ich sogar das meiste und hoffe, dass ich neue spanische Wörter aufschnappe.

Am Morgen komme ich trotzdem wieder an die Grenze meines Wortschatzes und bin froh, dass die Dame ein paar Brocken Englisch spricht. Mein Plan, zwei Tage zu bleiben, will ich durch die neuen Umstände nicht über den Haufen werfen, natürlich wäre ich aber für die zweite Nacht in mein Zelt gezogen. Doch mir wird versichert, dass das Zimmer noch nicht gebraucht werde und ich gerne bleiben könne. Wahnsinn!

Nach der zweiten Nacht im Schweizer Hotel muss ich aber wirklich weiter, denn ich bin in Antigua mit Ciaran verabredet. Wir haben locker Kontakt gehalten und festgestellt, dass Antigua ein guter Treffpunkt wäre. Außerdem werden meine Radfahrerfreunde Dea und Chris dort sein, das hat Ciaran eingefädelt. Allerdings wissen die beiden noch nicht, dass ich aufkreuzen werde. Die werden Augen machen.

Die 23 Kilometer nach Antigua sind nicht zu unterschätzen. Ich fahre von der Hauptstraße ab, um auf ruhigeren Straßen voranzukommen, habe dabei aber nicht bedacht, dass die Wege extrem steil sind. Gut, dass meine Gelenke noch so jung sind. Ich muss absteigen und gute zwei Kilometer schieben, bis ich am höchsten Punkt für heute (2266 Meter über dem Meeresspiegel) die Aussicht genießen kann.

Die anschließende Abfahrt ist so steil, dass ich mehrmals halten muss, um meine Hände auszuschütteln. Die Bedienung der Felgenbremsen bedarf einer enormen Kraft. Das sind meine Hände nicht mehr gewohnt, da die Strecke in den letzten Wochen vergleichsweise flach war. Aber ich komme wohlbehalten an.

Dea und Chris staunen nicht schlecht, als sie mich sehen. Bislang habe ich Dea nur einmal kurz in Lake Louise, Kanada, gesehen. Ich freue mich riesig, nun auch Chris kennenzulernen, Deas Freund, der damals in Kanada mit Radproblemen festsaß.

Leider waren die drei bereits einige Zeit in der Stadt und machen sich heute an die Weiterfahrt. Aber ich bin optimistisch, dass ich sie bald wieder einhole. Das wäre eine wunderbare Abwechslung. Ein paar Tage Englisch sprechen. Die Schlafplatzsuche teilen. Kulturschock durch Kommunikation verarbeiten.

Doch für mich heißt es erst mal: Antigua erkunden.

Ich sitze im Central Park, frühstücke und erfreue mich an der munteren Stimmung. Die Bäume blühen in einem kräftigen Lila, Kinder rennen in bunter Kleidung umher, Straßenverkäufer versuchen, mir köstlich duftendes Essen anzudrehen, Einheimische und Touristen lachen um die Wette. Hier könnte ich für Stunden sitzen und Menschen beobachten. Doch ich habe noch keinen Schlafplatz für die Nacht.

Während ich mein Rad durch die Kopfsteinpflasterstraßen schiebe, sehe ich ein bekanntes Gesicht. Ich brauche einen Moment länger als mein Gegenüber, um mich zu erinnern, doch dann wird mir klar, dass ich gerade einen weiteren Radfahrer aus Kanada getroffen habe. Wieder wird mir vor Augen geführt, wie klein die Welt doch ist. Nathan war damals mit zwei Kumpels unterwegs, und wir hatten uns nur kurz an der Grenze zum Yukon unterhalten. Wir waren beide auf dem Weg Richtung Norden gewesen und hatten gedacht, wir würden uns noch mal über den Weg laufen. Aber in Kanada. Nicht hier! Da wir beide noch ein paar Sachen zu erledigen haben, verabreden wir uns auf ein Bier am Abend, um Geschichten auszutauschen.

Wenig später komme ich an einer Pension vorbei, die auf dem Dach Zelte aufgebaut hat. Mit eigenem Zelt kostet es nur umgerechnet 2,75 Euro inklusive Duschen, Küche und WLAN.

Von der Dachterrasse aus genieße ich die Aussicht auf die Vulkane in der Umgebung. Vielleicht sollte ich einen davon erklimmen? Während ich in die Ferne blicke, schweifen meine Gedanken ebenfalls ab. Ich kann es kaum glauben. Bin ich wirklich in Guatemala? Bin ich allein mit meinem Fahrrad hier angekommen? Egal, wie viel Schweiß es mich gekostet hat, in diesem Moment bin ich einfach nur glücklich und weiß, dass alles genau so sein sollte. Ich unterhalte mich ausgiebig mit den anderen Gästen, teile Abenteuergeschichten mit ihnen, ich genieße die Spaziergänge, Kaffee, Bier, Streetfood und Momente der Ruhe. Die anderen Reisenden kommen von überallher, aus Indien und Australien, Belize und Guatemala, Argentinien und den USA.

Nico aus Argentinien nimmt sich Zeit und lernt mit mir und einem anderen Gast etwas Spanisch. Deanna aus den USA ist fasziniert von meiner Radreise und plant fest, noch in diesem Jahr eine eigene erste Tour zu starten. Es ist einfach nur schön.

Da ich mich so wohlfühle, fällt mir die Entscheidung zum Weiterfahren schwer. Ich überlege, ob ich bleiben und einen zweiwöchigen Spanischsprachkurs machen soll. Aber dann sind da noch Ciaran, Chris und Dea, die ich so gerne einholen würde, um ein paar Tage im Sattel mit ihnen zu teilen. Letztendlich entscheide ich mich, vermutlich auch aus Faulheit, gegen die Sprachschule und organisiere stattdessen eine Wanderung auf den Vulkan Acatenango.

Mit 3976 Metern ist er der dritthöchste Vulkan des Landes und bildet einen Doppelvulkan mit seinem Bruder Fuego, dessen Aktivität man vom Basecamp, aber auch vom Gipfel des Acatenango beobachten kann.

Von Antigua werden Bustouren und geführte Zweitageswanderungen zu den Vulkanen angeboten. Aber ich bin nun mal keine Pauschaltouristin, und statt bequem den Bus zum Fuß des Vulkans zu nehmen, fahre ich die dreißig Kilometer mit meinem Rad.

In Aldea La Soledad werde ich von Catallinos Familie empfangen. Den Kontakt hat Ciaran für mich hergestellt, der die Familie zufällig getroffen und sich spontan einer ihrer Führungen angeschlossen hatte. Ich verbringe einen interessanten Abend bei

Catallino und lerne einiges über das Leben am Fuße eines Vulkans. Erst vor zehn Monaten ist der Fuego ausgebrochen, was etliche Menschenleben gekostet hat. Catallinos Leute sind verschont geblieben, weil sie auf der anderen Seite des Tals leben. Trotz kleinerer Kommunikationsprobleme fülle ich meinen Kopf mit unglaublich viel neuem Wissen.

Am nächsten Morgen vertraue ich dann Gato, dem Sohn von Catallino, mein Leben an. Seit er laufen kann, geht es für ihn und seine Bergführerkollegen regelmäßig auf den Gipfel. Manchmal in großen Gruppen. Manchmal allein. Heute sind wir zu zweit. Wir stapfen los. Von 2400 auf 3600 Höhenmeter in vier Stunden. Mein Körper muss sich an die neue Bewegungsform gewöhnen, und auch die Tatsache, dass ich das Gepäck auf dem Rücken tragen muss, trägt nicht unbedingt zum Wohlbefinden bei. Dennoch sind wir zügig unterwegs. Wenigstens habe ich eine überdurchschnittliche Kondition. Meine Barfußschuhe füllen sich mit Sand. Mein Durst wird größer. Mein Atem schneller.

Mittagessen gibt es nach vier Stunden im Basecamp. Mit Aussicht. Von meinem Zelt aus kann ich den aktiven Vulkan Del Fuego sehen. Das verspricht eine aufregende Nacht zu werden. Gato macht seine Siesta, während ich die Aussicht genieße. Es ist frisch, aber mit meinen geschichteten Klamotten gut auszuhalten. Wir sammeln Feuerholz und beobachten, wie sich das Camp langsam füllt. Bald ist es Zeit für das gemeinsame Abendessen, bevor es komplett dunkel wird und Fuego mit seiner Show beginnt. Während ich den ganzen Tag schon Rauchwolken beobachten konnte, erkenne ich jetzt in der Dunkelheit, wie der Vulkan Lava spuckt.

Zum Glück halten wir uns in sicherer Entfernung auf. Wenn ich daran denke, dass der Vulkan letzten Sommer ausgebrochen ist, wird mir ganz bange. Zugleich habe ich noch nie etwas so Beeindruckendes gesehen. Der Farbkontrast zwischen fliegender feuerroter Lava und dem schwarzen Nachthimmel ist phänomenal. Dazu kommt ein Geräusch, das man sonst von Düsenjets kennt. Dann plötzlich Stille. Und noch mal von vorn. Ich bin verblüfft, wie aktiv der Fuego ist und wie oft ich dieses Spektakel beobachten darf. Doch dann falle auch ich irgendwann in den Schlaf.

Um vier Uhr morgens geht das Abenteuer weiter. Trotz Wind und Wolken machen wir uns auf den Weg und legen die letzten 400 Höhenmeter zum Gipfel zurück. Schließlich sind wir auf 3976 Metern angekommen. Freudig stelle ich fest, dass es mir heute wesentlich besser geht als bei meinem letzten Aufenthalt in diesen Höhen. Als ich mich in Mexiko mit meinen Brüdern auf einem 4500 Meter hohen Vulkan befand, war Niklas und mir total übel. Das lag aber vermutlich daran, dass wir in kürzester Zeit auf 4000 Meter hochgefahren sind und sich unsere Körper somit nicht an die dünne Luft gewöhnen konnten. Diesmal bin ich bereits vor der Wanderung längere Zeit zwischen tausend und 2000 Metern geradelt und dann die restlichen Höhenmeter langsam gelaufen. Das scheint die bessere Herangehensweise zu sein.

Der Sonnenaufgang auf dem Gipfel ist getrübt durch Regenwolken. Die großartige Sicht von gestern ist verschwunden. Vergeblich waren die Mühen dennoch nicht. Die Anstrengung im Körper, eine Kombination aus Sauerstoff- und Schlafmangel, ist ein unbeschreibliches Gefühl.

Zurück bei Catallino packe ich meine Schmutzwäsche aus dem Wanderrucksack zurück in meine Radtaschen und schwinge mich aufs Rad. Hier bin ich wieder ganz in meinem Element.

Es geht ähnlich ereignisreich weiter: Ich habe meinen ersten Platten in Mittelamerika. Lese mein erstes spanisches Buch: *La casa en Mango Street*. Fahre an getrockneten Lavaflüssen, zerstörten Straßen und Baustellen vorbei. Wie es hier wohl vor dem letzten Vulkanausbruch aussah? Vor mir liegt eine lange Abfahrt zum Meer. Eine Nacht verbringe ich am Strand von Monterrico.

Eine kurze Bootsfahrt und siebzig Kilometer Buckelpiste später stehe ich im Stau. Wo wollen die vielen Fahrzeuge denn nur hin? Stoßstange an Stoßstange stehen sie da. Lkw-Fahrer haben es sich in ihren Hängematten gemütlich gemacht, doch die Mopeds fahren einfach am Stau vorbei. Ich tue es ihnen gleich und erreiche problemlos die Grenze. Meine letzten Münzen gebe ich für ein kaltes Getränk aus, bevor ich mir meinen Ausreisestempel hole und über eine Brücke nach El Salvador radle.

Kapitel 12
Nächte in der Feuerwache – El Salvador und Honduras

Nachdem ich einen Monat allein gereist bin, freue ich mich darauf, einige Zeit mit meinen Freunden Ciaran, Dea und Chris zu verbringen. Doch dazu muss ich sie erst mal einholen.

Von Garita Palmera fahre ich mit einem Zwischenstopp in El Tunco weiter zur Zungenbrecher-Stadt Zacatecoluca. Dort schlafe ich zum ersten Mal in einer Feuerwache. Bisher hatte ich nur von anderen gehört, dass Feuerwachen in Mittelamerika ihre Türen für Radreisende öffnen. Obwohl ich tagsüber zwei Radfahrer, Tyler und Kazu, getroffen habe, die ebenfalls diese Fire Station anstrebten, bin ich zunächst allein. Ich hatte eigentlich auf Gesellschaft gehofft, doch da die beiden Jungs nicht auftauchen, erkundige ich mich nach dem Schlafplatz und baue wenig später mein Zelt hinter der Wache auf. Mir wird auch ein Bett im Schlafsaal angeboten, das ich aber – aufgrund der Hitze – dankend ablehne.

Später taucht dann doch noch ein total erschöpfter Tyler auf. Er hatte nicht nur mit der Hitze zu kämpfen, sondern war heute außerdem von unglaublichem Pech begleitet: ein platter Reifen und ein nicht zu identifizierendes Wackeln im Hinterrad. Folglich hat er richtig schlechte Laune. Blind vor Wut nimmt er meine Hilfe dankbar an und lässt sein Fahrrad von mir durchchecken. Er hat Hochachtung vor meiner bisher zurückgelegten Strecke. Für ihn ist es kein Problem, die Hilfe einer Frau anzunehmen. Also kümmere ich mich um sein Rad, als wäre es mein eigenes, und entdecke drei gebrochene Speichen. Zu gerne hätte ich ihm das Rad auch gleich repariert, doch leider hat es eine andere Reifengröße, und somit sind meine Ersatzspeichen nutzlos. Daumendrücken ist angesagt. Ob wir hier in Zacatecoluca einen Fahrradladen finden? Ja, nach etlichem Herumirren und immer neuen Wegbeschreibungen finden wir tatsächlich passende Ersatzteile. Der motivierte Bursche hinter dem Tresen wechselt sogar noch die Speichen im Handumdrehen. Tyler kann wieder lachen.

Wäre ich nicht weiterhin auf Aufholjagd, würde ich mich Tyler gerne für die nächsten Tage anschließen. Von seiner lockerflockigen Art und seinem Spanisch hätte ich definitiv etwas lernen können. Doch wir werden uns die nächsten Wochen auch so noch einige Male sehen.

Nun geht es zunächst allein weiter Richtung Honduras. Das nächste Land, aus dem man nicht lebend herauskommt, wenn man den Informationen des Auswärtigen Amtes Glauben schenken will. Doch noch hab ich ja nicht einmal El Salvador überlebt.

Die Armut des Landes begleitet und beschäftigt mich. Ladenbesitzer haben Angst vor Bandenkriminalität, Sicherheitsmänner mit überdimensionierten Gewehren stehen an jeder Straßenecke. Die Hauptstadt San Salvador lasse ich aus. Für mich geht es in

Küstennähe besser voran. Ich kaufe Obst an den wenigen Straßenständen und werde von Einheimischen zu Hühnersuppe oder Reis mit Bohnen eingeladen. Mehrmals täglich muss ich mich als »Gringo« bezeichnen lassen. Obwohl sie es natürlich nicht böse meinen, weise ich doch immer nett darauf hin, dass sie mich doch bitte wenigstens »Gringa« rufen könnten, wenn sie mich schon als »weißen Amerikaner« bezeichnen. Damit habe ich die Lacher meistens auf meiner Seite.

Die Temperaturen steigen in der Mittagshitze regelmäßig auf vierzig Grad, und ich gebe den Großteil meines Tagesbudgets für eiskalte Getränke aus. Ich quäle mich die kurzen, aber steilen Anstiege hoch und muss bei der Abfahrt aufpassen, nicht aus der Kurve zu fliegen.

Ich habe keine Ahnung, wo Ciaran, Dea und Chris die letzte Nacht verbracht haben oder wo sie heute Nacht sein werden. Doch nach 110 Kilometern erkenne ich ein bekanntes Gesicht am Straßenrand. Ciaran repariert einen kaputten Reifen, während Dea und Chris zum nächsten Campingplatz vorgefahren sind.

Wie ich mich freue, die drei wiederzusehen! Nach kurzer Absprache entscheiden wir, zwei Nächte gemeinsam auf dem Campingplatz El Cuco zu verbringen, der mit Pool und Strandzugang zum Verweilen einlädt. Wir spielen Volleyball im Wasser und Fußball am Strand. Wir essen Pupusas, das Nationalgericht von El Salvador: mit Käse, Bohnen oder Fleisch gefüllte Tortillas. Simpel. Günstig. Sattmachend.

Nach den wunderschönen und erholsamen Tagen auf dem Campingplatz beschließen wir, eine weitere Feuerwache in El Salvador auszukundschaften. Wir kommen in La Union an, nachdem wir 47 gemütliche, aber extrem heiße Kilometer hinter uns gebracht haben. Dort gönnen wir uns eine köstliche Pizza, gehen einkaufen, füllen unsere durstigen Körper mit kalten Eistees und Säften, bevor wir von den überaus freundlichen Feuerwehrleuten begrüßt werden.

Heute gehe ich früh schlafen. Der Tag im Pool des Campingplatzes hat Kopfschmerzen hinterlassen. Gesundheitlich gesehen ist es nur gut, wenn ich in meiner neuen Fahrradgang bleibe. Allein würde ich mich deutlich mehr auspowern. Ich würde länger und schneller fahren, um möglichst viele Tageskilometer zu machen. Auch wenn ich mich prinzipiell als vernünftig bezeichne, gewinnt halt hin und wieder mein Ehrgeiz die Oberhand über meine körperlichen Bedürfnisse.

Am nächsten Tag schaffen wir es als Gruppe gemeinsam über die Grenze nach Honduras. Da keiner von uns perfekt Spanisch spricht, stellt uns auch niemand schwierige Fragen. Innerhalb von zehn Minuten haben wir alle unsere Ausreise- und Einreisestempel im Pass.

Land Nummer sieben wartet auf mich. Eigentlich bin ich stolz, lasse mich dann aber doch ein bisschen einschüchtern von den 68 Ländern, die Chris schon bereist hat. Dafür bringe ich ihm bei, wie man ein richtig cooles »Neues-Land-Foto« schießen kann. Kopfstehend nämlich. Während wir unseren Spaß haben, kommt ein Einheimischer und möchte ein Selfie mit uns machen. Obwohl uns unser Leben und unsere Reise auf dem Rad ziemlich normal vorkommen, ist es für die Einheimischen immer etwas Besonderes. Teilweise fühlen wir uns wie Prominente!

Die Straße ist richtig gut ausgebaut – ein guter Start in das neue Land. Der Abschnitt, den wir durch Honduras fahren, ist nur 130 Kilometer lang, danach wartet schon der Grenzübergang nach Nicaragua auf uns. Wir könnten noch ins Landesinnere fahren und Umwege in Kauf nehmen, um mehr über dieses angeblich so gefährliche Honduras zu erfahren. Doch wir sind uns einig: Wir wollen nach Nicaragua. Nicht unbedingt schnell, aber doch auf dem direkten Weg.

Nach zwei weiteren Nächten in Feuerwachen legen wir unsere letzten Kilometer in Honduras auf der Panamericana zurück, der

Hauptstraße von Alaska nach Argentinien, die ich versuche, so oft wie möglich zu umgehen, manchmal aber doch nehmen muss.

Auf dem Weg zur Grenze treffen wir Kazu, den japanischen Radfahrer, den ich bereits aus El Salvador kenne. Ciaran ist ihm schon in Mexiko begegnet. Er begleitet uns für das Grenzübergangabenteuer und ist ab da Teil unserer Radsportcrew. Zwar spricht er kein Wort Spanisch und auch nur sehr wenig Englisch, aber lustigerweise kann Ciaran Japanisch, und so kommen wir zurecht.

Der Grenzübergang dauert diesmal knappe zwei Stunden. Wie wir später von anderen Reisenden erfahren, ist das fast eine Rekordzeit. Die Beamten lassen sich einfach gerne Zeit mit dem Papierkram. Wir warten und warten und warten. Zwischendurch müssen wir ein paar Fragen beantworten wie etwa: »Was willst du in Nicaragua? Wie lange wirst du hier sein? Wo schläfst du heute Nacht? Was ist dein Beruf? Ist das dein Fahrrad? Marke? Farbe? Wert?« Wir müssen unsere Räder doch nicht etwa verzollen? Wir antworten geduldig, verfälschen die eine oder andere Antwort ein wenig (sie hätten sich bestimmt nicht gefreut, wenn wir gesagt hätten, wir schlafen im Zelt mitten im Nirgendwo) und dürfen dann die Grenze passieren. Vorher fragen wir noch, ob wir unsere Flaschen auffüllen dürfen. Denn auch in Nicaragua verspricht es, heiß zu bleiben.

Kapitel 13
Gruppentour und Solofahrten – Nicaragua und Costa Rica

Auf einer neuen und breit ausgebauten Straße fahren wir Richtung Léon. In der Ferne erkennen wir wieder Vulkane. Das Meer grüßt ebenfalls aus der Distanz. Da wir ohnehin schon viel Zeit an der Grenze verloren haben, können wir es jetzt auch weiterhin locker angehen lassen. Léon kann bis morgen warten.

Es scheint sich zu bewahrheiten: Je größer die Gruppe, desto langsamer die Durchschnittsgeschwindigkeit. Aber in diesem Moment ist es mir egal, wie schnell oder langsam wir vorankommen. Ich genieße die Gesellschaft, das Englischsprechen, die kollektiven Eiscreme-Stopps, das Fachsimpeln über Fahrräder und Ausrüstung, die anerkennenden Blicke von Einheimischen und die tägliche Schlafplatz-Diskussion.

Weder iOverlander noch die Feuerwehrmänner können uns heute weiterhelfen. Wildes Zelten ist in diesen bevölkerungsreichen Teilen der Welt eher schwierig. Wir versuchen es also auf dem altmodischen Weg: Fragen! Irgendein Farmer wird wohl ein Fleckchen für uns haben. Wir müssen nur ein Haus finden, das nah genug am Straßenrand steht, damit man auf uns aufmerksam wird. Und dann müssen wir auf Spanisch überzeugend erklären, wer wir sind und was wir wollen. Einen sicheren Schlafplatz für die Nacht, bitte. Am Morgen sind wir wieder weg.

Am frühen Abend halten wir an einem Grundstück, das ideal aussieht. Nicht zu dicht an der Straße. Kaum Menschen. Eine flache Ebene. Hier wollen wir bleiben. Aber wer fragt?

Ausgerechnet ich bin von uns fünfen diejenige mit den besten Spanischkenntnissen, und so mache ich mich auf den kurzen Weg zum Zaun, rufe zwei-, dreimal: »Hola! Buenas tardes!«, bevor sich ein Mann aus seinem Schaukelstuhl erhebt und mit einer Schrotflinte im Arm auf mich zukommt. Chris und Ciaran rufen, ich solle zurückkommen und sofort die Mission abbrechen. Aber es ist zu spät. Der Mann wird von einem Rudel Hunde begleitet. Na, zumindest sind wir hier wirklich sicher, wenn wir denn bleiben dürfen. Julio, der Mann mit der Schrotflinte, stellt sich als überaus freundlich heraus und lässt uns herein. Er ist zwar nicht der Eigentümer, aber zuständig für die Bewachung der Finca. Und dafür braucht man halt eine Waffe. Die legt er auch den ganzen Abend nicht ab.

Nach so einer aufregenden ersten Nacht beschließen wir, uns in Léon ein Zimmer zu gönnen. Nicht irgendein Zimmer. Nein, ein Zimmer in einer Herberge mit Swimmingpool. Chris ist stolzer Besitzer eines Wasserballs und eines aufblasbaren Schwimmrings und fordert uns zu einer Runde Wasservolleyball heraus. Nach 75 Kilometern bei 35 Grad gibt es nichts Besseres, als im kühlen Nass zu planschen.

Dea und Chris gefällt es in der Unterkunft so gut, dass sie eine weitere Nacht bleiben. Sie brauchen wohl mal ein bisschen Zeit für sich. Für Kazu, Ciaran und mich geht es weiter. Mehr oder weniger ereignisreich.

Auf der flachen und ziemlich geraden Straße fahren wir an unzähligen Vulkanen vorbei und genießen die Aussicht auf den Lago Xolotlán, bevor wir uns in Ciudad Sandino in einen freien Konferenzraum der Feuerwehrmänner einquartieren. Diesen müssen wir uns leider mit unzähligen Mücken teilen, und Straßenlärm hält uns ebenfalls vom Schlafen ab. Dennoch peilen wir auch für den nächsten Tag eine Feuerwache an.

Zunächst aber lassen wir die Hauptstadt Managua hinter uns und springen in der Laguna de Masaya zur Erfrischung ins Wasser.

Ein echtes Highlight ist dann der Kratersee Apoyo. Hier gibt es jede Menge Touristen, trotzdem finden wir ein kleines Restaurant, in dem wir zum Spottpreis Mittag essen können. Die Jungs erfreuen sich an einem Fußballspiel im Fernsehen, bevor wir am Abend bei den Feuerwehrmännern in Nandaime unsere Zelte hinter der Wache aufschlagen.

Wir können ein bisschen Schlaf nachholen, bevor es in San Jorge auf die Fähre zur Isla de Ometepe geht, einer Vulkaninsel im Nicaraguasee. Dort kämpfen wir uns über Schotterstraßen und wenden allerhand Energie auf, um keine Kuh umzufahren oder selbst von einem Motorradfahrer umgenietet zu werden. Etliche Schlenker später erreichen wir unser süßes Nachtquartier in Santa Cruz. Wir haben eine Hütte gebucht, um die Bewohner der Insel mit unserem Geld zu unterstützen. Nach den Unruhen im Sommer 2018 ist der Tourismus total eingebrochen. Dabei ist er hier eigentlich die Haupteinnahmequelle. Nicht verwunderlich, dass unsere Vermieter sich riesig freuen, uns begrüßen zu dürfen. Die Menschen auf der Insel leben ein für unsere Verhältnisse idyllisches Leben und machen einen glücklichen und zufriedenen Eindruck, obwohl (oder vielleicht gerade weil) sie nicht viel haben. Wir genießen einige Mahlzeiten mit der Familie und freuen uns über die Abwechslung auf unserem Speiseplan.

Von unserer Unterkunft können wir den Vulkan Concepción sehen, der 1610 Meter hoch ist. Die Sicht auf den Vulkan Maderas hingegen ist vom Urwald versperrt. Meine Füße fangen an zu kribbeln. Da will ich hoch! Die Jungs freuen sich über einen Tag Pause im Schatten, und ich freue mich, dass sie Phileas Gesellschaft leisten, und schnalle mir meinen Rucksack auf den Rücken.

Doch einige Anwohner warnen mich davor, allein zu wandern. Der ein oder andere Waghalsige wurde hier wohl schon beraubt. Nach mittlerweile elf Monaten auf dem Fahrrad kann ich die besorgten Fragen nicht mehr hören. Deswegen: Kopf aus. Bauch-gefühl an. Ich bin zwar naiv, aber nicht lebensmüde.

Die Wanderung beginnt auf einem ziemlich breiten Weg. Es ist halb sechs morgens, und ich habe die Natur für mich allein. Als ich den Fuß des Vulkans erreiche, werden die Wege schmaler und steiler. Ich nehme mir Zeit, laufe in meinem eigenen Tempo, bin vertieft in meine Gedanken. Ich allein treffe die Entscheidun-gen. Wann lege ich eine Fotopause ein? Wann halte ich fürs Mit-tagessen? Ich muss diese Dinge mit niemand anders besprechen, ich muss auf niemanden warten oder jemanden auf mich warten lassen. Etwas genieße ich diese Einsamkeit, nachdem ich die letz-ten zwölf Tage eigentlich immer irgendjemanden um mich herum hatte.

Sosehr ich das Radfahren liebe, merke ich doch beim Wandern, dass die langsame Fortbewegung ohne schwer beladenes Fahrrad mir noch eine ganz andere Art von Freiheit und Glück gibt. Ich möchte zwar nicht nach Argentinien wandern, aber hin und wie-der möchte ich diese Art von *slow motion* spüren. Jedenfalls ge-nieße ich die Wanderung heute sehr. Die Strecke ist nicht immer einfach. Meine Barfußschuhe sind anschließend mit Schlamm de-koriert, meine Beine von Mücken zerstochen. Doch ich verlaufe mich nicht, werde nicht überfallen, und mir geht nicht das Wasser aus. Und ich schaffe es bis zum Gipfel auf 1394 Meter Höhe, zum Kratersee und zurück!

Fünf Stunden lang sehe ich keinen einzigen Menschen, doch auf dem Rückweg treffe ich auf eine Gruppe von Freunden, die sich gerade den Weg hochquälen. Sie zollen mir höchsten Respekt wegen meines frühen Alleinstarts und laden mich am Abend zum Pizza-Essen in ihre Unterkunft ein. Die Pizza haben wir uns auch wirklich verdient.

Die insgesamt neunzehn Kilometer Fußmarsch in acht Stun-den hinterlassen leider Spuren. Vielleicht war es auch die Pizza, das

Wasser oder ein Hitzschlag. In der Nacht bin ich jedenfalls krank vor Übelkeit. Irgendetwas hat mir mein Körper übelgenommen. Zum Glück haben wir noch einen weiteren Tag auf der Insel eingeplant, und so gönne ich mir heute die Ruhe, die ich brauche, um wieder fit zu werden.

Am Nachmittag bekommen wir Gesellschaft von Dea und Chris, die es nun auch nach Ometepe geschafft haben. Wie üblich tauschen wir uns aus, essen gemeinsam und lachen. Wir genießen einen romantischen Sonnenuntergang auf dem Dach der Unterkunft, bevor wir uns am Morgen wieder verabschieden. Auch dieser Abschied wird hoffentlich nicht für immer sein. Mal abwarten, was das Universum noch für Überraschungen bereithält.

Mit der Fähre geht es erst mal zurück aufs Festland. Ciaran, Kazu und ich fahren zügig in Richtung Costa Rica. Vorher wollen wir allerdings noch eine Nacht in Nicaragua verbringen. Ein Land, das uns alle positiv überrascht hat.

Zeitig finden wir einen sommerlichen Platz am Strand des Nicaraguasees und lassen unsere Beine baumeln. Ich nutze den unerwarteten Handyempfang, um meine Brüder anzurufen.

»Wo seid ihr denn gerade?«, erkundige ich mich.

»In Costa Rica, aber keine hundert Kilometer von dir entfernt!«

Sie beschließen spontan, die Grenze heute schon zu überqueren und uns am See Gesellschaft zu leisten. Noch bevor sie bei uns eingetroffen sind, taucht ein anderes bekanntes Gesicht auf. Tyler hat uns wieder eingeholt, während wir uns auf der Insel entspannt haben. Statt mit zwei Männern verbringe ich die Nacht also mit fünf! Da soll mich jemand bemitleiden, dass ich immer so allein unterwegs bin. Alles nur Gerede.

Wir campen unter dem Sternenhimmel, direkt am Wasser, mit einer wunderschönen Aussicht und in charmanter Gesellschaft. Am Lagerfeuer teilen Jan und Niklas ihre Erfahrungen aus Costa

Rica und hinterlassen mir ihr übrig gebliebenes Geld. Ich kann nicht glauben, wie schnell die Zeit schon wieder vergangen ist. Über einen Monat ist es her, dass ich mich von meinen Brüdern verabschiedet habe. Während sie mit dem Auto nun wieder Richtung Norden fahren, um den Van in Kalifornien zu verkaufen, geht es für uns Radler weiter gen Süden. Ich freue mich riesig, Jan und Niklas noch einmal getroffen zu haben. Denn ich ahne schon, dass es ziemlich lange dauern wird, bis wir uns das nächste Mal wiedersehen.

Während die Radeljungs gleich nach dem Aufwachen ihre Zelte abbrechen, verbringe ich den Morgen mit meinen Brüdern. Ein letztes gemeinsames Frühstück. Eine letzte Umarmung und dann der Abschied, der uns nicht so schwerfällt, denn wir wissen, dass wir dank Internet – anders als frühere Generationen – immer in Kontakt bleiben können. Zeit für Gefühlsduseleien bleibt nicht. Meine Radfahrercrew wartet auf mich.

Genau genommen warten sie gar nicht, sondern es ist mein Wunsch, sie einzuholen, bevor sie die Grenze erreichen. Inzwischen habe ich ausreichend Selbstvertrauen und könnte die Grenze allein überqueren. Doch mir gefällt die Gesellschaft, und ich möchte mein neues Team nicht im Stich lassen. Vor allem Ciaran, der mit seinem irischen Akzent quasi nie verstanden wird, freut sich über meine Spanischkenntnisse.

Nach fünf Grenzübertritten in fünf Wochen steht nun, am Ende der sechsten Woche, der sechste an. Wie immer weiß niemand so recht, was uns erwartet. Die Dauer des Vorgangs hängt oft lediglich von der Laune des Beamten ab. Doch die Fahrräder sind immer wieder ein Türöffner. Es wird uns blind geglaubt, dass wir weder Drogen noch Waffen schmuggeln und sich die Mengen an Alkohol, Tabak und Bargeld in unseren Taschen wohl wirklich in Grenzen halten. Aufmerksames Wachpersonal weist uns in die richtige Richtung und passt auf unser Hab und Gut auf, während wir die Formalitäten erledigen.

Im Besitz des Ausreisestempels von Nicaragua schieben wir unsere Räder vorbei an Bussen voller Menschen zum Einreisegebäude von Costa Rica. Während wir bisher an der Grenze fast immer als Weiße auffielen, sind wir hier nicht die einzigen Touristen. Die Räder stehen diesmal unbewacht vor dem Gebäude. Wir hoffen mal wieder auf das Gute im Menschen und werden nicht enttäuscht.

Ich bin von unserer kleinen Clique als Erste dran. Mein Reisepass wird aufmerksam inspiziert. Ich beantworte einige Fragen und schaffe es dann, deutlich zu machen, dass ich nicht nur auf dem Fahrrad einreise, sondern damit auch wieder ausreisen werde. Denn normalerweise fordert Costa Rica den Nachweis eines verbindlichen Flug- oder Bustickets, welches die Ausreise erklärt. Etliche Rucksacktouristen haben damit vor Ort Probleme. Wir Radler zum Glück nicht.

Während wir in Nicaragua die verschiedensten Übernachtungsmöglichkeiten hatten, von Feuerwachen über Herbergen bis hin zum Zelt, streben wir für unsere erste Nacht in Costa Rica einen Warmshower-Gastgeber an. Eine Seltenheit hier in Mittelamerika. Doch wenn es sich ergibt, dann verspricht es, etwas ganz Besonderes zu werden.

Wir landen im Balbo's – Restaurant, Bar, Pension und Campingplatz zugleich. Die Eigentümer sind Holländer und haben das Radfahren im Blut. Dennoch ist die Bewunderung groß für die waghalsigen Abenteurer, die den Weg zum Balbo's finden.

Die Wände hier sind voller Geschichten, Namen und Unterschriften von Menschen aus aller Welt. Diego, unser Gastgeber, kennt jeden Einzelnen davon und wird in Zukunft auch unsere Geschichte weitererzählen.

Restaurant und Garten laden zum Verweilen ein. Wir springen zur Erfrischung in den Fluss, Schaukeln im Schatten der Urwaldbäume und spielen Frisbee. Ich nutze den freien Nachmittag für eine Fahrradreparatur und das Flicken meiner Luftmatratze. Mal wieder bin ich unglaublich dankbar, einen Ort für solche Dinge zur Verfügung gestellt zu bekommen. Wenn man um die Welt reist, fehlen einem manchmal die schützenden vier Wände, in denen man sich ausbreiten und seine Dinge reparieren kann. Umso mehr freue ich mich, dass ich in dieser Unterkunft als Radfahrerin willkommen bin. Die Eigentümer stellen mir eine Wanne, Lappen und eine Bürste zur Verfügung. Bald darauf ist das Loch in der Matratze geflickt, und Phileas sieht aus wie neu.

Immer wieder staune ich, wie schnell die Länder an uns vorbeiziehen. Bei der Vorstellung, ich würde all die Länder in einem Auto oder Bus durchqueren, wird mir ganz schwindelig. Doch weil die Zeit in einem Land, selbst auf dem Rad, so schnell vergeht, bin ich nun in Costa Rica, ohne überhaupt irgendetwas über Costa Rica zu wissen. Zeit für Recherche. Zeit für Routenplanung.

Ich könnte auf der Panamericana bleiben und in fünf Tagen nach Panama einreisen. Ich könnte aber auch die vorhandene Infrastruktur nutzen und weitere Ecken des Landes erkunden. Ich lese von traumhaften Stränden, tiefgrünem Dschungel und kristallklaren Kraterseen. Mein Kopf explodiert förmlich bei all den Möglichkeiten. Wenn ich alles sehen möchte, was das Land zu bieten hat, müsste ich mich gleich um ein Visum kümmern. Aber man kann nicht alles machen. Da auf dem Rad jeder Tag etwas Besonderes ist, zwinge ich mich, nicht allzu viele Abstecher zu unternehmen. Doch ein paar Umwege nehme ich in Kauf. Wer weiß, wann ich wieder hierherkomme.

Die Jungs kann ich von meinen geplanten Schlenkern nicht überzeugen, und so mache ich ab Cañas wieder mein eigenes Ding. Ich verlasse die Hauptstraße und fahre Richtung Nordosten, den Bergen entgegen. Die Nächte an der Küste sind so heiß, dass ich mich am meisten darauf freue, mal eine Nacht durchzuschlafen und nicht in nassen Klamotten aufzuwachen.

Auf kleinen Straßen mit etlichen Steigungen geht es zum Vulkan Arenal. Nur langsam komme ich voran. Dafür genieße ich die Aussichten und die abwechslungsreiche Landschaft. Ich suche Schatten unter den Bäumen und esse – trotz Hitze – viel. Hauptsächlich komme ich deswegen so langsam voran, weil ich mit meinem Rad einfach nicht schneller fahren kann. Mit solchen Steigungen habe ich wirklich nicht gerechnet. Rennradfahrer brausen an mir vorbei, doch die anerkennenden Blicke nützen mir nichts. Es geht weiter. Höher. Nicht schneller. Aber eben doch weiter. In dem mir möglichen Tempo. Die Durchschnittsgeschwindigkeit am Ende des Tages: 11,5 Stundenkilometer. Immerhin etwas schneller als zu Fuß.

In einer der vielen Pausen lese ich eine Nachricht von Nathan, den ich schon aus Kanada kenne. Ich hatte ihn und seine Freundin Erin zuletzt auf ein Bier in Antigua, Guatemala, getroffen. Jetzt hat Erin ein größeres Fahrradproblem, wegen der Osterfeiertage haben die Fahrradläden jedoch geschlossen. Die beiden suchen einen Übernachtungsplatz zum Überbrücken und fragen mich, wo ich gerade sei. Obwohl es mein erster Solofahrtag seit langem ist und ich genieße, vor mich hin fluchen zu können, ohne auf andere Rücksicht nehmen zu müssen, habe ich doch nichts gegen Gesellschaft am Abend einzuwenden. Während ich noch in die Pedale trete, um den Strand am Arenalsee zu erreichen, fahren Nathan und Erin per Anhalter in meine Richtung.

Wir treffen uns am Zeltplatz und feiern unser Wiedersehen mit einem Sprung ins kalte Nass. Am Lagerfeuer trocknen wir unsere Sachen und quatschen, bis es dunkel wird.

Diese Begegnung gibt mir Energie für die kommenden Tage. Die Hitze und die Steigungen laugen meinen Körper aus. Doch grüne Wiesen und Felder, blaue Flüsse, Seen und schneebedeckte

Vulkanspitzen sind viel erfrischender als stark befahrene Autobahnen. Als ich an einem zehn Kilometer langen Stau vorbeiziehe, weiß ich wieder, weshalb ich das Fahrrad als mein Reisemittel gewählt habe. Während die Insassen der Autos völlig gestresst in die Osterfeiertage starten und den Besuch im Hot Spring Resort, vor dem sich der Verkehr staut, wirklich nötig zu haben scheinen, fühle ich mich so frei wie lange nicht mehr. Trotz Hitze und Anstrengung trage ich eine innere Zufriedenheit in mir.

Mein nächstes Ziel ist der Vulkan Poás.

Bereits auf dem ersten Foto imponiert er mir so sehr, dass ich bereit bin, einige Qualen auf mich zu nehmen. Zwei Tage will ich mir noch Zeit geben, um an seinem Fuß anzukommen. Am dritten Tag, meinem Geburtstag, möchte ich dann hoch zum türkisblauen Kratersee.

Wegen eines Ausbruchs im April 2018 waren Zufahrt und Besichtigung für über ein Jahr gesperrt. Heute, ein Jahr später, darf man den Vulkansee in vorangemeldeten Kleingruppen besichtigen. Voranmeldung bedeutet Planung, und Planung ist immer schwer auf dem Rad. Ich pokere und hoffe, dass ich auch nach Ankunft am Vulkan noch ein Ticket kaufen kann.

Die Landschaft wird immer imposanter, und ich komme zwar langsam, aber beständig voran, doch könnte eine Richtung andeuten, deswegen besser: hinter San Miguel ist Schluss. Die vierzig Kilometer bis hierher haben mir alles abverlangt. Ich fahre langsam um eine Kurve und stehe plötzlich vor einer Wand. Natürlich bildlich – denn eigentlich ist es »nur« eine sechzehnprozentige Steigung. Ich weiß, da komme ich heute nicht mehr hoch. Zu müde die Beine. Zu ausgelaugt der Kopf. Zu schwer das Fahrrad. Zu groß der kleinste Gang.

Ich könnte bei der Kirche oder in der Schule um einen Zeltplatz bitten. Ich könnte für ein Bett in einem Gasthaus zahlen. Ich könnte campen. Doch dann müsste ich die Steigung morgen hoch.

Als ich einen Lastwagen beobachte, der anhält und sich offenbar ziemlich schwertut, den Hügel hinaufzufahren, weiß ich, dass auch ich die nächsten 25 Kilometer (die es laut meiner Karten-App noch bergauf geht) so einige Probleme haben werden würde – nicht nur heute, sondern auch morgen.

Spontan frage ich den Lastwagenfahrer, ob er und seine Kollegen noch Platz für mich haben. Die Ladefläche ist voll mit Ananas, doch sie helfen mir, mein Rad auf den Fruchtberg zu laden. Ich springe vorne rein. Dem Fahrer gelingt es, im ersten Gang vorsichtig anzufahren. Ich freue mich über meine spontane Entscheidung. Diese Fahrt wäre zur reinsten Qual geworden. Kein Seitenstreifen. Kein Platz zum Verweilen. Kein Schatten. Kein Wasser.

Vermutlich kaum schneller als auf dem Rad, aber wenigstens, ohne einen Tropfen Schweiß zu vergießen, kommen wir in Vara Blanca an. Der Lastwagen muss nach links weiter und ich nach rechts. Zum Abschied erhalte ich eine süß duftende Ananas. Ein willkommener Pausensnack.

Wenig später komme ich an einem kleinen Erdbeerladen vorbei, der seinen Garten für Reisende zum Übernachten geöffnet hat. Hier baue ich mein Zelt auf. Die eine oder andere Erdbeere wandert in meinen Mund – nicht nur zwecks Vitaminzufuhr, sondern auch, um dem Besitzer ein paar Erdbeeren abzukaufen, der mich netterweise kostenlos übernachten lässt.

Nachdem ich einen Schlafplatz gefunden habe, muss ich mein Ticket für den Vulkan organisieren. Die Besuche des Poás beginnen um sieben Uhr morgens und sind auf zwanzig Minuten beschränkt. Einen Moment zögere ich. Habe ich mir das wirklich alles angetan, um zwanzig Minuten lang die Aussicht zu genießen? Soll ich meinem Körper einen Tag Pause in den Erdbeer- und Kaffeeplantagen gönnen, bevor ich starte? Nein, jetzt bin ich hier. Meine Kräfte reichen für eine Wanderung. Morgen um sieben geht es los!

Mein Wecker klingelt schon um fünf Uhr. Ich schnappe mir etwas zu trinken und Nüsse für die Energiezufuhr. Alles andere wartet hier auf mich, bis ich wiederkomme. Auf einer völlig leeren Straße fahre ich steil bergauf. Ohne Gepäck ist das selbst mit meinem Rad zu meistern. Ich genieße den unglaublichen Blick über San José, während die Sonne in der Ferne aufgeht. Zwei Autos fahren an mir vorbei, bevor wir alle an demselben geschlossenen Tor anhalten müssen, bis wir eingelassen werden.

Sofort werde ich von den Autoinsassen angesprochen. Auf Englisch. Sie kommen aus Kanada und den USA und hören interessiert zu, als ich ihnen von meiner bisherigen Reise erzähle und in Erinnerungen schwelge. Manchmal vermisse ich die westliche Kultur. Den Lebensstandard, mit dem ich aufgewachsen bin. Den Wohlstand. Die Ordnung. Die Struktur. Andere Dinge fehlen mir überhaupt nicht: die weitverbreitete Unzufriedenheit, die gesellschaftlichen Normen und sozialen Zwänge in meiner Heimat.

Die Unterhaltung gibt mir Kraft, um auch noch die letzten Meter zum eigentlichen Eingang zu meistern. Unsere Tickets tauschen wir gegen einen grünen Helm. Sicherheit wird hier großgeschrieben.

Bei strahlend blauem Himmel genieße ich glücklich und zufrieden die Aussicht. Sie ist jeden Cent wert. Ich blicke in einen dampfenden Vulkankrater. Zwar ist von dem eigentlich tief türkisblauen Wasser aktuell nicht viel vorhanden, Schwefelgeruch liegt trotzdem in der Luft. Für den Farbkontrast sorgt die üppige Hochgebirgsvegetation. Was für ein Tag! Dabei hat er gerade erst begonnen. Wenn ich könnte, würde ich hier oben bleiben. Doch als wir wieder runtergerufen werden, kommt uns bereits die nächste Gruppe entgegen. Schlag auf Schlag geht das hier.

Nach einer rasanten Abfahrt bin ich zurück an meinem Zelt. Eigentlich könnte ich jetzt meine Sachen packen und weiter Strecke machen. Doch wieso? Ich könnte auch noch einen Tag den Schatten und die frische Luft auskosten. Letzte Nacht habe ich so gut wie schon lange nicht mehr geschlafen, denn es war ruhig und kühl. Statt bereits heute in die Küstenhitze zurückzukehren, lege ich meine Beine hoch und genieße den letzten Tag als Fünfundzwanzigjährige.

Da ich den Vulkan Poás nun bereits einen Tag früher besucht habe, weiß ich nicht so recht, was ich an meinem eigentlichen Geburtstag machen soll. Also steige ich aufs Rad und lasse mich treiben. Ich radle und radle und radle. Durchschnittsgeschwindigkeit: 21,2 Stundenkilometer. Das ist doch mal eine brillante Bilanz zum Geburtstag.

Unterwegs bewundere ich die Krokodile im Fluss, die Papageien in den Bäumen und die Affen am Straßenrand. Doch an der Küste ist es extrem windig und heiß. Meine Energie sinkt, und bevor ich wie ein nasser Waschlappen von meinem Rad falle, suche ich mir lieber ein ruhiges Fleckchen am Strand für die Nacht.

Das Meer lädt mich zum Schwimmen ein. Das Treibholz am Strand dient als Brennstoff für ein Lagerfeuer. Das Abendessen bereite ich noch bei Tageslicht zu. Zum Nachtisch gibt es selbstgepflückte Mangos von den Bäumen am Straßenrand. Im Zelt liegend beantworte ich Geburtstagsgrüße und schlafe mit dem Rauschen des Ozeans ein.

Am nächsten Morgen genieße ich einen malerischen Sonnenaufgang. Wäre da nicht der Mann mit dem Hund gewesen, der mir lautstark erklärt, wie gefährlich es doch sei, hier allein zu übernachten, hätte ich einen wunderbaren Start in den Tag gehabt. Angeblich seien an diesem Strand Reisende überfallen und vergewaltigt worden. Nach einem kurzen Dank in Richtung Universum sitze ich wieder im Sattel. Da fühle ich mich sicher. Da kann mir keiner was.

Meine Zeit in Costa Rica neigt sich dem Ende zu. Ob ich die Grenze zu Panama allein oder in Begleitung überqueren werde, weiß ich noch nicht. Weniger aus Sicherheitsgründen, sondern einfach weil ich ihre Gesellschaft genossen habe, versuche ich, Ciaran und die anderen einzuholen, doch heute ist erst mal der Wurm drin.

Genau genommen in Phileas. Drei Drahtstücke ziehe ich aus seinem Hinterrad. Drei Löcher im Schlauch. Drei Flicken, die aufgrund von Sand und Hitze nicht so richtig kleben wollen. Woher kommt dieser Draht, und warum halten meine erst in Belize aufgezogenen nagelneuen, eigentlich unplattbaren Reifen diesen Fremdkörpern nicht stand?

Doch schließlich sind die Löcher geflickt, und statt mich weiter zu ärgern, kaufe ich mir ein riesiges Stück Wassermelone vom nahe gelegenen Supermarkt. Schon sieht die Welt wieder ein bisschen anders aus.

Und an der nächsten Tankstelle entdecke ich Tyler und Ciaran im Schatten sitzen. Sie freuen sich, mich so unverhofft zu treffen, und gemeinsam stoßen wir erst mal nachträglich auf meinen Geburtstag an. Kazu hat sich inzwischen mit seinem Landsmann Taka zusammengetan, und sie haben wohl einen gemeinsamen Abstecher ins Dorf gemacht. Wir warten noch ein bisschen, doch als die beiden nicht auftauchen, fahren Ciaran, Tyler und ich im Dreiergespann weiter. Es ist spät, als die Grenze in Sicht kommt. Wir beschließen, eine letzte Nacht in Costa Rica zu verbringen.

Unsere letzten Colones geben wir für Campingplatz und Abendessen aus. Dann organisieren wir noch ein stornierbares Flugticket sowie eine Kopie unseres Kontostandes. Beides ist anscheinend für die Einreise nach Panama erforderlich. Beides hatte ich bisher verdrängt.

Während wir uns fragen, wo Kazu und Taka heute Nacht schlafen – Costa Rica oder Panama? –, fallen wir in unseren Zelten ein letztes Mal in Costa Rica in den Schlaf.

Kapitel 14
Oh, wie schön ist Panama

Als ich in meiner Kindheit die Geschichte vom kleinen Tiger und dem kleinen Bären vorgelesen bekam, hätte ich mir nicht in meinen kühnsten Träumen ausgemalt, dass ich irgendwann tatsächlich nach Panama kommen würde. Damals hätte ich Panama auf der Weltkarte suchen müssen. Nun weiß ich, wo es liegt: direkt vor mir. Ohne Umwege oder Im-Kreis-Laufen wie bei Janosch. Nein, einfach immer geradeaus, doch mit mindestens genauso vielen Abenteuern und neuen Bekanntschaften. Panama eben.

Es ist Freitag, der 26. April. Tag 358 meiner Radreise. Und ich betrete gerade Land Nummer zehn. Diesmal nähern wir uns der Grenze ganz ohne Lkw-Stau. Wir müssen eine Ausreisegebühr zahlen, und mit der Quittung gibt es den Ausreisestempel. Das zweimalige Anstehen für die Ausreiseerlaubnis dauert länger als die offizielle Einreise nach Panama. Es ist erst halb acht morgens, als die Jungs nach nicht einmal zwei Kilometern für ein zweites Frühstück bei McDonald's halten wollen. Der hat allerdings noch geschlossen. Wir vergessen immer wieder, dass die Dinge in Mittelamerika einfach anders funktionieren als zu Hause.

Also geht es ohne zusätzliche Kalorienzufuhr weiter. Auf superglattem Asphalt und einem breiten Seitenstreifen. Mit durchschnittlich zwanzig Stundenkilometern rollen wir an grünen Feldern entlang in eine Stadt namens La Concepción. Wir kühlen uns gerade im Schatten ab, als sich Taka und Kazu zu uns gesellen. Auch sie sind erst heute Morgen über die Grenze gefahren. Willkommen zurück im Team!

Die Stadt David nutzen wir zum Auftanken. Supermarkt, Baumarkt, Fahrradladen. Ich überlege kurz hierzubleiben. Irgendwie habe ich heute keine Motivation zum Weiterfahren. Doch das Verkehrschaos und die Menschenmassen überzeugen mich schnell vom Gegenteil. Die Stadt ist ein einziger Stau. Wir behaupten uns gut gegenüber den anderen Verkehrsteilnehmern, kommen trotzdem nicht wirklich voran. Als wir die Stadt hinter uns gelassen haben, übernimmt Taka die Führung, weil er seinen Freund Florian einholen will, der sich ein paar Tagesetappen vor uns befindet. Kazu schließt sich ihm an. Tyler ist in der Stadt David geblieben, weil er noch irgendwelche Dinge im Internet zu erledigen hat. Plötzlich sind Ciaran und ich zu zweit. Wie damals auf Vancouver Island.

iOverlander empfiehlt uns einen kleinen Zeltplatz am Fluss, den wir ansteuern, ohne groß zu überlegen. Panama scheint verhältnismäßig sicher zu sein, und in der Gruppe fühle ich mich ohnehin geschützt. Daher spricht nichts gegen diese kostenlose Übernachtungsmöglichkeit am Wasser. Höchstens die Krokodile, die wir im Wasser entdecken. Aber da haben wir die Zelte schon aufgebaut. Gut, dass ich mich bereits vorher darin gewaschen hatte …

Am Abend gesellt sich Tyler zu uns. Zu dritt geht es die nächsten 300 Kilometer auf gerader Straße Richtung Süden.

Richtung Süden bedeutet auch Richtung Äquator. Die Sonne wird mit jedem Tritt heißer. Gefühlt fünfmal täglich trage ich Sonnenschutzmittel mit Lichtschutzfaktor fünfzig auf. Obwohl ich unter dem Helm ein Käppi trage und meine Arme durch ein Langarmshirt schütze, gibt es irgendwo immer noch unbedeckte Haut. Die Hitze macht zudem jegliche Energie zunichte. Der frühe Start am Morgen ist die einzige Möglichkeit, das Radfahren zumindest für ein paar Stunden zu genießen.

Morgens einigen wir uns auf einen Schlafplatz für die Nacht, damit jeder tagsüber in seinem eigenen Rhythmus unterwegs sein kann. Tyler ist als Erster im Sattel, gefolgt von mir. Als Letzter startet Ciaran. Doch schon am ersten Restaurant treffen wir uns alle wieder. Ein kaltes Getränk muss her. So geht es weiter. Wir fahren ein bisschen. Halten an, sobald wir Schatten finden. Geben unser Geld für Eis und kalte Getränke aus. Jede Frischwasserquelle wird genutzt, um die T-Shirts von Schweiß zu befreien. Leider kommen bei mir so einige Reifenflickpausen dazu. Die Hitze macht offenbar auch dem Material zu schaffen.

Auf fiese Anstiege folgen lohnende Abfahrten. Panama ist zudem übersät von Bushaltestellen mit Wartehäuschen, und so können wir ab und an im Schatten Pause machen. An einer dieser Haltestellen treffe ich Regino. Einen alten Mann ohne Zähne. Ich verstehe kein Wort von dem, was er sagt, aber er lächelt einfach ununterbrochen, und so lächle ich zurück. Als Tyler mich eingeholt hat, wird Regino noch glücklicher und fängt an zu singen und zu tanzen. Schön, wenn wir für Unterhaltung sorgen können. Das beruht irgendwie auch immer auf Gegenseitigkeit.

An einer der nächsten Haltestellen lerne ich Martin kennen. Martin läuft von Argentinien nach Alaska. Er ist über sechzig und schiebt einen riesigen Wagen vor sich her. Manchmal zieht er ihn auch. Die Hitze scheint ihm nichts auszumachen. Er scheint kein Wort Englisch zu können, und ich frage ihn auf Spanisch, wie er denn so durch Nordamerika reisen möchte. Eine Frage, die ich gleich wieder bereue. Schließlich bin auch ich ohne Spanischkenntnisse nach Mexiko eingereist. Er wird es schaffen.

Für heute Nacht steht etwas Ungewöhnliches auf dem Plan. Wir werden an einer Tankstelle übernachten. Im Zelt. Neben etlichen Lkws. Die Tankstelle ist der Himmel auf Erden und wie für uns gemacht. Kostenlose Dusche. Trinkwasser. Steckdosen für unsere Elektronik. Essen im Restaurant. Wir können Wäsche waschen und nutzen die ganze Nacht lang das freie WLAN. Es gibt sogar saubere Toiletten mit Klopapier!

Zum ersten Mal wird mir bewusst, wie anders Leute auf mich reagieren, wenn ich nicht allein, sondern in einer Gruppe auftauche. Plötzlich muss ich mir nicht mehr anhören, wie gefährlich es doch sei, als Frau allein zu reisen. Wo denn mein Freund sei? Wo ich denn nachts schlafe, wenn mal kein Hotel zur Verfügung steht? Wie ich mir denn zu helfen weiß, wenn ich krank bin oder mein Rad kaputt ist? Jetzt, im Team, muss ich mich für nichts mehr rechtfertigen. Ich bin Teil von etwas Großartigem. Teil einer phänomenalen Crew.

Unsere Gruppe besteht mittlerweile aus sechs Leuten. Taka und Kazu haben zwischenzeitlich Florian eingeholt und auf uns gewartet. Nach zwei Tankstellenpartys feiern wir heute am Strand. Sechs Radfahrer aus fünf verschiedenen Ländern. Wie seltsam wir auf die Einheimischen wirken müssen. Wir gehen schwimmen, sammeln Brennholz, genießen ein friedliches Abendessen unter dem Sternenhimmel.

Der lange Abend gibt uns Zeit, über eine bevorstehende Hürde nachzudenken. Schon morgen werden wir in Panama-Stadt ankommen. Danach geht es geradewegs in Richtung Darién Gap, wo die Straße im Dschungel endet. Um ins Nachbarland zu kommen, müssen wir auf andere Transportmittel zurückgreifen. Unsere Räder werden uns da nicht hinbringen. Nach Kolumbien bringt uns entweder ein Flugzeug oder ein Boot. Eine Entscheidung, die jeder für sich treffen muss.

Tyler steht ein bisschen unter Zeitdruck und bucht einen Flieger. Ciaran entscheidet, seine Reise ganz zu beenden. Taka, Kazu und Florian wollen ein Boot nehmen. Ich auch. Im Internet finden wir kaum Informationen zur Überfahrt, also heißt es mal wieder »machen statt planen«. Vor Ort wird uns schon jemand Auskunft geben können.

Trotz kurzer Nächte sind wir immer früh wach und kämpfen uns Stück für Stück bis an den Panamakanal heran.

Viele Leute denken, dass der Panamakanal der Grund ist, warum man nicht nach Kolumbien fahren kann. Doch das stimmt nicht. Der Kanal ist ein Kanal und erlaubt es Schiffen, den Weg von der Karibik in den Pazifik abzukürzen. Den Kanal selbst kann man auf Brücken oder Fähren überqueren. Das bringt uns Radler aber noch nicht nach Kolumbien – nur auf die andere Seite des Kanals.

Da wir einen Amerikaner unter uns haben, entscheiden wir uns für die Bridge of the Americas, über die wir ins Zentrum von Panama-Stadt gelangen, ganz in der Nähe vom Hafen. Nach und nach trudelt unsere Gruppe am McDonald's vor der Brücke ein, wo wir uns verabredet haben, um die Überquerung mit vereinten Kräften anzugehen. Was für eine Erfahrung! Auch allein wäre es sicher ziemlich cool gewesen, aber diese spektakulären 1,6 Kilometer mit fünf anderen Radfahrern zu teilen stellt den krönenden Abschluss einer erfolgreichen Reise im Team dar.

Doch nach der Brücke heißt es Abschiednehmen. Tyler und Ciaran fahren zu ihrem Hotel in der Stadt. Taka, Kazu, Florian und ich weiter zum Hafen. Leider sind wir nur noch semimotiviert, die Überfahrt nach Kolumbien zu organisieren. Statt weiter unschlüssig am Hafen zu stehen, beschließen Florian und ich, uns mit Nathan und Erin zu treffen. Aufgrund der unlösbaren Probleme mit Erins Fahrrad hatten sie einen Bus genommen und uns überholt. Schön, die beiden noch einmal zu sehen. Ein letztes Mal, bevor es auch für Nathan und Erin zurück in ihre Heimat geht.

Taka und Kazu haben sich in der Zwischenzeit selbständig eine Unterkunft gesucht und läuten damit das unerwartete Ende unseres Vierergespanns ein. Florian und ich fahren durch Panama-Stadt, genießen die unglaublichen Anblicke, die massiven Wolkenkratzer, die phantastischen Radwege. Aber wir wollen nicht in der Stadt bleiben. Wir wollen ein Boot. So schnell wie möglich. Gegen Nachmittag verlassen wir die Hauptstadt und radeln Richtung Karibik. Vielleicht haben wir dort ja mehr Glück als am Golf von Panama.

Wir radeln den Kanal entlang und hinein in den Nationalpark Soberanía – eine grüne Oase unweit des grauen Stadtzentrums. Auf der einzigen für Radfahrer benutzbaren Straße Richtung Colón, einer Hafenstadt an der Karibikküste, haben wir mit fürchterlichem Verkehr zu kämpfen. Und plötzlich steht der auch noch still. Polizeikontrolle. Die Beamten interessieren sich weniger für uns, wollen nur von den Autofahrern Bußgelder wegen Geschwindigkeitsüberschreitung eintreiben. Wie soll denn hier bitte jemand zu schnell fahren, wenn sich alle hinter dem einen angehaltenen Auto stauen? Kein Wunder, dass die Fahrer genervt sind und sich uns gegenüber respektlos verhalten. Sie fahren zu schnell und vor allem viel zu dicht an uns vorbei. Panama kommt definitiv nicht auf die Liste der Länder, die ich für Radfahrer empfehlen würde.

Doch Florian und ich müssen hier jetzt trotzdem durch. Wir denken an unsere zurückgelassenen Freunde und zweifeln an unserer Entscheidung. Wir haben keine Ahnung, was uns in Colón erwartet. Keine Ahnung, ob wir ein Boot nach Kolumbien finden werden, das uns mitnimmt. Unsere Stimmung ist im Keller. Wir können das Radfahren hier nicht genießen. Die offene Frage nach der Überfahrt zehrt an unseren Kräften.

Völlig erledigt – körperlich und geistig – kommen wir nach einer Nacht in unseren Zelten schließlich in Colón an. Im Supermarkt stocken wir unsere Essensvorräte auf. Pasta, Reis und Thunfisch für fünf Tage. Inzwischen wissen wir immerhin, dass wir zur Shelter Bay Marina müssen. Dort liegen Boote, die entweder gerade aus dem Panamakanal kommen oder dort hineinmöchten. Eine weitere Stunde auf den Fahrrädern, aber wenigstens wird der Verkehr ruhiger.

Hoffnung treibt uns an. Wir sind zurück an der Karibikküste. Mit einer Fähre geht es zurück auf die nördliche Seite des Kanals. Wir fahren durch verlassenes Industriegebiet, vorbei an runtergekommenen Betonbauten. Die Straße ist übersät mit Schlaglöchern.

Die einzigen Autos, die wir sehen, gehören dem Militär. Wir durchqueren einen Militärstützpunkt und suchen uns schon mal ein verlassenes Haus aus, in dem wir die nächsten Nächte schlafen könnten. Dann erreichen wir die Marina.

Wird uns eines dieser Boote nach Kolumbien bringen? Kostenlos? Oder zumindest für weniger Geld, als für einen Platz auf einem offiziellen Segelboot zu bezahlen wäre – nämlich zwischen 500 und 800 Euro.

Schnell merken wir, dass es nicht einfach werden wird. Zwar können wir uns auf Englisch, Französisch und Deutsch mit den überwiegend europäischen Bootsbesitzern unterhalten, doch dabei erfahren wir, dass fast alle Boote Richtung Pazifik unterwegs sind. Die Hurrikansaison naht. Die Karibik wird bald zu gefährlich. Niemand kann uns sagen, wann und ob überhaupt in den nächsten Tagen ein Schiff kommt. Alle sagen uns aber, dass unsere Chancen in der Linton Bay Marina, hundert Kilometer nordöstlich von hier, besser seien.

Doch wir wollen noch nicht aufgeben. Schließlich sind wir gerade erst angekommen. Wir werden mit einer Dusche, Bier und Benzin für Florians Kocher aufgemuntert und bekommen anerkennende Blicke. Doch so ermutigend das auch ist, wir hatten uns mehr erhofft.

Am 5. Mai fahren wir dann doch weiter zur Linton Bay Marina. Wir haben mal wieder keine Ahnung, was uns erwartet, aber wir haben wieder Zuversicht. Irgendwo muss doch mal ein Boot in unsere Richtung abfahren.

Nach dem Verkehrschaos in Colón kommt eine Überraschung: Glatter Asphalt. Sanfte Hügel. Üppig grüne Landschaft. Kein Verkehr. So könnte man das Paradies für Radfahrer beschreiben. Seite an Seite fahren wir nun und machen Scherze über unsere Erfahrungen der letzten Tage. Wir lachen und erinnern uns, wie glücklich wir eigentlich sind, auch wenn die letzten Tage anstrengend waren.

Doch die Freude ist von kurzer Dauer, denn wir kommen an den Wachen der Marina nicht vorbei. Es ist Sonntag und das Büro nicht besetzt. Schlechtes Timing. Wie sollen wir ein Boot finden, wenn wir mit niemandem sprechen können?

Statt den Kopf in den Sand zu stecken, nutzen wir das WLAN der Marina, um die offiziellen Segeltörns von bluesailing.net zu durchstöbern. Das war immer unser Plan B, falls wir gar nichts anderes finden. Ein Flug wäre zwar günstiger, aber uns beiden widerstrebt die Idee, unsere Fahrräder in eine Kiste zu packen und mit dem Flieger ins nächste Land zu gelangen. Die Idee, mit dem Rad zurück nach Panama-Stadt fahren zu müssen (und dort zum Flughafen), gefällt uns noch weniger. Also bleibt nur das Warten oder die Investition in eine fünftägige All-inclusive-Reise, wenn wir wirklich mit einem Segelboot nach Kolumbien wollen.

Für heute geht es erst mal in eine Herberge, wo wir die einzigen Gäste sind. Wir gönnen uns eine hausgemachte Pizza und feiern mein Einjähriges auf dem Fahrrad. Die 20000 Kilometer sind auch nicht mehr fern. Zu gerne hätte ich die gleich mitgefeiert. So viel habe ich gelernt in diesem einen Jahr, und doch verfalle ich noch immer hin und wieder in alte Verhaltensmuster. Jetzt ist es endgültig an der Zeit, sich von Perfektionismus und falschem Ehrgeiz zu verabschieden. Es ist Zeit, sich an den lateinamerikanischen Lebensstil anzupassen und sich zu entspannen!

Am Morgen gucken Florian und ich uns an und erahnen, was jeweils im Kopf des anderen vorgeht. Beide haben wir beschlossen, das kommerzielle Segelboot zu buchen, und insgeheim gehofft, dass der andere mitmacht. Wir sind es leid herumzufragen, ohne auch nur einen Schritt weiterzukommen. Wir haben unsere Lektion gelernt und sind bereit für einen echten Leckerbissen. Fünf Tage Karibik inklusive Inselhopping zwischen den San-Blas-Inseln.

Hat mich jemand vor zwölf Monaten gefragt, wo ich heute sein würde, habe ich in der Regel hundert verschiedene Dinge geant-

Los geht's. Kurz vor dem ersten Pedaltritt in *Ottawa.*

Die ersten **1000** Kilometer.

Auf den ersten **platten Reifen** folgt der Kauf eines neuen Mantels.

Auf dem *Trans Canada Trail*.

Auf leeren Straßen durch die Felder *Ontarios*.

Willkommen in **Manitoba** (Provinz Nr. 2 auf dem Rad).

Campen am **Agimak Lake, Ignance.**

Provinz Nr. 3 und 4 erreicht!

Jasper-Nationalpark.

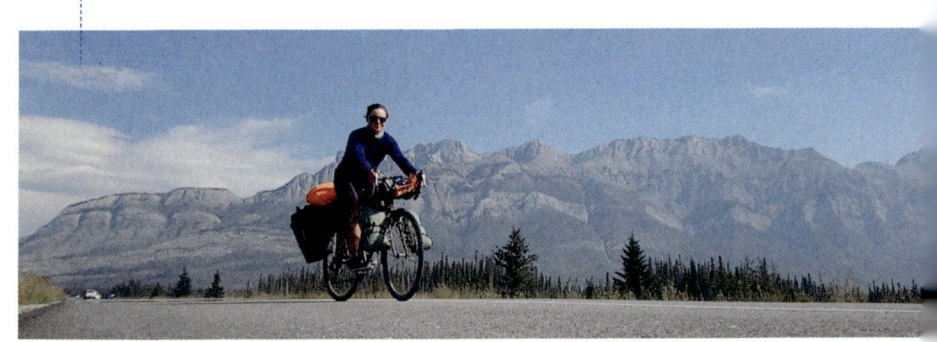

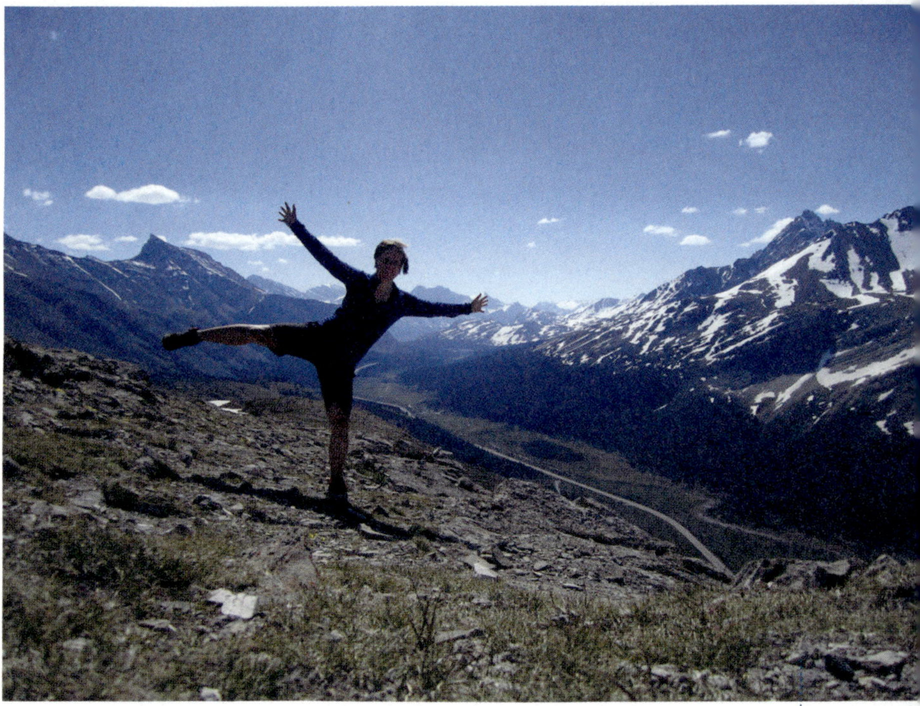

Zu Fuß auf dem **Wilcox Pass Trail**.

Achtung, *Bären!*

In *British Columbia* treffe ich unglaublich viele Radfahrer. Mal mit Gepäck, mal ohne.

Zurück auf dem Trans Canada Trail, der mich durch das **Kettle Valley** führt.

Entspannen in den **Canyon Hot Springs.**

Nach der unheimlichen Fahrt durch den **Lawinenschutztunnel** am **Rogers Pass.**

Blick auf den **Osoyoos Lake** im **Okanagan Valley.**

Leere Straßen und **spektakuläre Aussichten.**

Larger than Life - der **Yukon!**

Für den Fall, dass ich vergesse, was mein ursprüngliches *Ziel* war.
Hier: im Hafen von *Vancouver* angekommen.

Rauchbelastung durch *Waldbrände* im *Yukon*.

Am Dunn Lake habe ich **10 000 Kilometer** zurückgelegt.

Mit Katrien durch den **Mount Robson Provincial Park**.

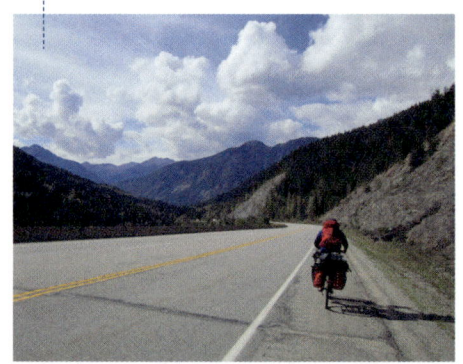

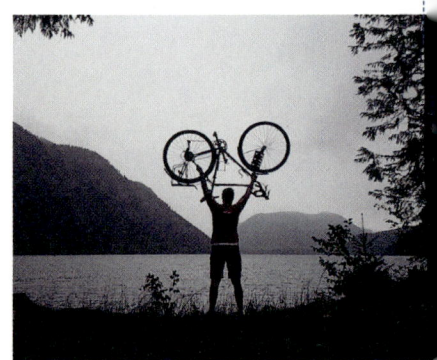

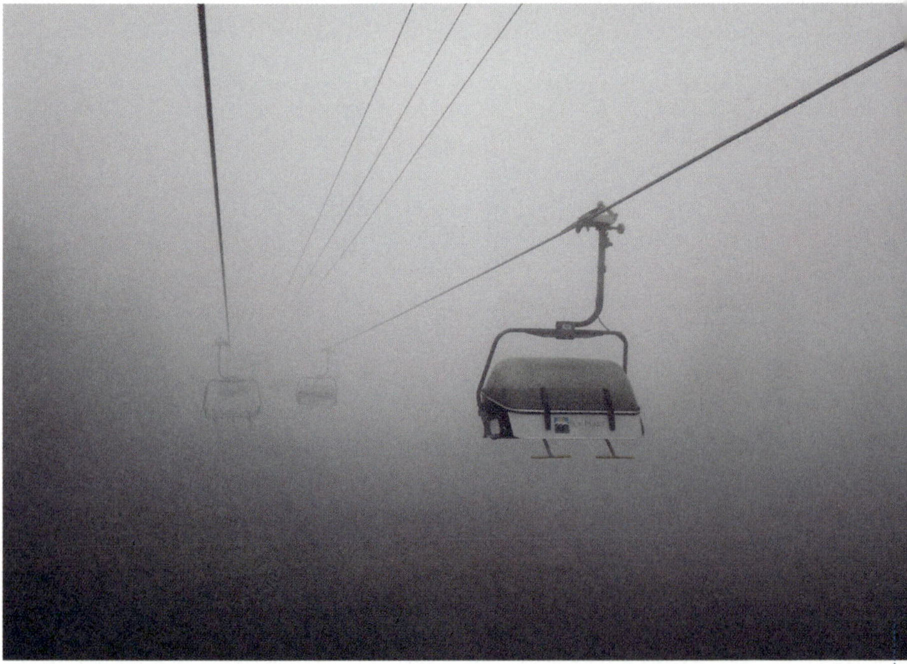

Mit dem Sessellift ins Nirgendwo. **Sun Peaks, British Columbia**.

Regenbogen über dem **Kamloops Lake**.

Das zweite Mal in **Vancouver!** Willkommensfoto mit Kiki.

Bye, bye, Canada!

Sonnenuntergang am *Rialto Beach, Washington State*.

Achtung, Vampire! (gesehen in Forks, Washington State)

Zelten am *Pazifik*.

Aussicht genießen über **Portland, Oregon.**

Straßensperrung.

Handstand und Komplimente auf der **Avenue of the Giants** – mit Bruna.

Oregons Pazifikküste.

Pazifikküste in *Kalifornien.* ○

Ein Dörfchen namens Elch.

Ein »Drive Thru«-Baum.

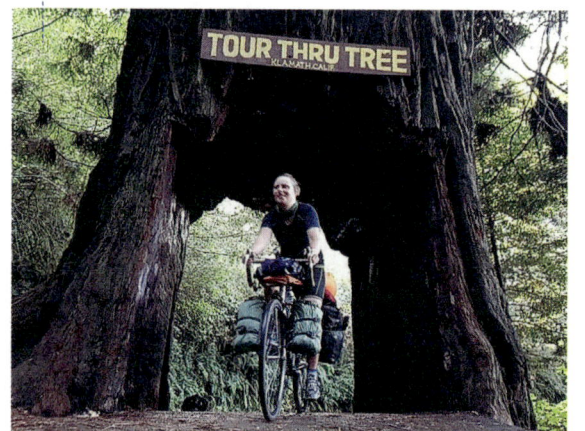

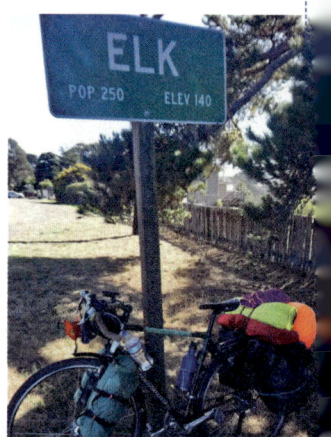

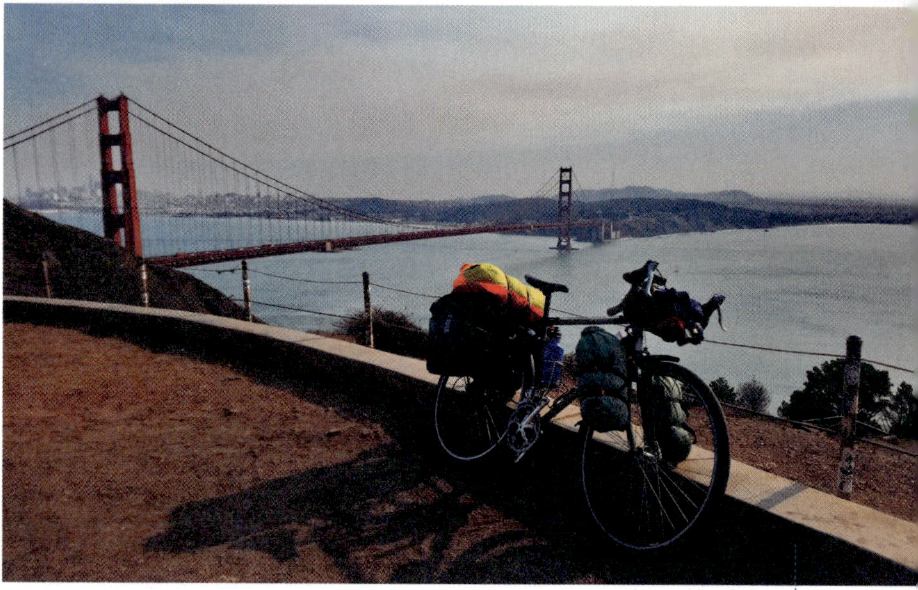

Golden Gate Bridge, San Francisco!

Offizielle Radroute und trotzdem kein Fahrradweg.

Die Sockenübergabe – endlich, nach gut **2000 Kilometern**.

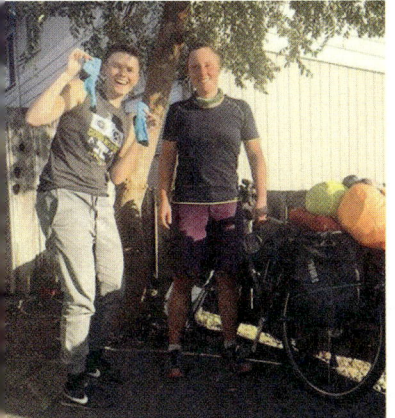

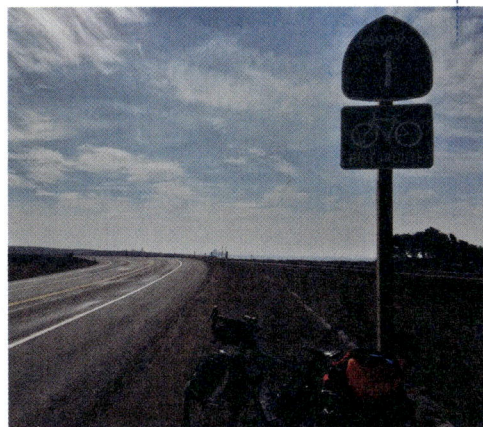

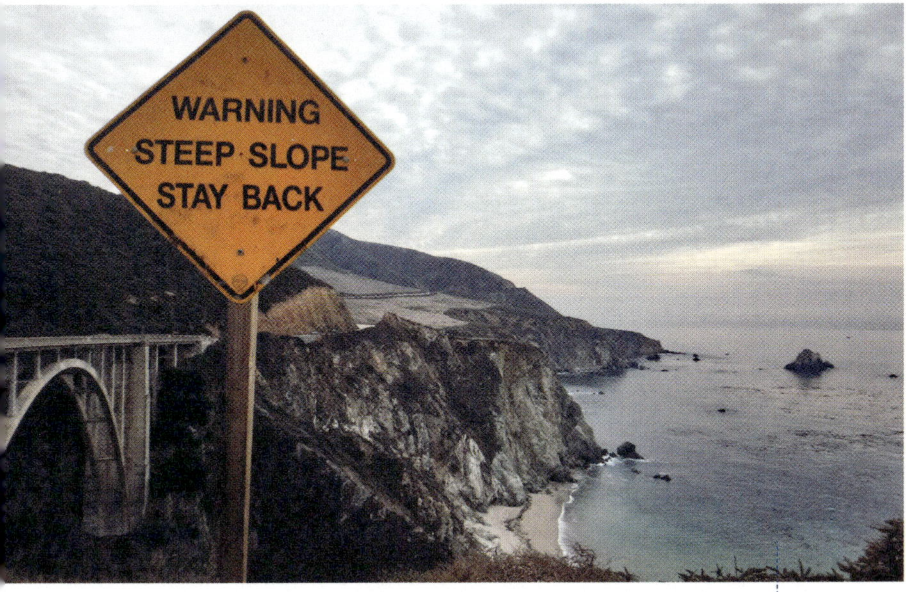

Big-Sur-Küstenstreifen, Kalifornien.

Thanksgiving-Essen im *Simi Valley* und strahlend blauer Himmel am *Santa Monica Pier*.
Gastfreundschaft in *Belize*.

Typisch **Mexiko**...

Sicht auf den **Volcán de Fuego** genießen, bevor es ein paar Tage später
mit Dea, Chris und Ciaran **Richtung Honduras** geht.

Maskiert durchs **Industriegebiet**.

Auf geht's - **Guatemala**.

Eine von vielen **herzlichen Feuerwachen** und der letzte Radfahrtag mit Florian.

Mal Straßen, auf denen **Radfahrer nicht erlaubt** sind. Ein andermal Straßen, die so leer sind, dass ich mir Zeit nehme für einen **Kopfstand** mit Kulisse.

Strandcamping in **Panama**.

Natalia und ich zu Gast bei den Feuerwehrmännern und -frauen in **San Alberto**.

Angekommen in **Kolumbien**.

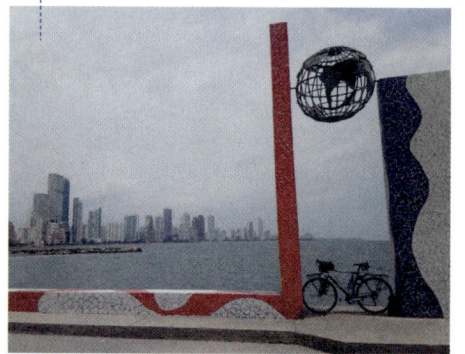

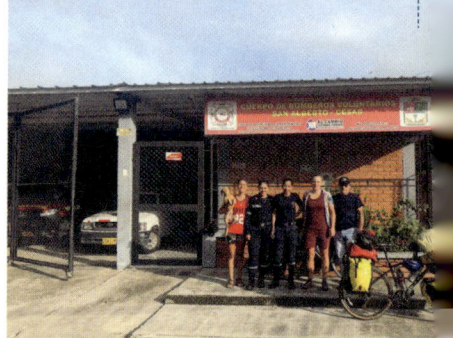

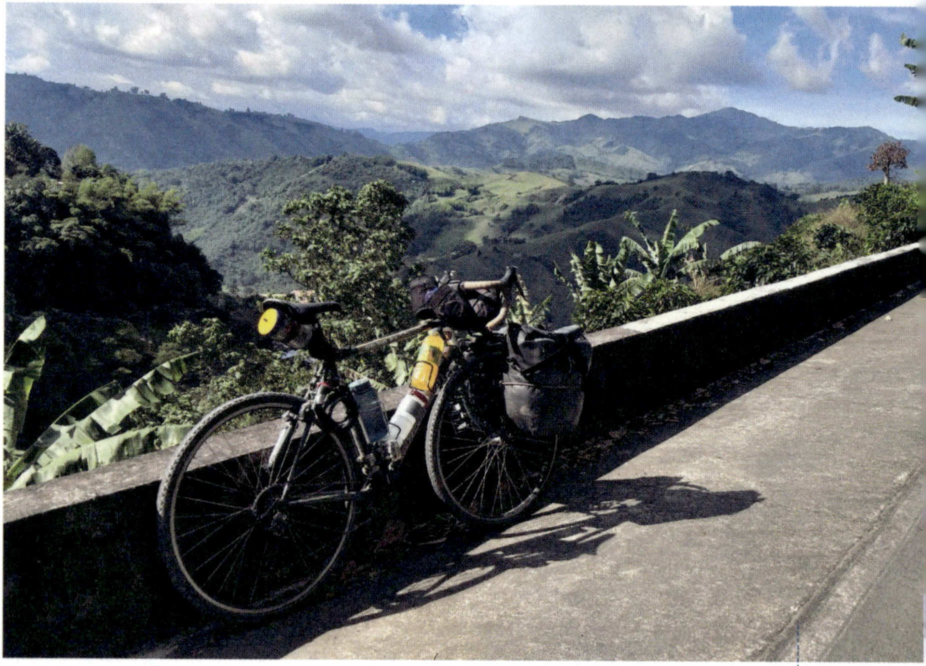

Grün, grüner, am **grünsten**.

Kurz **Fahrrad** gegen **Pferd** getauscht.

Mal wieder ein paar **einheimische Radfahrer** getroffen.

Flussdurchquerung mit tierischer Begleitung.

Indigene Bevölkerung in *Salinas de Bolívar.*

Herbergsvater in *Tumbaco, Quito*.

Feierlichkeiten in *Llipa, Peru*.

Kaum Menschen, dafür viele *tierische Freunde*.

Mit weniger Gepäck als normalerweise wagen wir uns in *unwegsames Gelände*
und erleben *Natur* und *Geschichte* auf besondere Art und Weise.

Unendliche Weiten auf der **Peru Divide**.

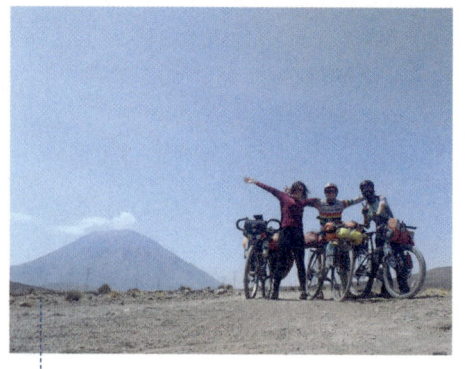

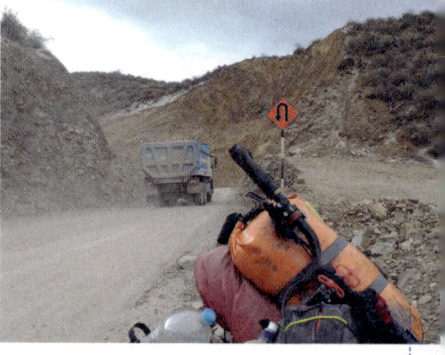

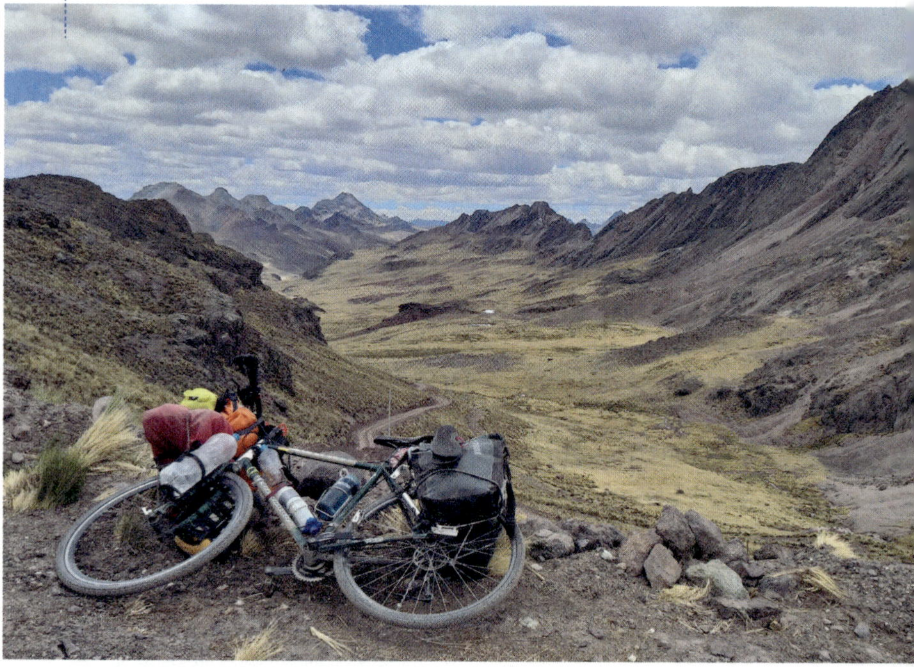

Ein ganz besonderer **Neujahrstag**.

Eine **Ladung Staub** … keine Seltenheit auf der Peru Divide.

Manuel aus Umalso hilft mir mit warmem Essen und einer *extradicken Jacke.*

Spektakulärer Campingplatz in den *Anden.*

Kaffee kochen am Straßenrand auf 4000 Metern über dem Meeresspiegel.

Kuschelige Freunde.

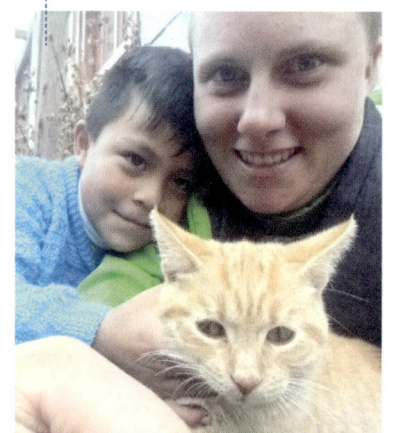

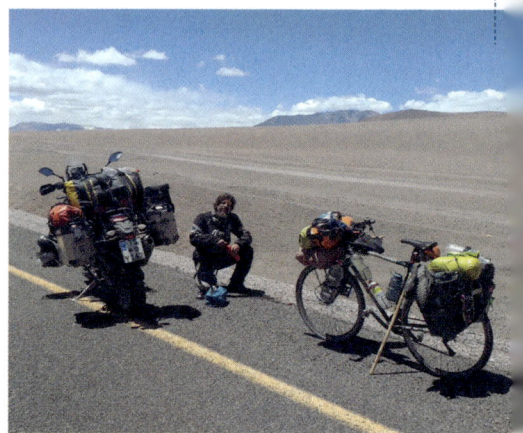

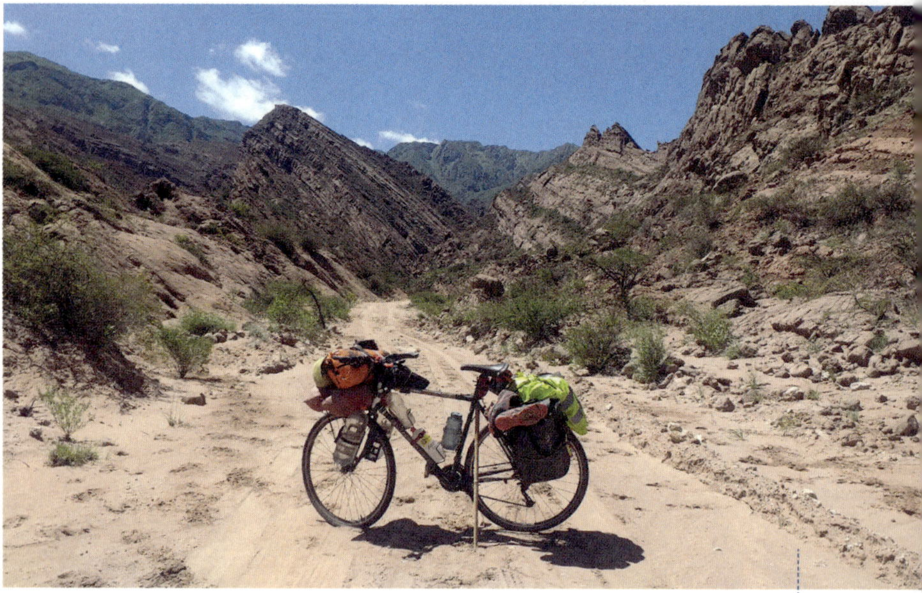

Hinter dem Asphalt ...

Rad fahren in *Gesellschaft*, bevor ich – wieder allein – auf Gustavo in Corrientes treffe.

Ein Schluck **Mate** am **Straßenrand**.

Alejandro und ich treffen auf eine **Radreisegruppe** aus den USA.

Phileas in a box.

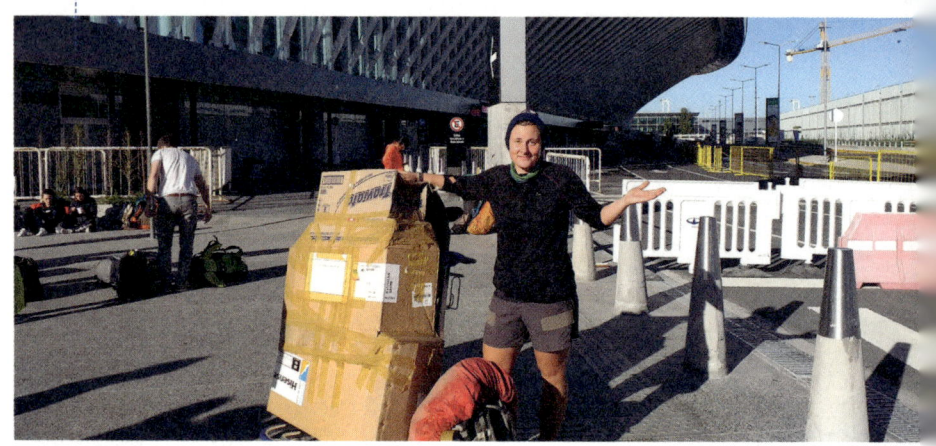

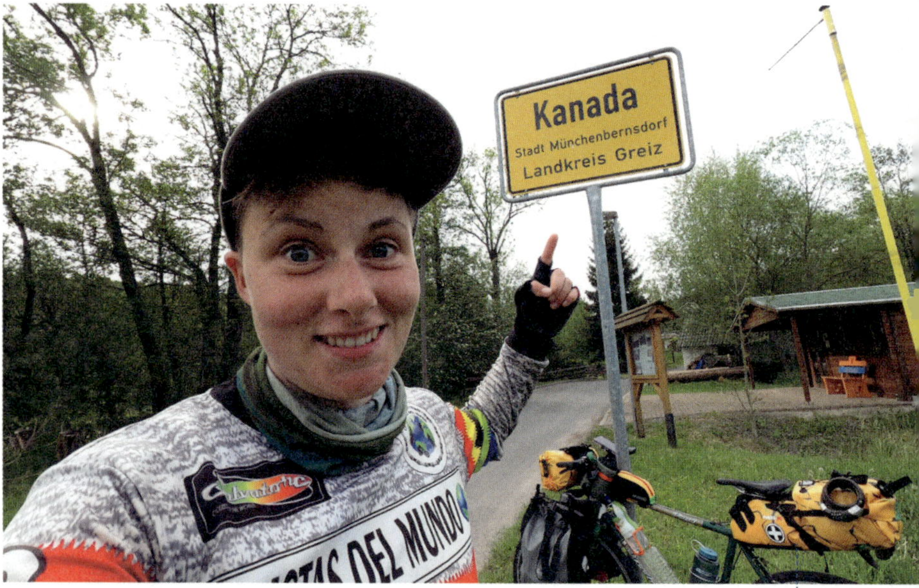

Zurück in Kanada ... ääh, Deutschland!

wortet. Doch Mittelamerika war ganz sicher nicht auf der Liste. Die Tatsache, dass ich kein Spanisch gesprochen habe, kombiniert mit abschreckenden Medienberichten sorgte dafür, dass dieser Teil der Erde nie auf meiner Travel-Bucket-List stand. Jetzt, nachdem ich Mexiko, Belize, Guatemala, El Salvador, Honduras, Nicaragua, Costa Rica und Panama bereist habe, freue ich mich riesig, so viele Radfahrer getroffen zu haben, die mich mit der »Alaska to Argentina«-Idee angesteckt haben. Ich bin stolz, meine anfänglichen Ängste überwunden und meine Komfortzone vergrößert zu haben.

Alleinreisen und Fahrradfahren in der Gruppe, immer neue Freundschaften und die immer wieder erstaunliche Herzlichkeit von Fremden, körperliche Anstrengung und faszinierende Naturerlebnisse – diese Mischung macht süchtig nach mehr. Südamerika wartet auf mich.

Süd
amerika

Kapitel 15

All-inclusive nach Kolumbien

Nachdem die Entscheidung für die Überfahrt getroffen und der Papierkram erledigt ist, habe ich Zeit, mir Sorgen um Phileas zu machen. Wird er die Überfahrt überleben? Welchen Schaden kann Salzwasser bei ihm anrichten? Ich habe schon einige Gruselgeschichten gehört. Doch Florian, mein treuer Freund und Begleiter, bleibt völlig entspannt, und ich versuche, ebenfalls ruhig zu bleiben. Ohne weitere Vorbereitungsmaßnahmen erreichen wir mit unseren voll geladenen Gefährten das Boot.

Meine Sorgen waren wieder einmal völlig übertrieben, denn Phileas findet sogar Platz unter Deck. Eine kleine Abstellkammer dient ihm als Schlafplatz.

Ich selbst schlafe die nächsten Tage meist an Deck. Nur wenn der Regen uns einholt, verziehe ich mich in den Schiffsbauch. Während die meisten Mitreisenden die Fahrt mit mehreren Flaschen Rum feiern und versuchen, die Seekrankheit wegzutrinken, bin ich froh, einfach an Deck zu chillen. Ich sehe zu, wie die Wolken über meinen Kopf hinwegziehen, höre den Wellen zu, die an die Bootwände prallen. Ich werde von salzigem Sprühnebel – oder manchmal auch mehr – durchnässt.

Die Nächte sind kurz und weniger erholsam als erhofft. Ein schneller Sprung ins Wasser am Morgen, frisch gebrühter Kaffee und Pancake-Frühstück machen den Schlafmangel aber wieder wett.

Wir sehen Delfine, Schildkröten und Rochen. Ich schwimme sogar mit einem Riffhai. Wir spielen auf den San-Blas-Inseln Volleyball, essen frische Kokosnüsse und veranstalten am Lagerfeuer einen Limbo-Tanzwettbewerb. Ich probiere das erste Mal in meinem Leben Oktopus und lerne interessante Dinge über die Kultur der Ureinwohner.

Die Zeit vergeht so schnell, dass ich ganz überrascht bin, als wir die Inseln verlassen und die Überfahrt nach Cartagena starten. Dort genießen wir ein letztes Frühstück mitten im Hafen, umgeben von anderen Segelbooten und unter ständiger Beobachtung der Wolkenkratzer. Ein unerwarteter Anblick für uns. So anders als alles, was wir in Mittelamerika gesehen haben. Während die Passagiere aufgeregt ihre Sachen packen und nach und nach mit einem kleinen Motorboot an Land gebracht werden, entdecke ich einen platten Reifen bei Phileas. Wo kommt der denn schon wieder her? Na, wenn das mal kein besonderer Start in Kolumbien ist. Noch keinen Meter gefahren, und schon geht nichts mehr. Während wir auf unsere Reisepässe warten, flicke ich den Reifen mit einem Lächeln im Gesicht.

Ich bin tatsächlich in Kolumbien angekommen.

In Cartagena verabschiedet sich Florian von mir und fährt Richtung Norden weiter. Und ich bin wieder allein. Oder besser gesagt allein mit Phileas.

Doch dann taucht die Mexikanerin Natalia auf, die mich die nächsten Tage begleiten möchte. Während ich mit Shorts, T-Shirt und Basecap des Öfteren für einen Kerl gehalten werde, kennt Natalia dieses Problem nicht. Das T-Shirt wird ausgezogen, wenn die Sonne knallt, ein Sport-BH reicht doch auch. Ihre Shorts sind kürzer als meine, die Fingernägel dafür länger. Keine zwei Tage in Folge hat sie dasselbe an. Trotz schwerstbeladenem Fahrrad immer ein Lächeln auf den Lippen. Ich warte gern auf sie, wenn sie bei einem Anstieg nicht hinterherkommt. Ihre Spanischkenntnisse verschaffen uns so manchen Vorteil, außerdem ist sie ausgesprochen nett.

Wir verbringen neun Tage miteinander im Sattel. Eigentlich hatte ich mich darauf gefreut, nach der Zeit mit den Jungs in Mittelamerika mal wieder allein zu reisen. Natalia hingegen suchte schon seit mehreren Wochen nach einer Reisebegleitung. Es braucht nur einen Kaffee in Cartagena, um mich umzustimmen.

Natalias Ziel ist Medellín. Mein Ziel ist die Grenze zu Ecuador. Welche Städte ich auf dem Weg dorthin durchquere, ist mir ziemlich egal. Also folge ich Natalias Ideen. Wir werden nicht den direkten Weg nehmen, sondern uns erst einmal der Grenze zu Venezuela nähern, bevor wir auf der vielversprechend klingenden Ruta del Sol Richtung Süden brettern.

Ich fahre die meiste Zeit voran, warte aber, wann immer ich Natalia nicht mehr sehen kann. Wenn Straße und Verkehr es erlauben, fahren wir nebeneinander und lernen uns besser kennen. Ich erfahre von ihrem Job als Fotografin und höre mir all die absurden Geschichten an, die sie hinter der Kamera erlebt. Wir halten für Eis, kalte Getränke, Mittagessen und Hunderte von Fotos. Wir genießen das eine oder andere Hotelzimmer, das Natalia jedes Mal mit ihrem Charme im Preis herunterhandelt.

Wenn wir am Abend müde sind und gerade nicht in einer Stadt, fragen wir einfach in einer nahe gelegenen Finca, ob wir dort unsere Zelte aufbauen dürfen. So kommen wir oft nicht nur zu einem sicheren Schlafplatz, sondern auch zu Abendessen und Frühstück.

Um zwei hübsche Frauen von weit her kümmert man sich zuvorkommend. Hoch lebe die kolumbianische Gastfreundschaft!

Während die Tage weiterhin heiß sind und wir regelmäßig Wasserflaschen von Straßenarbeitern geschenkt bekommen, fängt es am Abend immer häufiger zu regnen an. Auch wenn ich in Mittelamerika wenig Regen erlebt habe, weiß ich doch, dass mittlerweile die Regenzeit begonnen hat. Ein kleiner Schock ist die Stärke des Niederschlags. Die Straßen sind zwischenzeitlich überflutet. Schweine und Kinder spielen in den Schlammpfützen. Erwachsene sind damit beschäftigt, das Wasser aus den Wohnzimmern und Terrassen nach draußen zu fegen. Surreale Szenen, die in Europa nicht möglich wären. Aber ich bin nicht mehr in Europa. Ich bin in Südamerika.

Ein Abstecher gen Osten führt uns nach Mompox, eine der schönsten Städte Kolumbiens, deren Altstadt 1995 zum UNESCO-Weltkulturerbe erklärt wurde. Der Weg dorthin ist ein echtes Abenteuer. Während wir auf holprigen, aber ruhigen Straßen sukzessive vorankommen, lerne ich schnell, dass logistische Probleme in Kolumbien nicht existieren. Wochenendeinkauf mit Großfamilie? Getränkelieferung? Neuer Fernseher? Neue Möbel? Transporter werden überbewertet. Das Mofa muss für alles herhalten!

Während Natalia ihre nächste Fotoausstellung in Medellín vorbereitet, schlendere ich durch die niedlichen Gassen von Mompox, das berühmt ist für seine sieben Kirchen und die Häuser im spanischen Kolonialstil.

Bereits nach wenigen Tagen ist mir klar: Ich liebe Kolumbien! Die Menschen sind so freundlich. Das Essen so gut. Nun ja, die Soße fehlt. Aber dafür habe ich ja Natalia, die immer ihre eigene Flasche mit Salsa Pikante dabeihat. Immer! Wir begegnen Unmengen an Rennrädern, ernten viel Respekt von den Fahrern und werden von Einheimischen wie Helden gefeiert. Irgendwo mittendrin feiere ich das Überschreiten meiner 20 000-Kilometer-Marke.

Nie im Leben habe ich damit gerechnet, eine solche Strecke auf meinem guten alten Phileas zurückzulegen. Ebenso wenig habe ich damit gerechnet, bis nach Kolumbien zu kommen. Doch nun bin ich hier, und die Reise geht weiter.

Meine Euphorie legt sich abrupt, als mir mein Handy geklaut wird. Bin ich jetzt wirklich Opfer dieser dämlichen Taschendiebstähle geworden? Ich war nicht in einer Stadt, nicht in öffentlichen Verkehrsmitteln, nicht in Menschenmengen. Ich hatte mein Fahrrad vor der Feuerwache stehen gelassen, wo Natalia und ich übernachtet hatten, und wollte mich nur kurz von den Gastgebern verabschieden. Als ich mir noch einmal die Strecke auf der Karten-App ansehen will, kann ich mein Handy nicht finden. Nirgends. Es zieht mir beinah die Füße weg. Zum Glück glauben mir die freundlichen Feuerwehrmänner. Zum Glück ist Natalia da zum Übersetzen und Vermitteln. Zum Glück findet sich in dem kleinen Dorf ein Elektronikladen, und ich habe schon bald ein neues Handy. Ohne meine gespeicherten Landkarten, ohne gespeicherte Kontakte, ohne Fotos, einfach ohne alles. Aber, immerhin, ein Handy.

Warum nur sind wir so abhängig von diesen kleinen Dingern? Und wieso zieht mich der Verlust dieses Gegenstands so runter? Ich bin am Boden zerstört, wütend auf mich selbst, verwirrt und traurig. Ich werde nie genau erfahren, wie es passiert ist. Es lässt sich nicht mehr rückgängig machen.

Diese Erfahrung in der Feuerwache schweißt uns Mädels noch mehr zusammen. Ich werde ganz sentimental, als mich Natalia bereits 200 Kilometer vor Medellín auf den Weg schickt. Sie braucht mehr Zeit am Computer und möchte nicht, dass ich deswegen langsamer vorankomme. Als Dankeschön für die gemeinsame Zeit überreicht sie mir eine kleine Bratpfanne. Ich habe überhaupt kein Abschiedsgeschenk erwartet und bin gerührt. Sie hat bei unseren gemeinsamen Mahlzeiten genau so eine Pfanne genutzt, um Ge-

müse zu dünsten, Eier oder Pfannkuchen zu braten. Camping-
küche – next level.

Auf unserer gemeinsamen Reiseetappe habe ich gedacht, dass
Natalia mir allein schon durch ihre Sprachkenntnisse so oft ge-
holfen hat, während ich ihr nur wenig genützt habe. Doch sie zeigt
mir, dass man andere Menschen auch ohne große Taten unterstützen kann. Natalias Worte sind Balsam für meine Seele, als sie mir
erklärt, wie viel ihr die Tage mit mir gebracht haben. Sie konnte
mich beobachten, meine täglichen Routinen, meine Sicherheit. Ich
habe ihr das Vertrauen gegeben, das ihr auf ihrer bisherigen Reise gefehlt hat. Nach unserem Abschied ist sie das erste Mal allein
unterwegs. Wir bleiben in Kontakt und tauschen uns noch heute
über unseren Alltag aus – auf Spanisch natürlich.

Durch das Reisen mit Natalia ist mir klar geworden, wie drin-
gend ich einen Spanischkurs brauche. Ich *will* Spanisch lernen. Ich
möchte diese lustigen Unterhaltungen mit Fremden nicht missen.
Ich möchte mehr über Land und Leute lernen. Ich möchte anderen
meine Geschichte erzählen können. Und all das ohne Hilfe eines
Übersetzers.

Ich nehme mir fest vor, in Medellín zur Sprachschule zu gehen.
Im Internet recherchiere ich ein bisschen zu Medellín – der Stadt
des ewigen Frühlings. Geprägt von extremen sozialen Unterschie-
den, Drogen und Gewalt. Allgemein bekannt aus der Netflix-Serie
Narcos, doch heute gar nicht mehr so gefährlich, wie oft behauptet
wird. Ich entdecke Fotos von Touristen und bunten Graffiti, die
die grauen Hauswände verzieren. Seilbahnen erleichtern das Fort-
bewegen in den an Hängen gebauten Stadtteilen, allerhand Grün-
flächen laden zum Entspannen ein. An jeder Straßenecke kann
man köstlichen Kaffee genießen. Klingt ganz nach einem Ort, an
dem ich es für ein paar Wochen aushalten könnte. Doch bis ich
in Medellín ankomme, warten noch einige Überraschungen auf
mich.

Gut ausgeruht, aber ohne Frühstück fahre ich durch endlose Felder und Wiesen. Kurz vor Cisneros gesellt sich ein Mountainbiker zu mir, der ganz in der Nähe wohnt und mich fragt, ob ich mit ihm frühstücken will. Nur zu gern folge ich ihm durch den morgendlichen Berufsverkehr in seine Stadt. In einem kleinen Café bestellen wir *Arepa con Queso y Chocolate*, ein typisches kolumbianisches Frühstück mit Teigfladen aus Maismehl, einem Stück Käse und heißem Kakao.

Die Unterhaltung verläuft stockend, doch bevor ich mich verabschieden kann, fragt er, ob ich Zeit hätte, zwei Freunde von ihm kennenzulernen. Natürlich habe ich Zeit. Oder nicht? Was bedeutet Zeit schon, wenn man seit über einem Jahr mit dem Fahrrad unterwegs ist? Richtig. Nicht viel. Ich folge ihm also erneut und lerne Andrey und Wilmar kennen. Andrey schenkt mir einen neuen Buff, und Wilmar wechselt unaufgefordert zwei Kabel an meinem Fahrrad, während wir alle am Straßenrand stehen. Die drei Männer versuchen, mich vor den Bergen zu warnen, die mir auf dem Weg nach Medellín bevorstehen. Als Stärkung bekomme ich ein paar Elektrolyte in meine Trinkflaschen. Drei neue Nummern habe ich auch im Handy, bevor ich mich dem Berg stelle.

Gestärkt vom Frühstück und der netten Begegnung fällt mir der erste Anstieg gar nicht so schwer. Vielleicht auch, weil ich Schlimmeres erwartet hatte. Ich fliege gerade einen der vielen Hügel hinunter und möchte in einen niedrigeren Gang schalten, um den nächsten Anstieg vorzubereiten, als ich ein ungutes Geräusch höre und sich rein gar nichts an meiner Schaltung tut. Eine kurze Inspektion zeigt, dass das Schaltkabel gerissen ist.

Ein nervöses Gefühl überkommt mich. Hatte Wilmar nicht gerade erst zwei Kabel gewechselt? Ja, tatsächlich. Nun aber ist ein Kabel gerissen, das nicht gewechselt wurde, da es noch vollkommen intakt aussah. Natürlich habe ich kein Ersatzkabel dabei. Ohnehin habe ich noch nie ein Kabel selbst gewechselt. Ich schalte meinen gesunden Menschenverstand ein und drehe um. Schließlich bin ich nur drei Kilometer hinter der Stadt Barbosa. Da kann ich mein Rad bestimmt ganz schnell reparieren lassen, oder? Na ja. Es ist Sonntag. In Deutschland müsste ich bis Montag warten. Also zurück zu meinem letzten Gastgeber? Meine Ankunft in Medellín noch einmal verschieben?

So weit kommt es jedoch nicht. Gerade als ich mein Rad auf die andere Straßenseite schiebe und aufsteigen will, um zurückzufahren, werde ich von zwei Rennradfahrern gestoppt. Sie haben mich durch Barbosa fahren sehen und wollen nun wissen, was passiert ist. Ohne viele Worte zeige ich ihnen das gerissene Kabel. Salvador versteht sofort und fordert mich auf, ihnen in die nächste Stadt zu folgen. Sie sei größer und die Chance besser, einen Fahrradladen zu finden, der am Sonntag geöffnet hat.

Meine Unsicherheit kehrt zurück. Bin ich auf meinem defekten Fahrrad überhaupt in der Lage, mit den beiden mitzuhalten? Meine Beine sind mal wieder stärker als gedacht, und im Nu stehen wir am Ortseingang von Girardota. Salvador gibt mir seine Handynummer, macht ein Foto von uns und erklärt mir, wo ich eine Werkstatt finde. Wenig später sind die beiden verschwunden.

Ich schiebe mein äußerst schweres Fahrrad die steile Straße zum Marktplatz hinauf und halte Ausschau nach einem Fahrradladen. An einer Hauswand entdecke ich eine große Shimano-Flagge. Das muss der Laden sein, der mir hoffentlich helfen kann, ganz schnell wieder in den Sattel zu kommen.

Zögerlich zwänge ich Phileas durch den farbenfrohen Eingang in Richtung Verkaufsraum. In Berlin wird es nicht gern gesehen, wenn man unaufgefordert mit Rad den Laden betritt. Hier scheint es normal zu sein. Nicht so normal ist hingegen der Anblick einer Frau mit einem voll beladenen Fahrrad. Ich blicke in Gesichter, die so überrascht wirken, als käme ich gerade vom Mond. Für Sekunden herrscht Schweigen. Dann nimmt Pati, eine der anwesenden

Frauen, mich fest in den Arm und drückt mir ein kaltes Getränk in die Hand.

Während Jaime sich um Phileas kümmert, bekomme ich eine Ladenführung. Ich bin nicht in einem normalen Fahrradgeschäft gelandet, sondern in einem Fahrradladen-Werkstatt-Café, das mit unglaublicher Liebe und Leidenschaft eingerichtet wurde. So eilig ich ursprünglich nach Medellín wollte, weiß ich doch sofort, dass ich hier nicht gehen kann, ohne mindestens einen Kaffee getrunken zu haben. Dem Kaffee folgt eine Einladung zum Übernachten. Für eine Nacht, für zwei oder drei Nächte oder so lange, wie ich möchte.

Während Phileas im Geschäft schläft, werde ich zu Pati nach Hause gebracht. Ich lerne ihre Tochter und ihren Mann kennen, bekomme mein eigenes Zimmer und alles, was ich mir in meinen kühnsten Träumen nur wünschen konnte.

Nach diesem aufregenden Tag schlafe ich nicht sonderlich gut und beschließe, meine Abfahrt zu verschieben. Ich wollte eine Pause in Medellín machen, um Spanisch zu lernen, aber das ließe sich vielleicht auch hier in Girardota bewerkstelligen.

Pati organisiert einen Spanischkurs für mich. Patis Tochter Valentina will zusätzlich mit mir üben, um ihr Englisch zu verbessern. Ich werde Teil einer riesigen Radsportgemeinschaft und höre achtzehn Stunden am Tag nur Spanisch um mich herum. Bei Pati, Chalo und Valentina darf ich kostenfrei wohnen. Dreimal am Tag werde ich mit einem warmen Essen verwöhnt. In der Küche werde ich abgelehnt und darf nur hin und wieder beim Putzen helfen. Ich werde von Pati und ihrer Radfahrergemeinde adoptiert.

Doch noch nie war ich so lange von denselben Leuten umgeben, ohne mit ihnen eine vernünftige Unterhaltung führen zu können. Ich kann nicht sagen, was ich sagen möchte. Ich kann nur lächeln und nicken. Ich verbringe viele Stunden mit dem Pauken von Vokabeln, denn ich will möglichst schnell lernen. Am liebsten würde ich tausend Fragen stellen. Tausend Dinge erzählen. Ich will Gefühle und Begeisterung ausdrücken, mich für die Teilnahme an den verschiedensten Aktivitäten bedanken. Aber ich muss nicht nur mein Spanisch verbessern, sondern mich auch in Geduld üben. Eine Sprache lernt man nicht an einem Tag. Nicht in einer Woche. Nicht in einem Monat. Sondern *poco a poco*.

Nach drei Wochen Aufenthalt in Girardota meldet sich wieder meine Rastlosigkeit. Mir fehlen die Nächte im Zelt. Mir fehlt das Gefühl der körperlichen Erschöpfung. Jeden Tag an ein und denselben Ort zurückzukehren widerstrebt meiner Natur. Mein Fahrrad wird noch einmal komplett gesäubert und durchgecheckt. Endlich wird auch mein doppeltes Kettenblatt vorne gegen ein Triple ausgetauscht. Damit sollte ich jetzt bestens auf die Anden vorbereitet sein. Es ist an der Zeit, wieder Berge zu erklimmen. Meine Gastfamilie hat Tränen in den Augen, als ich mich verabschiede. Ein kleiner Teil von mir bleibt hier, und auch die drei haben einen festen Platz in meinem Herzen.

Vor meiner Weiterfahrt treffe ich mich in Medellín mit Salvador – meinem Helden, dem ich den Aufenthalt in Girardota zu verdanken habe. Er schenkt mir zum Abschied ein neues Fahrradtrikot. Nachdem mein altes in der Wäscherei verschlampt wurde, nehme ich es herzlich gerne an. Sein Trikot wird nicht nur zu einer schönen Erinnerung für mich, schnell gewinne ich damit an Wiedererkennungswert. Es ist quasi auf allen meinen Fotos zu sehen. Da Salvador unser Foto in seiner »Ciclista del Mundo«-Community teilt, habe ich den einen oder anderen Schlafplatz sicher.

In Medellín buche ich mir ein Airbnb. Drei Tage lang erkunde ich die Stadt – ganz in meinem Tempo. Danach machen Phileas und ich uns auf den Weg in die Hauptstadt Kolumbiens. Nicht unbedingt weil ich das Stadtleben so genossen habe (tatsächlich war ich eher überfordert von den vielen Farben, Gerüchen und dem Lärm in Medellín), sondern weil ein Freund von mir dort auf mich wartet. Dennis wohnt seit ein paar Jahren in Bogotá, und wir haben uns schon sieben Jahre nicht gesehen. Ich kenne ihn von meiner Australienreise, und als er über die sozialen Medien mitbekommen hat, dass ich gerade in Kolumbien bin, lädt er mich kurzerhand zu sich ein.

Tatsächlich brauche ich von Medellín nach Bogotá noch knapp zwei Wochen. Denn natürlich nehme ich mal wieder nicht den direkten Weg. Zwei aufregende Wochen mit etlichen Überraschungen. Es wird eben nie langweilig auf so einer Reise. Und wenn ich wollte, dass immer alles glatt verläuft, sollte ich wohl besser zu Hause bleiben.

Meine Nerven werden ordentlich auf die Probe gestellt, als ich Augenzeuge eines Autounfalls werde. Statt eines Menschen kommt ein Hund zu Schaden. Der Fahrer des Wagens packt den toten Hund und wirft ihn in den Graben. Ein wohl verbreitetes Schicksal der vielen streunenden Hunde. Danach habe ich öfter das Gefühl, auch um mein Leben kämpfen zu müssen. Der Verkehr ist dicht, und die Autofahrer sind ziemlich rücksichtslos.

Obwohl ich in der fast einmonatigen Pause oft vom Weiterfahren geträumt habe, fehlt mir jetzt des Öfteren die Motivation. Warum habe ich mir nicht mehr Zeit genommen zum Spanischlernen? Ich hätte problemlos noch länger bei meiner netten Gastfamilie bleiben können, und doch hat mich etwas zum Weitermachen gezwungen.

Meine Ruhe und Ausgeglichenheit finde ich erst wieder, als ich abends allein in meinem Zelt liege. Inmitten der Natur. Ohne Lärm. Ohne aufdringliche Nachbarn. Ohne neugierige Blicke.

Am nächsten Tag ist diese Ruhe leider kurzfristig wieder verflogen. Es ist Feiertag. Die Straßen noch voller als gestern. Doch die Besichtigung des riesigen Granitfelsens La Piedra del Peñol wurde mir unzählige Male empfohlen, und so nehme ich auch unschöne Umwege in Kauf.

Die Sonne hat ihren Zenit erreicht, als ich kurz vor dem Felsen einen kleinen Jungen treffe, der mich mit großen Augen anguckt und fragt, ob ich sein Fahrrad reparieren kann. Natürlich fehlt mir das entsprechende Werkzeug, und so muss sich der Junge in Geduld üben. Der Fahrradladen hat erst morgen wieder auf. Ich wünsche ihm Glück, er wünscht mir eine gute Reise. Und obwohl wir weder sein Problem mit dem Rad noch mein Problem mit dem Verkehr lösen konnten, sieht die Welt um uns herum in diesem Moment wieder ganz gut aus.

Ich besichtige den auffällig großen Inselberg am Rande des Stausees Peñol-Guatapé und staune nach Erklimmen der rund siebenhundert Stufen über die Insellandschaft vor mir. Die wahre Pracht des Felsens lässt sich von anderen Punkten besser erkennen, dafür habe ich hier die Aussicht ganz für mich. Ich verlasse Guatapé und wenig später auch die Hauptstraße.

Bald darauf verabschiedet sich mein mehrfach reparierter Gepäckträger endgültig. Wäre ich diese Baustelle doch bloß in Girardota oder Medellín angegangen … Jetzt aber bin ich auf einer Schotterstraße, fernab der Zivilisation, und muss mich dieser Herausforderung mal wieder ganz allein stellen. Eine Strebe des hinteren Gepäckträgers ist komplett gebrochen, die Radtaschen haben keinen Halt mehr, und ihr Gewicht liegt direkt auf dem Hinterrad. Das dreht sich logischerweise keinen Zentimeter weiter. Zum Glück hab ich noch immer meinen Rucksack dabei, und so wandert der Inhalt der Radtaschen dort hinein.

Mit dem schweren Rucksack wird das Fahren zu einer Qual. Aber eine andere Möglichkeit habe ich nicht. Bis Manizales, wo eine Warmshower-Gastgeberin auf mich wartet, muss ich noch durchhalten. Einer Nacht im Zelt folgen eine Einladung in Sonson und zwei freundliche Feuerwachen in den Dörfern Pacora und Aranzazu.

Vier Tage wunderschönste Anden-Landschaft bedeutet auch vier Tage Rad fahren mit 13 000 Höhenmetern auf nur 217 Kilometern Strecke.

Das ständige Auf und Ab, die steinigen Straßen und die Hitze haben ihre Spuren hinterlassen. Als endlich die Stadt Manizales vor mir auftaucht, bin ich beeindruckt von der überraschenden Größe und den vielen Hochhäusern. Langsam bahne ich mir einen Weg durch den Stadtverkehr. Ich bin wirklich ausgelaugt. Keine zehn Stundenkilometer zeigt mir mein Tacho als Durchschnittsgeschwindigkeit an.

Aber der Schmerz der letzten Tage ist schnell vergessen, als ich von dem strahlenden Gesicht meiner Gastgeberin Lina empfangen werde. Viel Zeit zum Ankommen bleibt mir nicht. Eine schnelle Dusche und ein Willkommensessen später werde ich bereits in die Stadt gezogen. Sightseeing. Streetfood. Fußball am Abend. Kolumbien spielt gegen Chile. Die Stimmung kocht. Ich kann zwar mittlerweile Gespräche mit einer oder zwei Personen ganz gut verfolgen. Aber in einer Kneipe? Beim Fußballgucken? Unmöglich. Zum Glück ist Fußball international, und meine mangelnden Sprachkenntnisse werden durch Bier und Regelkenntnis ausgeglichen.

Ich will für immer bleiben. Aber ich will auch weiterfahren. Das alltägliche Problem von Fahrradtouristen. Es ist schwer, Orte und Menschen zu verlassen, die man gerade erst liebgewonnen hat. Aber man gewöhnt sich dran. Es ist einfach ein Teil der Reise. Und wenn man einen Ort hinter sich lässt, kommt man bald darauf an einen neuen Ort, an dem man sich ebenso willkommen fühlt.

Anstelle der geplanten zwei bleibe ich sechs Nächte bei Lina. Die Zeit brauche weniger ich als Phileas. Einen gescheiten Gepäckträger aufzutreiben ist gar nicht so einfach. Doch mit der Hilfe von Andres, einem begnadeten Radreisefanatiker und einem Freund von Lina, ist auch dieses Problem gelöst. Zum Dank bringe ich ihn einige Monate später für ein paar Tage bei meinem Bruder in Berlin unter, als Andres auf Europatour ist.

Der neue Gepäckträger wird in der nächsten Zeit mordsmäßig auf die Probe gestellt. Immer häufiger verlasse ich die befahrenen Asphaltstraßen und suche mir kleinere, unbefestigte Wege. Einige davon führen mich mitten durch die Zona Cafetera nach Salento. Das bei Touristen beliebte Örtchen im Herzen der kolumbianischen Kaffeeanbauregion lädt mit seinen bunten Straßenzeilen zum Verweilen ein. Anschließend überquere ich einen 3340-Meter-Pass und fahre ins Cocora-Tal, wo man über sechzig Meter hohe Wachspalmen bestaunen kann. Mit meinem Fahrrad geht das ganz ohne teure Jeep-Tour, nicht jedoch ohne Schweiß und Komplikationen. Nachdem ich durch die Wolkendecke geklettert bin, kann ich Sonnenschein und Aussicht genießen. Die Höhe macht mir nicht zu schaffen, aber die Straßenbedingungen verlangsamen mein Tempo erheblich. Mein Ziel, die heißen Quellen am Vulkan Machín, scheint unerreichbar. Zumindest für heute Nacht.

Da die Straße an einen Abhang grenzt, bleibt nicht viel freie Fläche zum Zelten. Also fahre ich erst mal weiter. Gerade als der nachmittägliche Regen beginnt, überholt mich ein Auto. Das erste Auto des heutigen Tages. Prompt hält es an. Eigentlich wollte ich schon längst in meinem Zelt sitzen. Aber wie gut, dass ich so langsam war und dadurch in den Genuss dieser Begegnung komme. Die Insassen des Autos reichen mir Käse und Mandarinen. Den Wein lehne ich dankend ab. Dann drücken sie mir spontan Geld in die Hand. Ich solle mir ein Zimmer im nächsten Dorf nehmen. Das nette Ehepaar ist besorgt um meine Sicherheit. Das erleichtert mir die Entscheidung, in Toche zu übernachten.

Das Dorf, das nicht einmal auf meiner Karte existiert, ist winzig. Ich frage mich durch, um herauszufinden, hinter welcher Haustür sich denn die Herberge befindet. Eigentlich habe ich gar keine Lust, drinnen zu schlafen, aber später stellt es sich als äußerst kluge Entscheidung heraus.

Irgendwie kommt es mir mal wieder so vor, als ob das Universum auf mich aufpasst und Dinge eben genau so passieren lässt, um mich vor allzu waghalsigen Aktionen zu beschützen. Denn ohne das Geld des lieben Ehepaars hätte ich wohl trotz Regen irgendwo mein Zelt aufgeschlagen. Doch aus dem Regen wird ein Sturm. Blitz und Donner begleiten mich die Nacht. Der Strom fällt aus. Die Regenrinnen und Wassertonnen laufen über. Ich verkrieche mich in mein Bett und hoffe, dass die Welt morgen früh wieder in Ordnung ist.

Das Wetter ist in der Tat viel besser, aber die Dorfbewohner teilen mir mit, dass meine geplante Straße zu den heißen Quellen nicht befahrbar sei. Ein Erdrutsch hat die Durchfahrt versperrt. Es gebe eine andere Straße, die schlammig, aber befahrbar sei. Wie das Dorf selbst ist auch diese Verbindung nicht auf meiner Karte zu sehen. Aber sie ist meine einzige Möglichkeit, zur Hauptstraße zurückzukommen. Also los.

Kurz nach dem Dorf gesellt sich ein Hund zu mir, der mich bis zur Ankunft an der 23 Kilometer entfernten Hauptstraße begleitet. Der süße Vierbeiner stellt sicher, dass ich mich nicht verfahre, und passt auf mein Fahrrad auf, während ich mal in den Büschen verschwinde. Die Anstrengung und Aufregung der letzten Tage spüre ich deutlich. Die heißen Quellen hätten meinen Muskeln gutgetan. Nächstes Mal.

Angekommen in Bogotá, tausche ich für zwei Tage mein Fahrradtrikot gegen eine Bluse und die Bike-Shorts gegen Jeans. Ich genieße die Gespräche mit Dennis in meiner Muttersprache und den kulturellen Austausch. Tagsüber besichtige ich Kunstmuseen und schaue mir farbenfrohe Straßenkunst an. Eine Seilbahn trägt mich zum Gipfel des Monserrate – ein 3152 Meter hoher Berg. Die Nähe zur Stadt sorgt für einen phantastischen Blick auf deren Skyline. Die Ausmaße von Bogotá erschlagen mich fast. Wie gut, dass man die Größe leicht vergisst, wenn man auf dem Marktplatz steht und die historischen Bauwerke bestaunt.

Doch schnell wird mir die Großstadt zu viel. Ich verabschiede mich von Dennis und düse der Desierto de la Tatacoa entgegen. Diese Wüste ist zwar klein, aber immerhin die größte Kolumbiens und möchte von mir erkundet werden.

Als ich am frühen Abend am Zeltplatz in Villavieja eintrudle, treffe ich auf Maria. Sie zeigt sich beeindruckt von meinen heute zurückgelegten 150 Kilometern und erzählt mir von ihrer eigenen Reise. Maria ist eine polnische Weltenbummlerin und ist vor über zwei Jahren mit ihrem Fahrrad Loca in Alaska losgefahren. Das wiederum beeindruckt mich. Sie scheint mindestens genauso energiegeladen, kraftvoll und risikofreudig zu sein wie ich, und wir planen, ein bisschen gemeinsam zu reisen. Die Sorge, dass so kilometerintensive Tage wie heute mit ihr nicht möglich sein werden, ist bereits beim Sprung in den campingplatzeigenen Pool vergessen.

An unserem ersten gemeinsamen Tag schaffen wir ganze 22 Kilometer. Der Wüstensand macht unseren Rädern und die Hitze unseren Körpern zu schaffen. Zum Glück lädt die freie, weite Fläche zum Zelten ein. Quatschend beobachten wir die Sterne, bis uns die Vernunft in unsere Schlafsäcke treibt. Nach 38 Kilometern am nächsten Tag sind wir zurück auf der Hauptstraße Richtung Süden. Sand, Staub und Kaktusstacheln liegen hinter uns. Asphalt und die Grenze zu Ecuador in etwa 600 Kilometern Entfernung vor uns. Zu zweit machen wir mehr Pause, als dass wir eigentlich fahren. Mal schaffen wir siebzig Kilometer am Tag, mal aber auch nur dreißig. Ständig möchte Maria irgendwas mit mir teilen oder Hunderte Fotos machen. Ich komme nicht so richtig ins Schwitzen, bin körperlich nicht verausgabt und dadurch nicht ausgeglichen. Abends bin ich müde, und trotzdem schlafe ich schlecht.

Maria schlägt vor, zusammen in einem Zelt zu übernachten. In ihrem – weil es ein Drei-Personen-Zelt ist. Ich stimme zu. Den ständigen Auf- und Abbau meines Zelts spare ich mir gern. Doch ich merke, dass ich mich nicht so entspannen kann wie sonst. Wann habe ich denn zuletzt mit jemandem in einem Zelt – oder quasi Bett – geschlafen?

In Pitalito und San Augustín kommen wir wieder einmal bei den Feuerwehrmännern unter. Danach peilen wir eine »Casa de Ciclista« in Mocoa an, 116 Kilometer entfernt. Nach kurzer Rücksprache mit Maria fahre ich allein vor und warte dann einen Tag in der Casa auf sie. Ich bin so schnell wie lange nicht mehr. Obwohl Maria nicht hinter mir fährt, schaue ich mich aus Gewohnheit ständig nach hinten um.

Unterwegs lerne ich Clémence, Arthur und Héloïse kennen. Drei Franzosen. Auch mit Rad. Wir teilen ein paar Kilometer und dann einen heißen Kaffee am Straßenrand. Mocoa ist auch für sie noch zu weit weg. Deswegen tauche ich am Abend allein bei Ferney auf.

Die Liebe zum Radfahren hat ihn dazu bewegt, eine Unterkunft für Radler unweit der Straße zu bauen. Mitten im Dschungel. Ohne fließend Wasser. Ohne Strom. Anders als die Warmshower-Unterkünfte im Norden Amerikas steckt das Projekt der »Casa de Ciclista« noch in den Kinderschuhen.

Während ich einen Tag mit Hund und Katze spiele, Mücken über Mücken töte, es mir in der Hängematte gemütlich mache, tauchen nach und nach meine französischen Freunde auf und spät am Abend auch Maria.

Wieder im Doppelpack, geht es auf einen berüchtigten Straßenabschnitt im Süden Kolumbiens, der Trampolín de la Muerte genannt wird, das Trampolin des Todes. Zwar schützt mittlerweile fast durchgehend eine Leitplanke vor dem Absturz, doch zu Unglücken kommt es trotzdem. Die Straße ist schmal. Nicht asphaltiert. Immer wieder von Bächen durchkreuzt. Häufig kommt es zu Erdrutschen, die, abhängig vom Ausmaß, die Durchfahrt auch mal komplett versperren. Besonders kritisch wird es bei Regen. Und es regnet schon seit Tagen. Besonders attraktiv soll die Fahrt sein, wenn sich die Regenwolken verziehen. Darauf hoffen wir vergebens. Laut dem sozialen Netzwerk Strava, das ich seit meinem Aufenthalt in Girardota nutze, um die Radsportgemeinde an meinen zurückgelegten Kilometern teilhaben zu lassen, bewältigen wir Steigungen der Kategorie drei bis eins sowie zwei Hors Climbs. Die Meisterklasse. Die härtesten Anstiege überhaupt. Diese Kategorisierung kommt aus dem Rennradsport und hat mich bisher eigentlich wenig gekümmert. Wir sind hier nicht bei der Tour de France. Doch jetzt, im Nachhinein, mit dem neuen Wissen, fühle ich mich fast wie ein Champion.

Unsere gute Laune leidet unter dem schlechten Wetter. Die Straße ist matschig. Unsere Sachen sind nass. Die Finger kalt. Besonders ich leide, wenn ich auskühle, während ich immer wieder auf Maria warten muss. Genau genommen muss ich ja gar nicht. Letztendlich haben wir keinen Vertrag unterschrieben, der uns aneinanderbindet. Nein. Uns verbindet die gemeinsame Liebe zum Abenteuer. Und diese Verbindung scheint ganz schön stark zu sein.

Wir überleben die Trampolín de la Muerte, schaffen es nach Pasto, wo Freunde von Freunden aus Girardota uns ein Gästezimmer zur Verfügung stellen. Unsere Zeit in Kolumbien geht zu Ende. Doch irgendwie wollen wir das beide noch nicht. Also werden aus einer Nacht ganz schnell drei. Und auch danach lassen wir uns Zeit und machen vor der Grenzstadt Ipiales noch einen Abstecher zur Wallfahrtskirche Santuario de las Lajas. Ein heiliger Ort. Beeindruckend. Doch genau aus diesem Grund auch eine Touristenattraktion. Allein wäre ich da nicht spazieren gegangen. Doch mit Maria, der leidenschaftlichen Fotografin, ist es etwas anderes, und letztlich bin ich froh, dass ich durch sie hierhergekommen bin.

Mit Radtaschen voller kolumbianischer Köstlichkeiten wie Panela (unbehandelter Vollrohrzucker, im Block), Dulce de Leche (karamellartiger Brotaufstrich) und Bocadillo de Guayaba (Fruchtriegel aus Guave) geht es am nächsten Tag nach Ecuador.

Wir teilen uns die Warteschlange mit Flüchtlingen aus Venezuela. Unmengen an Flüchtlingen. Maria und ich werden bevorzugt behandelt. Die Grenzpolizei begleitet uns zum Anfang der Schlange. Wir werden schneller abgefertigt. Weil wir Weiße sind. Weil wir einen Reisepass haben. Weil uns unsere EU-Angehörigkeit eine visumfreie Einreise von bis zu neunzig Tagen erlaubt. Weil wir als Reisende, als Touristen und damit als willkommen angesehen werden. Nicht aber als Last.

Ungerechte Welt.

Kapitel 16
Fahrradlos in Ecuador

Obwohl ich eigentlich das neue Land nutzen wollte, um wieder meiner eigenen Wege zu gehen, überzeugt Maria mich davon, die erste Nacht in Ecuador gemeinsam zu verbringen. Zeitlich hätten wir noch einige Stunden zum Radfahren gehabt, doch wir bleiben in der Grenzstadt Tulcán.

Am nächsten Morgen bin ich dann im Power-Modus. Schnell und energisch. Der Wecker klingelt um 5.50 Uhr. Duschen. Sachen packen. Los. Der Abschied von Maria dauert etwas länger, aber ich muss ohnehin noch auf den Rezeptionisten warten, der mir eigentlich versprochen hat, um sechs Uhr die Haustür aufzuschließen. Es ist 6.20 Uhr, als ich auf meinem Fahrrad sitze. Es ist ungewohnt, auf niemanden warten zu müssen. Nicht zurückzublicken, um sicherzustellen, dass es Maria gut geht. Mit niemandem über meinen Tagesplan zu sprechen. Einfach machen. Meiner Intuition folgen. Spontaner als spontan sein.

Viel Spontanität hält die nächste Woche jedoch nicht bereit. Ich fahre auf der TEMBR, der Trans Ecuador Mountain Bike Route. Eine Aneinanderreihung von fast vergessenen Bergstraßen, die sich vom Norden bis in den Süden Ecuadors schlängeln. Durch mysteriöse Tundra, baumlose Steppe, entlang zahlreicher Vulkane, kristallklarer Seen und schneebedeckter Gipfel. Auch im August. Ich lasse den Asphalt hinter mir und begebe mich auf unbefestigte Straßen. Die rote Linie auf meinem Handy zeigt mir den Weg. Mein treuester Begleiter. Ohne diese Linie, ohne meine Karte wäre ich schnell aufgeschmissen. Ganz anders als im Norden auf der Panamericana, den Autobahnen und Asphaltstraßen.

Für die 255 Kilometer bis Quito brauche ich fünf Tage plus einen Ruhetag. Geschwindigkeiten zwischen fünf und fünfzehn Stundenkilometer. Ein ständiges Auf und Ab zwischen 2500 und 3800 Meter über dem Meeresspiegel. Unermessliche Weite. Euphorie durchströmt meinen Körper. Es stört mich nicht, dass ich über Kopfsteinpflaster krabbeln muss und in knöcheltiefen Pfützen nasse Füße bekomme.

An meinem Ruhetag lasse ich das Fahrrad stehen und schiebe eine nachmittägliche Wanderung im Páramo ein, dem tropisch-montanen Ökosystem, das sich von Kolumbien über Ecuador bis Peru erstreckt. Ich finde mich in einem Wald von Frailejones wieder. Sie erinnern an Palmen, sind aber eigentlich Sträucher, die erst im Laufe der Jahre einen Stamm bilden und nur einen Zentimeter pro Jahr wachsen.

Meine Pausen begrenzen sich auf ein Minimum, damit mir nicht noch kälter wird, als ohnehin schon. Habe ich mich nicht gerade noch über die Hitze in Kolumbien beschwert? Jetzt frieren meine Finger, genau wie meine Zehen. Meine Hände tun sich schwer mit dem Bremsen, und hin und wieder fahre ich etwas zu schnell – zumindest meinem Empfinden nach. Die Straße ist keine Straße mehr. Weder befestigt noch unbefestigt. Im Grunde ist sie nicht viel mehr als ein Pfad aus Steinen. Losen Steinen.

Ich pflücke Kaktusfrüchte am Straßenrand, während der Vulkan Imbabura (4630 m) an meiner linken Seite strahlt und der Cotacachi (4944 m) zu meiner rechten. Immer wieder gibt es unangekündigte Straßensperrungen, die nur mit Schieben und viel Geschick zu passieren sind. Autos müssten hier umdrehen. Ich komme an unerwarteten Militär-Checkpoints vorbei, wo ich in der Regel freundlich durchgewinkt werde.

In Otavalo fülle ich meinen leeren Magen mit dem Gericht Hornado, das typisch für die ecuadorianische Andenregion ist und aus Schweinefleisch, Kartoffelpuffer, Mais, Avocado und Salat besteht. Allerdings ist die Portion so riesig, dass ich mir die Reste für den Abend mitnehme. Auf dem nur wenige Kilometer außerhalb der Stadt gelegenen offiziellen Campingplatz schlage ich mein Lager auf. Gerade kehre ich frisch geduscht zu meinen Sachen zurück, als ich einen Hund dabei erwische, wie er sich an meinen übrig gebliebenen Leckereien bedient. Ich gönne es ihm und greife stattdessen auf meine Vorräte zurück.

Morgens ist es eiskalt. Innen am Zelt gefriert das Kondenswasser. Meine Kleidung ist noch feucht vom Vortag. Doch sobald es die Sonne über die Berge schafft, strahlt sie unglaubliche Wärme aus. Ich lasse mir Zeit. Quito ist keine hundert Kilometer mehr entfernt.

Von meinem heutigen Schlafplatz aus geht es sechzehn Kilometer bergauf. Das Ziel: die Mojanda-Seen. Drei Lagunen, umgeben von mehreren 4000-Meter-Vulkanen. Die Möglichkeit, dort zu campen, ist verlockend. Doch was sagt mein Ehrgeiz dazu, heute nur sechzehn Kilometer zurückzulegen? Als sich herausstellt, dass diese kurze Strecke mich gute sechs Stunden Zeit und Kraft kostet, hält sich mein Ehrgeiz brav zurück.

Unmengen an Zucker und Snacks werden in Energie umgesetzt. Denn Essen macht zurzeit Extraspaß. Meine Tasche wird leichter und ich im Gegenzug stärker. Ich spiele mit dem Gedanken, das Gewicht meines Rades weiter zu verringern, indem ich zusätzlich das Mückenmittel, den Badeanzug, die Wechselschuhe, Werkzeug, das ich noch nicht ein Mal benutzt habe, Buch, Laptop, Notizblock und Solarpanel aussortiere. Auch den Zahnbürstenstiel könnte man kürzen. Jedes Gramm zählt. Am Ende bleibt doch alles drin. Vielleicht brauche ich die Sachen ja noch mal.

Aber wer ist eigentlich verantwortlich für diese Qualen? Wer war auf die Idee gekommen, die TEMBR zu fahren? Mit einem voll beladenen Tourenrad? Wer war das noch gleich? Richtig, ich. Also, Augen zu und durch. Viele Alternativen hab ich auch gar nicht. Etwa zweimal am Tag überholen mich Autos. Mal mehr. Mal weniger. Genau genommen mag ich auch gar nicht weg. Die Flüche, die tagsüber den Weg über meine Lippen finden, sind am Abend vergessen.

Kurze Asphaltabschnitte folgen langen Kopfsteinpflasterpisten. Schotterstraßen und Mountainbike-Pfade wechseln sich ab. Das GPS auf meinem Handy hat so einiges zu tun. Eigentlich ist doch hier gar keine Straße eingezeichnet? Immer wieder verlasse ich diese Wege unbeabsichtigt. Meist endet meine Irrfahrt mit einem frustrierten Zurückschieben, doch irgendwie finde ich immer wieder in die Zivilisation.

In den Dörfern spielt sich meist dasselbe Spiel ab. Die Menschen grüßen mich und erkundigen sich, wo ich herkomme und wo ich hin möchte. Ich frage nach einem Laden oder einem Restaurant. Während ich esse, gesellen sich Dorfbewohner zu mir. Mein Fahrrad und ich werden ausgiebig gemustert. Mir wird ausdrücklich erklärt, wie gefährlich es doch sei, als Frau allein zu reisen. Ob ich denn keine Angst hätte und wo denn eigentlich mein Freund abgeblieben sei.

Zum Abschied werden Hände geschüttelt und Fotos gemacht. Manchmal gibt man mir auch ein paar Früchte mit auf den Weg: duftende Avocados oder saftige Mangos. Wenn man den ganzen Tag allein auf dem Rad unterwegs ist, sind diese Begegnungen Gold wert.

Nach sechs Tagen auf der TEMBR habe ich genug vom Alleinsein – zumindest temporär. Ich freue mich auf die Gesellschaft in der »Casa de Ciclista« in Quito und bleibe. Ganze acht Nächte.

Nicht nur meine Muskeln haben die letzten Tage gelitten, auch der arme Phileas. Ein Schalthebel hat den Geist aufgegeben. Dies stellt sich als größeres Problem heraus. Statt nur den guten Shimano-Schalthebel zu wechseln, entfernt Santiago, der Besitzer der Casa, meinen Rennradlenker und baut mir einen komplett neuen geraden Lenker ein. Goodbye, Dropbar. Hello, Flatbar. Jetzt hab ich quasi ein Mountainbike. Dann kann es auch weitergehen auf der TEMBR.

Durch meinen unerwartet langen Aufenthalt hat Maria mich eingeholt. Wir verstehen uns nach wie vor gut und entscheiden, noch einmal miteinander zu reisen. Doch sie ist der Meinung, dass ich trotz schlechter Straßenbedingungen schneller unterwegs sei, und erlaubt sich daher einen Vorsprung.

Jetzt ist es an mir, sie einzuholen.

Keine Autos. Keine Menschen. Nur ich, mein Fahrrad und das schreckliche Kopfsteinpflaster. Hin und wieder gesellen sich auch ein paar Straßenhunde zu mir. Wobei »gesellen« ein Euphemismus ist für die aufdringlichen, bellenden Vierbeiner. Manch einer schnappt auch nach meinen Radtaschen oder Reifen. Zum Glück bin ich schneller.

Leider nicht schnell genug, um Maria vor dem Nationalpark Cotopaxi einzuholen. Dabei habe ich extra eine Abkürzung genommen. Doch die stellt sich schnell als Zeitfresser statt als Zeitersparnis heraus. Am ersten geschlossenen Gatter hätte ich umdrehen sollen. Aber ich habe schon eine anstrengende Strecke hinter mir und will nicht auf demselben Weg zurückfahren. Also muss ich weiter. Immer wieder lasse ich mein Fahrrad im Feld liegen und laufe mit Handy voraus, um den richtigen Weg zu suchen. Keinen einzigen Meter dieser fünf Kilometer langen Abkürzung bin ich gefahren. Stattdessen schiebe ich mein Fahrrad über Steine, durch enge Gräben und Flüsse und verliere unglaublich viel Zeit damit, herauszufinden, wie ich einen zwei Meter hohen Stacheldrahtzaun überqueren könnte. Ich finde keine Lösung, schiebe also eine Tasche nach der anderen unter dem Zaun durch. Danach mein Fahrrad. Schließlich mich. Besser wird es auf der anderen Seite nicht. Der Trampelpfad verliert sich in einer Kuhweide. Es wird dunkel, und ich sehe noch weniger von der angeblichen Spur. Spontan baue ich mein Zelt zwischen den Kühen auf. Einen Kilometer hätte ich noch zu meistern, bevor ich wieder auf der TEMBR sein sollte. Ein Kilometer, den ich hoffe, am nächsten Morgen zügig zurückzulegen.

Pustekuchen. Die Kuhweide endet nach weiteren 300 Metern an einem 1,5 Meter tiefen und einen Meter breiten Graben. Gerade habe ich alle Taschen am Rad befestigt und muss sie jetzt wieder lösen. Ich werfe sie nach und nach über den Graben. Dann springe ich hinunter und hieve mein Rad auf die andere Seite. Ein verdammt schweres Ganzkörpertraining. Wo sind meine Armmuskeln hin?

Auf der anderen Seite wird es nicht besser. Die Spur verschwindet wieder. Nur mit Hilfe meines GPS und der Linie auf meiner Karte komme ich der Straße im Schritttempo näher. Meine Beine sind zerkratzt von Büschen und Sträuchern. Meine Jacke hat Blaubeerflecken, die mich ewig an diese Tortur erinnern werden. Aber dann, irgendwann, schaffe ich es zurück zur TEMBR. Ich kann wieder fahren! Was für eine Erleichterung. Mal sehen, ob mir dieses Erlebnis eine Lehre sein wird oder ob ich auch in Zukunft immer mal wieder Abkürzungen wage.

Der Shortcut hat mich mitten im Nationalpark ausgespuckt. Tote Felder. Schwarzer Sand. Eiskalte Bäche. Soll hier nicht irgendwo ein Vulkan sein? Die Wolken verdecken jegliche Sicht. Aus Nieselregen wird Schneeregen. Mein Zelt bietet die einzige Möglichkeit, der Nässe zu entfliehen. Erst spät am Nachmittag zeigt sich die Sonne, und zum ersten Mal sehe ich den Vulkan Cotopaxi in seiner ganzen Pracht.

Ein wahrhaft majestätischer Anblick, den ich gerne mit jemandem teilen würde. Doch ohne Handyempfang habe ich keine Möglichkeit, Kontakt zu Maria aufzunehmen. Immerhin – es gibt mehr Marshmallows für mich.

Am nächsten Tag breche ich zeitig auf. Ich bin motiviert, Maria einzuholen, denn ihre Anwesenheit und ihr Lachen haben mir gutgetan. Unser erneutes Zusammentreffen lässt aber noch ein paar Tage auf sich warten. Irgendwie habe ich es geschafft, sie unbemerkt zu überholen. Die Abkürzung hat sich wohl doch als solche erwiesen.

Nun bin ich es, die warten muss. Wieder einmal frage ich mich, ob ich wirklich meine gerade zurückgewonnene ultimative Freiheit erneut aufs Spiel setzen will. Oder überwiegen die positiven Seiten der Reise mit Maria? Können wir uns ergänzen und so gemeinsam noch stärker werden, als wir es beide ohnehin schon sind?

Letztlich entscheide ich mich dafür, einen Gang runterzuschalten, und lasse es ruhig angehen. Keine falschen Ambitionen. Kein übermotiviertes Ego. Wie in Trance bewege ich mich fort. Hoch und runter. Runter und wieder hoch. Flach gibt es in Ecuador nicht. Zumindest nicht in den Anden. Ein Pedaltritt folgt dem nächsten. Wenn der Sand mal wieder zu tief zum Fahren ist, gehe ich einen Schritt nach dem anderen. Ich grüße die Feldarbeiter und Männer auf Pferden. Ich verliere mich in Gedanken, während ich den nächsten Berg hinaufstapfe. Ich beschäftige mich nicht mit Politik, dem Weltfrieden oder dem Lösen von mathematischen Formeln. Nein, ich beschäftige mich mit mir und meinen Grundbedürfnissen. Woher bekomme ich Wasser? Wo schlafe und esse ich?

In der Ferne taucht ein Haus auf. Verlassen sieht es aus. Doch das muss nichts heißen. Im Vorgarten ist ein Basketballkorb aufgebaut. Daneben ein Wasserhahn. War das vielleicht mal eine Schule? Heute lebt dort Doria mit ihren Eltern. Das junge Mädchen kommt angehüpft, als ich gerade eine Wasserflasche auffülle. Ich werde eingeladen, auf dem Gelände mein Zelt aufzuschlagen. Zum Abendessen gibt es Reis und Hähnchen.

Nach zehn Stunden Schlaf wache ich auf. Das Wetter ist auf meiner Seite. Nur drei Kilometer vom Haus entfernt startet ein Wanderweg zur Laguna Quilotoa. Ein eindrucksvoller Kratersee, der auf keiner Ecuadorreise fehlen sollte. Dieser kleine Abstecher kommt wie gerufen. Hier kann ich gut die Zeit überbrücken, bis Maria vorbeikommt. Ich lasse Zelt und Fahrrad zurück und begebe mich zu Fuß zur Lagune. Über steile Schafwiesen klettere ich zum Kraterrand hinauf. Die Aussicht erschlägt mich. So ein tiefes Türkisblau habe ich nicht erwartet!

Einen Moment passe ich nicht auf, und schon pustet mich der Wind fast wieder dorthin zurück, wo ich hergekommen bin. Schnell laufe ich weiter. Die gesamte Umrundung des Sees würde sechs Stunden dauern, das ist mir zu lang. Stattdessen begebe ich mich einige Meter in den Krater hinab. Dort lässt mich auch der Wind in Frieden. Ich genieße die Ruhe. Weit und breit sind keine anderen Menschen zu sehen.

Zurück an meinem ganz persönlichen Zeltplatz geselle ich mich erst mal zu meinen Gastgebern. Ich beobachte sie bei ihrer täglichen Arbeit, der Herstellung von Reitzubehör aus Leder, und demonstriere im Gegenzug mein Haus, meine Küche und mein Fortbewegungsmittel. Mit dem bisschen Empfang, den ich habe, schreibe ich Maria. Schon morgen Abend könnte sie mich einholen.

Viel zu früh bin ich am nächsten Tag am vereinbarten Treffpunkt. Das Wetter ist lau. Die Straße ausnahmsweise asphaltiert. Meine Muskeln erholt. Eigentlich die idealen Voraussetzungen, um ordentlich Strecke zu machen. Wieso sehne ich mich plötzlich so nach Gesellschaft?

Die Wartezeit wird verkürzt, als erst eine Gruppe von Mountainbikern vorbeikommt und dann ein französischer Tourenradler. Gerne würde ich mit ihm weiterfahren, doch das kann ich Maria nicht antun. Noch bevor sie am frühen Abend eintrifft, frage ich die Betreiber des nahe gelegenen Cafés, ob wir hier in der Nacht zelten dürfen. Kein Problem.

Das Wiedersehen ist herzlich. Eigentlich hatten wir uns ja gerade erst in Quito gesehen. Vor einer Woche. Der letzte gemeinsame Radfahrtag ist keine drei Wochen her. Und doch fällt Maria mir um den Hals, als ob wir uns Jahre nicht gesehen hätten. Sie ist erschöpft. Die Anstrengung steht ihr ins Gesicht geschrieben.

Kopfschüttelnd lachen wir über uns selbst. Was machen wir hier? Das Leben genießen. So intensiv wie möglich! Das hat offenbar auch der Wettergott gemerkt und stellt unsere gute Laune auf die Probe.

Wir kommen nur schleppend voran. 25 Kilometer. 38 Kilometer. 23 Kilometer. Am Tag. Witterungs- und Straßenbedingungen fordern uns alles ab. In meinem Kopf gebe ich Maria die Schuld für die Tempodrosselung, dabei ist mir eigentlich klar, dass ich allein auch nicht viel schneller gewesen wäre. Schwerfällig lenken wir unsere Räder um eine Kurve, als uns plötzlich eine Windböe erwischt. Dann geht gar nichts mehr. Wir suchen Schutz unter einer Felswand. Wie Pinguine kauern wir uns aneinander.

Ich kämpfe mich voran. Mache weiter, weil ich vor Maria nicht aufgeben mag. Und weil ich einen geeigneten Schlafplatz für uns finden möchte. Als vor mir ein verlassenes Haus auftaucht, ohne Dach und Türen, weiß ich, dass wir hierbleiben müssen. Egal, wie viele Kilometer wir zurückgelegt haben. Die Hauswände gewähren Schutz und halten den unberechenbaren Wind ab. Ich renne zurück und helfe mit, Marias Fahrrad das letzte Stück zu schieben. Teamarbeit.

Am nächsten Tag sitzen wir auf 4145 Meter Höhe hinter einem verlassenen Haus und schauen auf das Wolkenmeer vor uns. Der Wind hat nachgelassen, und wir kochen Eier auf dem Campingkocher. Einfaches Essen kann so köstlich sein. Noch einmal in Ruhe Sauerstoff einatmen. Dann geht es weiter. Das Wissen, dass unsere Vorräte nicht mehr lange reichen werden, treibt uns voran.

Es folgen ein paar ziemlich harte Tage, an denen wir gegen Wind und Wetter ankämpfen. Die Straßenverhältnisse sind rau, und wir erleiden immer wieder Rückschläge aufgrund von Fahrradproblemen: kaputte Kette, kaputte Hinterradnabe, kaputte Schraube am Gepäckträger.

Der niedliche Markplatz der Gemeinde Salinas de Bolívar sorgt für Frieden. Das Dorf ist berühmt für Käse und Schokolade. Klar, dass wir es uns hier gut gehen lassen. Leider liegen die Unterkünfte alle etwas über unserem Budget, und so verlassen wir Salinas am späten Nachmittag auf der Suche nach einem Platz für unser Zelt.

Wir fragen den jungen Besitzer eines kleinen Hauses, ob wir unser Zelt auf seinem Grundstück aufschlagen dürfen. Er ist zwar einverstanden, doch als sich die Zufahrt mit unseren schweren Rädern als quasi unmöglich herausstellt, entscheiden wir uns spontan, lieber weiterzufahren. Außerdem sind uns die seltsamen Fragen des jungen Burschen nicht ganz geheuer.

Die Straßen sind ruhig und die Menschen in den Bergen sehr nett und hilfsbereit. Wir fühlen uns sicher genug, unser Zelt auf freiem Gelände aufzubauen. Unweit des Hauses finden wir eine kleine Höhle, die uns Wind- und Sichtschutz geben wird. Wir tragen unsere Räder hinauf.

Der Himmel ist klar, und wir entscheiden uns gegen den Zeltaufbau. Während wir erschöpft, aber glücklich auf unseren Matratzen liegen, gesellen sich mehrere Kolibris zu uns. Auch sie wissen von dem windgeschützten Schlafplatz und wundern sich wahrscheinlich, was die beiden Menschen hier machen.

Wir schlafen kurz nach Sonnenuntergang ein und wachen am nächsten Morgen mit den ersten Strahlen auf. Während sich Maria noch einmal umdreht, stehe ich schon auf und vertrete mir die Beine. Dabei schaue ich mich um, doch plötzlich durchfährt es mich wie ein Blitz.

»Maria? Maria! Hast du gestern Abend unsere Fahrräder versteckt? Die lagen doch gestern direkt neben uns!«

Noch im Halbschlaf bekomme ich ein genuscheltes »Nein« zur Antwort.

»Maria!«, rufe ich. »Unsere Räder sind weg!«

Wie von der Tarantel gestochen springt sie auf. Unsere Fahrräder sind weg – und mit ihnen unsere Zelte, Lenker- und Werkzeugtaschen, meine wasserdichten Beutel mit Ersatzkleidung, Regensachen, Straßenschuhen und Schmutzwäsche. Sachen, die man in der Nacht nicht braucht und die deswegen am Fahrrad bleiben. Wenigstens unsere Reisepässe, Geldbörsen und Handys haben wir noch bei uns im Schlafsack.

Später erkennen wir das Ausmaß des Diebstahls. Im ersten Moment denken wir nur an die Räder. Unsere geliebten Fahrräder! Unsere Drahtesel. Unsere Transportmittel. Unser Leben. Sie sind verschwunden.

Was haben wir falsch gemacht? Warum haben wir in der Nacht nichts bemerkt? Oder war das alles nur ein Witz, und jemand hat die Räder ganz in der Nähe versteckt?

Doch wir finden sie nicht. Dafür entdecke ich auf der Straße Reifenspuren. Meine Reifenspuren, ganz eindeutig. Sie weisen allerdings in die entgegengesetzte Richtung. Also muss irgendjemand mit meinem Fahrrad zurück Richtung Dorf gefahren sein. Dorthin machen auch wir zwei uns auf. Vor dem Haus des komischen Typen von gestern bleiben wir stehen, um ihn zur Rede zu stellen. Er war der Einzige, der von uns wusste. Sonst haben wir mit niemandem gesprochen. Seit wir Salinas verlassen haben, hat uns kein einziges Auto überholt. Doch wir treffen nicht den Burschen von gestern an, sondern nur seinen Bruder. Der hat natürlich nichts von uns gehört und stellt sich als wenig hilfsbereit heraus.

Endlich im Dorf, fragen wir uns zur Polizeistation durch. Es ist Sonntagmorgen, natürlich ist das Gebäude zu. Stattdessen bieten uns Einheimische ihre Unterstützung an. Sie waren uns neugierig gefolgt und erweisen sich als überaus hilfsbereit, nachdem wir erzählt haben, was passiert ist. Eine ältere Dame versucht, den Polizeibeamten zu finden, kommt aber ohne ihn zurück. Dafür schenkt sie uns frische Mandarinen und ruft die Wache in der nächsten Stadt an. Wir sollen warten, wo wir sind.

Etwa eine Stunde dauert es, bis wir unsere Geschichte der Polizei erzählen können. Die denken wahrscheinlich, wir spinnen. Zwei Frauen ohne männliche Begleitung, die in den Anden mit dem Fahrrad herumfahren und bei diesem kalten Wetter unter freiem Himmel schlafen. Doch was sie auch über uns denken mögen, sie nehmen sich unserer Sache an. Während die Beamten mit uns zu unserem Schlafplatz – dem Tatort – fahren, um sich ein besseres Bild machen zu können, wird auch schon die Nationalpolizei eingeschaltet. Diese löst die Lokalpolizei ab und fährt mit uns nach Guaranda. Hier müssen wir ganz offiziell Anzeige erstatten. Leider ist das an einem Sonntag nicht möglich. Wir werden auf den nächsten Tag vertröstet.

Tja, was nun? Wir müssen in der Stadt bleiben, sehen aber nicht ein, in der ohnehin schon misslichen Lage Geld für eine Unterkunft auszugeben. Also schlagen wir uns erst mal zur Feuerwehr durch. Unseren Rettern in der Not. Wie schon so oft kommen wir hier kostenlos unter. Es ist schon drei Uhr nachmittags, als uns bewusst wird, dass wir außer den zwei morgendlichen Mandarinen heute noch nichts gegessen haben. Wir haben so viele Dinge im Kopf und wissen nicht, was wir zuerst tun sollen. Wir wollen Freunde und Familie kontaktieren und über die sozialen Netzwerke verbreiten, was passiert ist. Wir wollen mit ecuadorianischen Freunden sprechen und um Mithilfe bitten. Wir wollen diese Anzeige abgeben, damit die offizielle Untersuchung beginnen kann. Unsere Gedanken und Gefühle überschlagen sich wie in einer Achterbahn.

Trotz vollem Magen nach einem guten Essen kommen wir nicht zur Ruhe. Adrenalinüberschuss. Wir schreiben einen kurzen Beitrag und posten ein paar Fotos auf Facebook und Instagram. Über Nacht werden diese Posts Tausende Male geteilt. Wir erhalten Nachrichten aus der ganzen Welt. Die Menschen sind von unserer Geschichte berührt, wünschen uns Glück, geben uns Empfehlungen, was zu tun sei, und teilen die Geschichte hoffnungsvoll mit ihren Freunden.

Bevor wir Zeit haben, jedem zu antworten, müssen wir zur Polizei. Um acht Uhr morgens sprechen wir dort vor. Erneut wird uns aufmerksam zugehört. Es werden Dinge in den Computer geschrieben, unsere Pässe kopiert und Telefonnummern notiert. Wir sollen die nächsten Tage in der Stadt bleiben, falls sich Neuigkeiten ergeben.

Irgendwie unbefriedigend. Aber was sollen sie auch tun?

Tatsächlich hat dann aber irgendwer aus der Behörde von unserem Social-Media-Beitrag erfahren und sofort die Ermittlung eingeleitet. Normalerweise sei das in Ecuador ein Prozess von mehreren Wochen, verraten uns Freunde. Doch hier und heute, in unserem Fall, wird sofort die Dringlichkeit erkannt. Ich hatte bisher keine Erfahrung mit der Polizei in Mittel- oder Südamerika, aber ich bin ehrlich beeindruckt von ihrer Arbeit.

Während wir auf der Wache sitzen, noch immer versuchen zu verstehen, was hier gerade passiert, ruft die Tourismusbehörde auf meinem Handy an. Bei einem Kaffee berichten wir erneut, was gestern passiert ist. Der Zucker im Kaffee sorgt für ein erstes Stimmungshoch am heutigen Tag. Die Tatsache, dass die netten Damen ein kostenloses Hotelzimmer für uns organisiert haben, auch. So weit, so gut. Am Montagabend ist es schon 36 Stunden her, seitdem wir das Fehlen der Räder bemerkt haben.

Von den verschiedensten Personen werden wir die nächsten Tage zu Frühstück und Mittagessen eingeladen. Für sie alle ist es wichtig, bei uns ein positives Bild von Ecuador zu hinterlassen. Immer wieder versichern wir, dass wir nicht schlecht über Ecuador reden werden. Wir hatten einen unglaublichen Monat mit faszinierenden Landschaften und einzigartigen Menschen. Eine einzige schlechte Erfahrung ändert nichts an unserer positiven Einstellung gegenüber dem gesamten Land. Diebstähle passieren auf der ganzen Welt.

Zwischen den vielen Terminen liegen wir auf unseren Hotelbetten und versuchen zu verarbeiten, was um uns herum passiert. Wir entwickeln verschiedene Theorien, wo unsere Räder inzwischen sind, können letztendlich aber nichts tun, als auf die erfolgreiche Arbeit der Polizei zu hoffen. Nachrichten von Freunden, Familien, anderen Reisenden und Einheimischen geben uns Hoffnung. Um nicht komplett den Verstand zu verlieren, schauen wir Netflix – so viel wie lange nicht.

Am späten Nachmittag holt uns ein Polizeiauto ab, und wir fahren erneut nach Salinas de Bolívar. Wie oft müssen wir hier noch hin? Wie oft müssen wir noch in ein Auto springen anstatt auf unsere Fahrräder? Heute, am Dienstagnachmittag, treffen wir den Gemeindevorstand des Dorfes. Zum ersten Mal hören wir vom indigenen Gesetz. Ecuador ist eines der wenigen Länder, in denen die Ureinwohner ihr eigenes, von der Regierung anerkanntes Gesetz haben. Weil unsere Räder in einer indigenen Gemeinde entwendet wurden, hat die Polizei diese um Mithilfe gebeten. Erneut erzählen wir unsere Geschichte. Diesmal vor allerhand wichtig aussehenden und in Trachten gekleideten Menschen. Wie verrückt werden Dinge auf Papier gekritzelt. Nachdem wir alle Fragen beantwortet haben, werden wir in einen Nebenraum gebracht.

Hier warten wir erneut. Gute zwei Stunden. Dann hören wir ein Auto hupen. Ein Polizist tritt ein. Mit einem Grinsen im Gesicht. Wir sollen schnell aus dem Fenster gucken. Was wir auf der Ladefläche des Trucks sehen, rührt uns zu Tränen. Unsere Fahrräder! Total dreckig und ohne jegliches Zubehör. Aber wie es scheint, werden wir schon bald wieder mit unseren Lieblingen vereint sein. Für heute verschwinden die Räder erst mal ohne uns. Es ist dunkel und spät. Wir sind müde und hungrig. Zur Feier des Tages laden uns die zuständigen Beamten noch auf eine Pizza ein.

Obwohl ich jetzt glücklich sein sollte, fühle ich mich wie ein emotionales Wrack. 72 Stunden ohne Fahrrad. 72 Stunden hatte ich Zeit, mir über die Zukunft meiner Reise Gedanken zu machen. Jetzt sollte ich die Antwort kennen. Mein Fahrrad ist ja zurück. Es fehlen weiterhin die Taschen inklusive Inhalt, aber mein Transportmittel – das Wichtigste – ist wieder aufgetaucht. Trotzdem verstehe ich nicht, wie jemand so gemein sein konnte. Ich fühle mich verloren und verzweifelt. Ich bin nicht bereit, aufs Rad zu steigen und so zu tun, als ob nichts passiert wäre. Ich brauche Zeit, um den Vorfall zu verarbeiten. Schon bald ist mir klar, dass ich nichts an der Situation ändern kann. Dennoch werde ich nicht zulassen, dass dieses Ereignis mein Leben negativ verändert. Ich werde meine Reise nach Süden fortsetzen. Es ist nur eine Frage der Zeit.

Bin ich auf einmal schwach, weil ich Heimweh habe? Was ist mit meiner Stärke und meinem Willen passiert? Ein Fremder hat mein Fahrrad gestohlen und mir damit die Motivation genommen. Mein Fahrrad ist zurück. Doch meine Motivation bleibt verschollen. Natürlich hilft es mir, Maria in dieser Situation an meiner Seite zu haben. Sie will definitiv weiterfahren, doch das ändert nichts an meinem Motivationsproblem.

Eine weitere Nacht im Hotel und ein Frühstück mit dem Tourismusbüro – schon sieht die Welt ein bisschen heller aus. Wir treffen den Bürgermeister von Guaranda, lächeln und schauen glücklich drein. Nach Entschuldigungen, Händedrücken und Umarmungen werden uns Schokolade, Brot und Marmelade geschenkt. Nach dem Mittagessen geht es mit der Nationalpolizei erneut nach Salinas. Hoffentlich ein letztes Mal. Wir nehmen an der offiziellen Zeremonie teil, in der uns unsere Räder übergeben und die Diebe bestraft werden sollen.

Der Marktplatz ist voller Menschen. Eine Bühne mit Stühlen und Mikrofon wurde aufgebaut, Polizisten sind auf dem Platz verteilt. Wir werden zu unseren Stühlen begleitet. Hunderte von Augen starren uns an.

Grundsätzlich ist das kein neues Gefühl. Wenn man allein als Frau mit dem Fahrrad um die Welt fährt, erhält man so allerlei Aufmerksamkeit. Aber heute fühle ich mich mit dieser Aufmerksamkeit unwohl. Verloren. Fehl am Platz. Ich bin nicht freiwillig hier. Warum sitze ich auf einem kalten Stuhl in einer kleinen indigenen Gemeinde, begleitet von Polizei und Journalisten? Wie warte ich darauf, dass etwas passiert.

Eine Rede folgt der nächsten. Eine Entschuldigung nach der anderen. Mehr und mehr Hände werden geschüttelt. Mehr und mehr Geschenke finden den Weg zu uns. Wir lächeln matt und bedanken uns. Dann die Fahrräder! Endlich. Über Kratzer und Defekte schauen wir hinweg. Wir haben unsere Räder zurück!

Aber damit ist die Veranstaltung nicht vorbei.

Die beiden Brüder, die unsere Räder gestohlen haben, sind Teil dieser indigenen Gemeinde. Deswegen werden sie nach dem indigenen Gesetz bestraft.

Zwischen zwölf Uhr mittags und fünf Uhr in der Nacht mussten sie insgesamt fünfmal in einem eiskalten Fluss baden, um anschließend mit Brennnesseln ausgepeitscht zu werden. Nackte Haut. Kälte. Brennen. Fünf Mal. Heute Abend, vor unseren Augen, wird die Prozedur ein letztes Mal wiederholt. Diesmal werden die Jungs mit Eimern voll kaltem Wasser übergossen und dann mit Brennnesseln eingerieben. Mit sanften Bewegungen, von Kopf bis Fuß. In den Augen der Gesellschaft eine reinigende Zeremonie. Die stärkere Durchblutung der Haut soll den Blutfluss anregen und den Körper von schlechten Gedanken reinigen. Anschließend ist er bereit für ein ehrliches Leben ohne Verbrechen.

Während ich mich mit dieser Zeremonie unglaublich schwertue – schließlich leben wir im 21. Jahrhundert –, findet Maria es großartig, so tiefe Einblicke in die indigene Kultur zu bekommen. Doch ich kann es einfach nicht gutheißen. Ich möchte, dass das Ritual beendet wird. Ich möchte weg von diesem Ort.

Am nächsten Nachmittag tauschen wir unsere Unterschriften gegen unsere Räder. Ganz offiziell gehören sie jetzt wieder uns.

Kapitel 17
Von den Anden zum Regenwald und zurück

Fünf Tage voller Emotionen. Fünf Tage Achterbahn fahren. In einem Moment will ich nach Hause fliegen, im nächsten möchte ich weiterreisen. In einem Moment hasse ich die Welt, im nächsten bin ich glücklich, mein Fahrrad wiederzuhaben. Doch es fühlt sich seltsam an, dass Phileas in so vielen fremden Händen war. Drei Nächte hat er unter der Erde geschlafen, denn die Räder waren eingebuddelt. Diese Tatsache muss ich aber letztlich akzeptieren. Ich bin innerlich aufgewühlt und gleichzeitig enttäuscht. Mein Glaube an das Gute im Menschen ist erschüttert.

Ich muss eine Weile allein sein und eine durchdachte Entscheidung über die Zukunft meiner Reise treffen. Also beschließe ich, zunächst nach Quito zurückzufahren. Dort habe ich Freunde und einen kostenlosen Schlafplatz. Mit dem Entschluss, nach Quito zurückzukehren, entscheide ich mich gleichzeitig gegen die weitere Reise mit Maria.

Fast zwei Jahre sind vergangen, seitdem ich mein Zuhause in Berlin verlassen habe. Den größten Teil dieser Zeit habe ich allein verbracht, mal abgesehen von kürzeren Etappen mit anderen Radfahrern oder meiner Familie. Die gemeinsame Zeit mit Maria war eine enorme Umstellung.

Plötzlich musste ich mich mit jemand anders auseinandersetzen, mich einigen, Kompromisse schließen. Wir waren ständig in Kommunikation. Annika hier, Annika da. Kannst du das reparieren? Hast du Nadel und Faden? Darf ich dein Handtuch benutzen? Ich habe meins verloren. Schon wieder kein Fleisch? Können wir wenigstens Käse kaufen? Willst du da hin? Oder lieber den Weg da? Du musst dein Zelt nicht aufbauen. Meins ist groß genug für uns beide.

Letztlich ist es mir nicht gelungen, auf Marias Bedürfnisse zu achten, ohne meine eigenen Interessen aus dem Blick zu verlieren. Natürlich hat uns der Raddiebstahl zusammengeschweißt. Lange nicht fühlte ich mich jemand anderem so nahe. Ich bin unglaublich dankbar, dass ich die letzten Tage nicht allein war.

Doch danach trennen sich unsere Wege. Zwei starke Frauen. Zwei Räder. Wir haben den Traum, die Welt mit dem Rad zu erobern, eine Weile gemeinsam geträumt und ein kurzes Stück unseres Lebens geteilt.

Wir umarmen uns ein letztes Mal.

Maria radelt davon, hungrig auf weitere Abenteuer. Für mich geht es im Bus zurück nach Quito. Zurück zur »Casa de Ciclista«, die ich erst vor drei Wochen verlassen hatte.

Eine Woche brauche ich, um meine Ausrüstung zu ersetzen und meine Gedanken nach vorne zu richten. Eine Woche lang fühlt es sich gut an, dort zu sein, wo mich die Leute kennen und mich mit offenen Armen empfangen. Für eine Woche tut es gut, Englisch zu reden. Mit anderen Radfahrern und Freunden. Ablenkung, Trost, Zuversicht. Dann sind Kopf, Körper und Fahrrad wiederhergestellt. Ich bin zurück. Meine Reiselust ist wieder da. Mein Verlangen nach Abenteuer.

Stärker als je zuvor.

Statt mich erneut auf der TEMBR zu quälen, verlasse ich Quito in östlicher Richtung. Mein Ziel ist das Amazonastiefland, auch Oriente genannt. Ich lasse kalte Höhen und kahle Vulkane hinter mir. Fahre durch tiefe Canyons und über reißende Flüsse. Die Temperaturen steigen, die Feuchtigkeit nimmt zu. Statt rotgrauem Gestein, brauner Erde und vertrocknetem Grün sehe ich satte Grüntöne. Statt mit Handschuhen und Wollsocken fahre ich nun in Sandalen und Regenjacke. Statt auf den nächsten Berg geht es jetzt abwärts. In den Regenwald. Der strömende Regen am Nachmittag erinnert mich an die Trampolín de la Muerte in Kolumbien. Nur mit Asphalt unter meinen Rädern, mehr Verkehr und höheren Temperaturen.

Einheimische schenken mir Papayas und Ananas, laden mich auf ein Glas Chicha ein, die regionale Bierspezialität, die schon von den Inkas getrunken wurde. Sie erzählen mir vom Leben im Amazonasgebiet. Über gefährliche Tiere solle ich mir keine Gedanken machen. Die ließen sich hier, an den Rändern des Waldes, eher selten blicken. Schlangen, Spinnen, farbenfrohe Schmetterlinge und Vögel, die ich allesamt nicht beim Namen nennen kann, sehe ich trotzdem.

Obwohl ich die Veränderung in Landschaft und Temperatur genieße, entscheide ich mich, erneut in die Anden zu fahren. Oder besser gesagt über die Anden hinweg zur Küste. Ecuador ist ein kleines, aber überaus vielseitiges Land. Trubel brauche ich zwar ganz und gar nicht, aber gegen ein bisschen Strand – der Abwechslung wegen – habe ich nichts einzuwenden. Freiwillig fahre ich von 600 auf über 4000 Meter über dem Meeresspiegel, um am nächsten Tag bis auf den tatsächlichen Meeresspiegel hinunterzufahren. Ich bin an der Küste und damit am Ende meines Ecuadoraufenthalts.

In den letzten zwei Wochen habe ich wieder verstärkt gelernt, auf meine eigenen Bedürfnisse zu hören. Wann habe ich Hunger? Wann sind meine Muskeln müde? Wo möchte ich anhalten und ein Foto machen? Mit wem möchte ich wie lange sprechen?

Nach der ungewollten Pause vom Sattel weiß ich wieder, warum ich hier bin und warum ich tagein, tagaus in die Pedale trete. Ich fahre nicht nur gerne Fahrrad, sondern ich liebe auch das Gefühl des Windes in meinem Gesicht, die frische Luft, die Begegnungen, die Mahlzeiten mit Aussicht, überhaupt die Möglichkeit, viel essen zu können und um neun Uhr abends einzuschlafen, einfach weil ich so angenehm erschöpft bin.

Ich bin beruhigt, dass ich noch immer über hundert Kilometer am Tag zurücklegen kann. Es tut gut, meine Muskeln zu spüren.

Nicht so gut hingegen ist die Angst, die mich mittlerweile begleitet. Intensiver als sonst beobachte ich die Menschen. Ich mache mir mehr Gedanken um mein Fahrrad als früher, wenn ich es mal wieder irgendwo stehen lassen muss. Ich hoffe, das wird bald wieder besser.

Kapitel 18
Gipfel und Gletscher in Peru

Genau wie Ecuador teilt sich Peru in drei verschiedene Landschaftsformen: die Küste, die gebirgige Sierra und Selva, der Regenwald. Auch in Peru möchte ich alle drei Landschaftsformen erkunden. Jedes Gebiet bringt seinen eigenen Charme mit. Jede Zone ihr eigenes Klima.

Im Gegensatz zu Ecuador gibt es in Peru für mich über 2000 Kilometer von Norden nach Süden zu überwinden, bevor ich die Landesgrenze nach Chile oder Bolivien überqueren kann. Am Ende komme ich sogar auf gute 5500 Kilometer.

Mit der Routenplanung tue ich mich schwer, denn am liebsten will ich alles erleben. Nun gut, alles ist nun wirklich nicht möglich. Es gibt so viele Straßen. So viele angepriesene Highlights und noch mehr Geheimtipps. So viele Optionen. Wie soll ich mich entscheiden?

Mein Entschluss, die küstennahe Grenzbrücke Puente de la Paz von Ecuador nach Peru zu nehmen, hatte viele Gründe. Ich sehnte mich nach Meer. Ich sehnte mich nach Wärme. Ich sehnte mich nach langen Tagen im Sattel mit vielen Kilometern auf meinem Tacho. Ich brauchte einen Tapetenwechsel, auch wenn das hieß, dass ich von idyllischen Bergdörfern ins stinkende Stadtgetümmel kam.

Die Siedlungen entlang der Route sind grau, voller Müll und Verkehr. Die Menschen nicht mehr so freundlich. Vielleicht ist ihnen die Hitze zu Kopf gestiegen. Ich fahre durch Dörfer, die auf meiner Karte nicht existieren, und bin überrascht, wenn angekündigte Städte aus genau einem Haus bestehen. Mal Sandwüste zu beiden Seiten der Straße. Mal Zäune oder Ackerland. Reisfelder, wohin mein Auge blickt. Flach. Flacher. Am flachsten.

Keine zwei Wochen halte ich es in dieser Eintönigkeit aus, bevor es mich wieder in die Berge zieht. Ich versuche, Kilometer gutzumachen. Zeit aufzuholen, die ich in Ecuador verloren habe. Denn ich bin mittendrin im Jahreszeitendilemma. Einem Dilemma, dem ich ursprünglich davonradeln wollte.

Es ist Ende September. Und somit faktisch Frühling, schließlich bin ich auf der Südhalbkugel. Nun gibt es in Südamerika keine vier Jahreszeiten. Man unterscheidet an und für sich nur die Trocken- und die Regenzeit. Was die beste Reisezeit ist, hängt vom Land oder sogar von der jeweiligen Region ab.

Das südlichste Ende Südamerikas lässt sich am angenehmsten im südamerikanischen Sommer bereisen. Im Dezember und Januar wollte ich eigentlich gern in Patagonien sein. Doch das liegt 6000 Kilometer von hier und Ushuaia, die südlichste auf der Straße erreichbare Stadt, noch 2000 Kilometer weiter weg. Bei durchschnittlich hundert Kilometern am Tag bräuchte ich also achtzig Tage. Dazu kommen Ruhetage, Umwege, Unvorhersehbares. Und möchte ich wirklich hundert Kilometer am Tag fahren? Ganz egal, was das Klima und das Terrain für mich bereithalten? Nein. Ganz bestimmt nicht. Denn was meine Reise zu etwas Besonderem macht, ist meine Freiheit. Und das bedeutet, dass ich selbst entscheide, wie viel Zeit ich mir nehme, um Land und Leute kennenzulernen.

Es ist utopisch, Ushuaia diesen Sommer noch zu erreichen, also überlege ich mir ein anderes Ziel. Dann kann ich aber auch jetzt sofort die gleichförmige Küste hinter mir lassen und zurück in die Anden fahren.

Von null auf 4155 Meter über dem Meeresspiegel. My kind of fun. Zum Glück hält diese Strecke lauter schöne Dinge für mich bereit: den beeindruckenden Cañón del Pato, eine Begegnung mit zwei Tourenradlern aus Berlin und die herzliche Einladung zum Campen im Garten eines Hotels in Caraz. Trotzdem sind die letzten fünfzehn Kilometer zur Laguna Paron eine Qual. Ich werde ein bisschen entschädigt durch den Beifall beeindruckter Touristen, die mich im Bus überholt hatten.

Einige Fotos und Umarmungen später ist das letzte bisschen Schmerz vergessen, denn ich bin im Paradies! Kristallblaues Wasser. Schneebedeckte Gipfel. Wie glücklich ich mich schätze, mein Schlafgemach am Paron-See aufbauen zu können. Nachts habe ich diesen fantastischen Ort ganz für mich allein.

Ich befinde mich mitten in der Cordillera Blanca. Mit über fünfzig Bergen über 5700 Metern ist sie die höchste Gebirgskette des amerikanischen Kontinents. Der Nationalpark Huascarán mit seinen bis zu 6768 Metern hohen Gipfeln ist ein Mekka für Outdoor-Aktivisten – egal ob beim Wandern, Klettern, Rafting oder eben beim Radfahren. Hier kommt jeder auf seine Kosten. Das Internet ist voll mit Ausflugszielen und Reiseberichten. Aber ich muss mich entscheiden. Die Anreise mit eigener Muskelkraft erfordert Zeit und Kraft. Während sich der Normalbürger in der Regel gemütlich mit Motorkraft zu Aussichtspunkten oder Wanderwegen kutschieren lässt, ist für mich als Radfahrerin schon die Anreise ein Abenteuer. Ich muss nicht zehn Highlights an einem Tag abarbeiten, nur damit ich auf Instagram die Massen beeindrucken kann. Mir reicht die Genugtuung, zu wissen, dass ich alles aus eigener Kraft erreicht habe.

Nach der Laguna Paron beschließe ich, auch die Laguna Churup zu besuchen. Als Ausgangspunkt wähle ich diesmal Huaraz. Hier finde ich in einem Quartier für Wanderer Unterschlupf für umgerechnet 2,50 Euro die Nacht. Da kann man sich wirklich nicht beschweren.

Mit Fahrrad, Rucksack und Zelt fahre ich zwanzig Kilometer bergauf zum Start des Wanderwegs. Mein Fahrrad verstecke ich – mit einem leicht mulmigen Gefühl – im hohen Gras auf rund 3900 Metern Höhe. Zu Fuß geht es dann weiter auf 4373 Meter.

Von dort aus fehlen keine hundert Höhenmeter mehr bis zum Wasser, doch die hebe ich mir für den nächsten Tag auf. Die Übernachtung soll ein weiterer Test für die bevorstehende Peru Divide werden – eine berühmt-berüchtigte Folge von Schotterstraßen. Ähnlich wie die TEMBR in Ecuador werden mich diese Straßen auf bis zu 5000 Meter über dem Meeresspiegel bringen.

Zwar ist es nicht das erste Mal, dass ich mich diesen Dimensionen nähere, doch Höhenkrankheit ist etwas Gemeines. Sie ist schuld daran, dass ich mich diese Nacht zweimal übergebe. Ich habe gerade mein Zelt aufgebaut und den Kocher gestartet, um Wasser für eine Nudelsuppe aufzusetzen, als mir das erste Mal schwarz vor Augen wird. Ich schiebe es auf den Blutzuckerspiegel. Viel gegessen habe ich mangels Appetit nämlich nicht. Statt mir Sorgen zu machen, genieße ich den Sonnenuntergang. Danach muss ich mich aber wirklich schnell in mein Zelt legen. Mein ganzer Körper zittert. Ich knabbere an einer Tafel Schokolade, kann Körper und Geist aber nicht beruhigen. An Schlaf ist nicht zu denken. Ich versuche, mir einzureden, dass es nur eine Magenverstimmung ist. Essen gehen ist hier so günstig, dass ich in letzter Zeit wirklich selten gekocht habe. Mein Magen scheint aus Stahl zu sein, Durchfallgeschichten erzählen immer nur die anderen.

Also, was ist los mit mir? Höhenkrankheit? Wenn ja, wieso habe ich keine Kopfschmerzen? Sollte ich mich vielleicht besser an den Abstieg machen? Schwachsinn. Es ist schon dunkel, da komme ich nie lebend unten an. Also Ruhe bewahren. Ich versuche, die Augen zu schließen, und warte, eingekuschelt in allem, was ich dabeihabe, auf den Morgen. Vielleicht bringt die Sonne Besserung.

Tut sie nicht. Ich fühle mich so richtig hundsmiserabel. Zeitgleich bin ich wütend auf mich selbst. Wieso habe ich diese Tour nicht als Tagesausflug geplant? Die Straße war super und schneller zurückgelegt als gedacht. Ich hätte ohne Probleme am Abend zu-

rückkehren können. Aber nein, Annika wollte ihren Körper ein
wenig zusätzlich belasten. Trotz meiner Beschwerden quäle ich mich aus dem Schlafsack
und mache mich an die letzten Meter zur Lagune. Umdrehen ist für
meinen Ehrgeiz keine Option. Hundert Höhenmeter mögen wenig
klingen, in meinem Zustand ist das allerdings kein Kinderspiel.

Mein Energielevel sinkt immer weiter, während ich über Steine kraxele, meinen schlaffen Körper an Seilen über Felsvorsprünge
ziehe und für jeden Schritt einen tiefen Atemzug brauche. Etliche
Pausen später sehe ich endlich die Lagune. Sie ist weniger spektakulär als erhofft, und mal wieder frage ich mich, warum ich mich
hier hochgequält habe. Doch die Ruhe, die diesen Ort umgibt,
wirkt sich positiv auf meinen Körper aus. So schaffe ich es tatsächlich wohlbehalten zurück zu meinem Fahrrad.

Der dort wartende »Notfall-Brownie« gibt die nötige Energie
für die Rückfahrt und bleibt tatsächlich auch drin. Mein Bett in
der Herberge in Huaraz verlasse ich bis zum Mittag des nächsten
Tages allerdings nicht mehr.

Eigentlich sollte ich von diesem Ausflug und von der Fahrt auf der
TEMBR etwas gelernt haben. Doch ich will nicht mehr auf Asphalt
unterwegs sein, sondern die Peru Divide fahren und die Orte sehen,
von denen mir waghalsige Bikepacker (Radfahrer mit ultraleichter
Ausrüstung) vorgeschwärmt haben. Mein Fahrrad ist – aufgrund des
Raddiebstahls – etwas leichter als noch auf der TEMBR. Dennoch
wünsche ich mir im Lauf der nächsten Wochen so manches Mal ein
Supportfahrzeug. Oder zumindest ein geeigneteres Fahrrad. Denn
mit einer Reifenbreite von 1,4 Zoll hält Phileas leider nicht so viel
Matsch, Modder, Pfützen und Schlamm aus.

Trotzdem tausche ich den Asphalt gegen Schotterstraßen, die
Wüstenhitze gegen Bergpanoramen, eiskalte Nächte und Flussüberquerungen.

Warum ziehe ich diese Strapazen dem Komfort vor? Eine Medaille bekomme ich jedenfalls nicht. Am Ende schaut es sogar so aus, als wäre ich langsamer als die Radfahrer, die sich für die Asphaltstraßen entschieden haben. Aus Bequemlichkeit. Aus Sicherheitsbedürfnis. Aus Zeitgründen. Verübeln kann ich es ihnen nicht. Trotzdem bin ich froh über meine Wahl. Letztlich sind es die Erlebnisse in den Bergen, die mir am lebhaftesten in Erinnerung bleiben.

In den Bergen bin ich wahrhaftig anwesend, im Hier und Jetzt. Mein Geist ist klar und mein Gemüt ausgeglichen. Nichts stellt mehr ein Problem dar. Hindernisse lerne ich, mit kühlem Kopf zu überwinden. Aufgeben wird zu einem Fremdwort. Ich bin im Survival-Mode.

Keine hundert Kilometer südlich von Huaraz biege ich von der Asphaltstraße ab. Die Laguna Conococha ist der offizielle Startpunkt der Peru Great Divide. Für die nächsten rund 1600 Kilometer muss ich mir damit keine Gedanken über die bestmögliche Route machen. Ich folge einfach der roten Linie auf meinem Handy.

Auf 3950 Metern über dem Meeresspiegel verbringe ich die erste von vielen kalten und sauerstoffarmen Nächten im Zelt. Mein Körper hat sich von den gesundheitlichen Strapazen erholt, und ich kann die malerische peruanische Natur genießen, ohne zu schnauben und zu schnaufen. Und auch ganz ohne zu spucken.

Frösteln tue ich trotzdem. Der Anblick der aufgehenden Sonne hinter den Gipfeln entschädigt mich zwar, doch wirklich warm wird mir nicht. Dabei hatte ich mir doch extra eine warme Lama-Wolldecke gekauft, um die fehlende Körperwärme einer zweiten Person zu kompensieren.

Allein muss ich andere Wege zum Aufwärmen finden. Am erfolgreichsten erweisen sich eine erhöhte Energiezufuhr (hoch lebe der peruanische Schokoriegel namens Sublime!) und körperliche

Aktivität – nicht nur auf dem Fahrrad, auch in Form von Hampel-
männern und Liegestützen. Und ausreichend Schlaf ist ebenfalls
förderlich.

Allein kann ich mich ganz meinem persönlichen Biorhythmus
hingeben. Das Tageslicht ist der Taktgeber. Bei Sonnenaufgang sitze ich wach im Zelt. Das zu erwartende Höhenprofil für den Tag
wird zur Morgenlektüre.

Knapp zwölf Stunden Tageslicht liegen vor mir. Viel, könnte
man meinen. Die tatsächlichen Stunden im Sattel halten sich dann
doch eher in Grenzen. Beim Schieben über Felsgeröll auf 4000 Metern habe ich auf einmal meinen Sattel in der Hand. Enden diese
Fahrradprobleme denn nie? Mit ein bisschen Improvisationstalent
kriege ich den Sattel zum Glück repariert.

Kurz nach diesem Zwischenfall überschreite ich die 25 000-Ki-
lometer-Marke und halte schon mal Ausschau nach einem schönen
Campingplatz, um diesen Meilenstein zu feiern. Ich beginne die
Talfahrt, denn je weiter unten ich schlafe, desto wärmer und erhol-
samer wird die Nacht sein. Anstrengend ist das Bergabfahren nur
für meine Hände.

Die schlangenförmige Straße wird wohl gerade ausgebessert.
Ehemalige Löcher sind gefüllt mit noch losem Kies. Ich bremse
viel, aus Angst, die Kontrolle zu verlieren. Doch dann passiert
genau das. Ich lenke gerade in die nächste Kurve ein, als mein
Vorderreifen die Haftung verliert. Ehe ich mich versehe, rutsche
ich dem Abhang entgegen. Die vertrockneten Büsche am Straßenrand verhindern Schlimmeres. Meine Handschuhe zum Glück
auch.

Für einen Moment bleibe ich liegen. Dann kümmere ich mich
um Phileas. Alles noch dran? Kann ich weiterfahren? Ja! Doch an
meinem Knie fehlt etwas … Haut, um genau zu sein. Viel Haut.
Ich nutze meinen letzten Wasservorrat, um provisorisch Sand und
Steine aus der Wunde zu entfernen. Das klappt nicht ganz so gut.

Was nun? Kühlen Kopf bewahren. Ich habe nicht genug Wasser, um die Nacht hier zu verbringen. Ein flaches Plätzchen für mein Zelt gibt es am Rande der Straße ohnehin nicht. Hilferufe wären vergebens. Und dafür geht es mir noch zu gut. Ich steige also wieder in den Sattel und rolle langsam dem nächsten Dorf entgegen. Llipa. Zwölf Kilometer entfernt.

Das Ausmaß meiner Verletzung erkenne ich erst dort auf dem Marktplatz. Ich laufe in das erstbeste offene Gebäude und bitte um Hilfe. Verstört schaut mich die Dame am Empfang an. Im Spiegel sehe ich, warum: Mein kompletter Körper ist von einer hellbraunen Staubschicht überzogen. Mein Bein zusätzlich rotbraun. Ich lache selbst bei meinem Anblick, muss aber tief durchatmen, um die richtigen Worte auf Spanisch zu finden.

Keine fünf Minuten später befinde ich mich im Gesundheitszentrum. Wobei »Zentrum« wohl etwas zu hochgegriffen ist. Die Krankenschwester muss geweckt werden. Die Reinigung erfolgt zunächst mit dem Gartenschlauch. Mit Hilfe einer Pinzette werden die restlichen Steinchen entfernt, während ich auf einem Stuhl in einem ehemaligen Klassenzimmer sitze. Nachdem die Wunde mit Jod beschmiert und gut bandagiert ist, bekomme ich Schmerzmittel und Entzündungshemmer mit auf den Weg sowie die Empfehlung, es die nächsten Tage ruhig anzugehen.

Ich nehme die Einladung der freundlichen Dorfbewohner dankend an, übernachte zwei Nächte bei Martha und darf dabei das Dorfjubiläum miterleben. Das nenne ich Timing. Einmal im Jahr kocht, isst, trinkt, feiert und tanzt das ganze Dorf gemeinsam. Dieses Jahr feiere ich mit. Ich bekomme einen Teller mit Essen vorgesetzt und ein Bierglas in die Hand gedrückt. Ob sich der Alkohol so gut mit den Tabletten verträgt?

Ich sehe zu, wie fünf Frauen gut dreißig Hühner schlachten als Essen für den nächsten Tag, ich spiele Volleyball mit den Kids, so gut es mit einem bandagierten Knie eben geht, und unterstütze die

Männer bei der Reinigung des Wasserzuflusses aus den Bergen. Mit Pickel und Schaufel wird alles aus dem Kanal entfernt, was da nicht hingehört. Hauptsächlich Pflanzen und Moos. Leider aber auch etliche Trinkflaschen und Schokoriegelverpackungen.

Während ich langsam vor mich hin arbeite, denke ich über die Arbeit nach, die diese Menschen jeden Tag schaffen. Das Leben mag einfach und trist wirken, wenn man es aus der Außenperspektive eines in der westlichen Welt sozialisierten Menschen betrachtet. Doch diese Menschen haben eine Aufgabe zu erfüllen. Was immer getan werden muss, wird getan, für den Erhalt der funktionierenden Gemeinschaft.

Ich bin beeindruckt von diesem »ganz normalen Tag« in den peruanischen Anden. Dieses Erlebnis verändert mich und mein Denken nachhaltig. Und ich beginne mal wieder, meine Reise in Frage zu stellen. Was mache ich hier? Sollte ich nicht auch arbeiten, Geld verdienen, eine Familie gründen? Warum habe ich immer wieder Probleme mit meinem Fahrrad? Ich habe das seltsame Gefühl, dass irgendjemand versucht, mir förmlich Steine in den Weg zu legen. Aber warum? Sollen das Zeichen sein? Übersehe ich etwas? Was versuchen mir die gebrochenen Speichen, die gerissenen Ketten, die Delle in der Felge, der Rahmenbruch, der defekte Sattel zu sagen? Was soll mich mein Sturz lehren? Warum bin ich überhaupt gestürzt? Übermut? Unaufmerksamkeit? Mir fällt es schwerer als sonst, diese Gedanken zu unterdrücken.

Soll meine Reise ein Ende finden? Aber warum? Ich liebe doch, was ich hier mache! In den letzten Wochen habe ich hart gearbeitet, um diese Reise am Laufen zu halten. Vielleicht zu hart? Ist es das? Soll ich mal wieder einen Gang runterschalten?

Niemand antwortet auf meine Fragen.

Ich höre nur das Schmatzen der Männer, die mit mir am Frühstückstisch sitzen. Eine Tafel mit Fleisch, Suppe, Brot. Auch für mich ist ein Platz gedeckt. Das ist gut, denn Hunger habe ich trotz der ungewohnt geringen körperlichen Aktivität.

Durchströmt von Gefühlen der Dankbarkeit, gehe ich nach diesem Frühstück die verbleibenden 25 Kilometer in Richtung Fluss an. Es ist die Fortsetzung der Serpentinen, die ich wegen meines Unfalls unterbrechen musste, und diesmal bin ich besonders vorsichtig unterwegs. Als ich am Wasser ankomme, bieten mir ein paar verfallene Backsteinbauten Schutz vor Wind und Sonne, während ich mein Mittagessen mampfe. Nicht weil ich so hungrig bin, sondern weil ich fürchte, dass die sechzig Kilometer bergauf nach Cajatambo nicht viele Rastmöglichkeiten bieten werden. Doch dieses Dorf ist die nächste Einkaufsmöglichkeit. Spätestens morgen muss ich meine Vorräte aufstocken.

Bei jedem Pedaltritt öffnet sich die schmerzende Wunde am Knie wieder. Den Verband habe ich abgemacht. Das Scheuern war nicht zu ertragen. Dafür kämpfe ich jetzt damit, den Staub von der Wunde fernzuhalten. Vergebens. Es wird lange dauern, bis die Stelle verheilt ist.

Nach einer Nacht im Zelt erreiche ich Cajatambo und belohne mich für diesen zwei Tage dauernden Anstieg mit einer bezahlten Nacht in einer Pension. Es ist Abend Nummer fünf auf der Peru Divide.

Tagsüber begegne ich nur noch Landwirten und Lamahirten. Minenarbeiter brettern an mir vorbei und hinterlassen Staubwolken.

Einsame Marktplätze. Freundliche Einheimische. Schlichte, aber leckere Mahlzeiten. Schlafplätze mit unbezahlbaren Aussichten. Grenzenlose Canyons und steil emporragende Bergspitzen. Endorphine durchströmen meinen Körper.

Derzeit messe ich meine Aktivitäten nicht mehr in zurückgelegten Kilometern, sondern in Höhenmetern. Nichtsdestotrotz: Dass mich meine persönlichen Höhen und Tiefen mehr beeinflussen würden als die geografischen, damit hatte ich nicht gerechnet.

Erschöpfung, Kraftlosigkeit, Schwäche.

Zerstreutheit, Verwirrung, Seelenqual.

Lauter Begriffe, die aus meinem Wortschatz verschwunden waren. Ich lerne, mit negativen Gefühlen umzugehen, indem ich mich ihnen aussetze. Ich kämpfe gegen die lästigen Stimmen in mir und versuche, sie zu einem Team zu vereinen. Ich gebe jeder Stimme ihre Daseinsberechtigung und lerne mich und meinen Körper dabei besser kennen.

Mein Bewusstsein wächst, und mein Gemütszustand verbessert sich. Ich lerne, mich selbst zu lieben. Ich verstehe allmählich, dass ich nicht perfekt sein muss. Ich muss nicht schneller und besser sein als andere. Ich muss einfach nur ich selbst sein. Authentisch.

Bis zum Dorf Oyón habe ich zwei 4000-Meter-Pässe zu überwinden. Nur zu gern hätte ich beide heute noch bezwungen, doch letztlich schaffe ich »nur« siebzig Kilometer. Die Realität ist harscher als meine Wunschvorstellung.

Einsetzender Starkregen zwingt mich zum vorzeitigen Zeltaufbau. Keine leichte Aufgabe auf 4532 Meter über dem Meeresspiegel. Keine leichte Aufgabe mit gefrorenen Fingern. In dieser Nacht schlafe ich nur, weil ich mich erinnere, dass in meinem Erste-Hilfe-Set eine Rettungsdecke steckt. Bisher habe ich sie zum Glück noch nie gebraucht, doch heute bin ich froh, sie dabeizuhaben. Es ist bitterkalt.

Mein Verstand sagt mir, ich sollte besser wieder auf einer ganz normalen Asphaltstraße fahren. Die Abstände zwischen den Dörfern werden immer größer, und meine Ausrüstung ist nicht die beste für solche Strecken.

Aber ich bleibe stur. Naiv vielleicht. Und abenteuersüchtig. Es ist ja auch nicht so schlimm, wie es gerade klingen mag.

Energie ziehe ich aus den wenigen, aber dafür umso herzlicheren Begegnungen mit Einheimischen. Ein Hirte fragt mich, auf welcher Höhe wir uns befinden. Ich zücke mein Handy. Es sind

4427 Meter, und ich antworte: »Cuatro mil cuatrocientos veintisiete!« Gut, dass Duolingo mich zum Zahlenlernen gezwungen hat. An der Laguna Tocto schieße ich gerade ein Foto von meinem Fahrrad, als ein Auto das Bild ruiniert und direkt vor mir hält. Der Bürgermeister der Provinz Cajatambo steigt aus, drückt mir eine Flasche Schnaps in die Hand und stellt mir einen besseren Straßenbelag nach der nächsten Kurve in Aussicht.

In Picoy warnt mich ein älterer Herr vor dem bevorstehenden Anstieg nach Parquin: »Da oben wirst du wirklich hart arbeiten müssen!« Tue ich das nicht ohnehin schon? Wie viel härter kann es noch werden?

Erschöpft schaffe ich es nach Parquin. In dem einen geöffneten Geschäft fülle ich meinen Keks- und Wasservorrat auf und bekomme ein spätes Mittagessen gratis dazu. Beflügelt mache ich mich an die nächsten achtzehn Kilometer bis zum Pass. Doch die Dorfbewohner haben andere Pläne mit mir. »Comida! Cerveza! Baila con nosotros!«, rufen sie mir entgegen. Verdutzt parke ich mein Rad erneut an einer Hauswand und lasse mich von der Party mitreißen. Wie schon in Llipa bin ich rechtzeitig zum Dorfjubiläum aufgetaucht.

Der Pass muss bis morgen warten. Gut so. Im Internet habe ich einen Erfahrungsbericht gelesen, bei dem die tapfere Radlerin ganze sechs Stunden für die achtzehn Kilometer brauchte. Diese Tortur am späten Nachmittag zu starten wäre sicher nicht die beste Entscheidung gewesen.

Statt in meinem Zelt verbringe ich die Nacht unter zwanzig Decken in einem Gästezimmer. Doch weder meine Muskeln noch mein Knie erholen sich. Dieses ständige Schieben geht an die Substanz.

Den Pass Punta Chucopampa erreiche ich fünf Stunden und etliche Flüche später. Sonnenschein begleitet mich, und das ist auch der Grund für eine etwas längere Pause. Während ich herumlungere und auf die zurückkehrende Kraft in meinen Beinen warte, hält ein Auto neben mir, und die Insassen reichen mir eine Bierflasche. Scheint eine Tradition zu werden hier in Peru. Alkohol ganz oben am Pass. Ich sage nicht nein und hoffe stark auf die isotonische Wirkung.

Überall Lagunen. Blaues Wasser. Roter Sand. Schnee bepudert das Terrain. Wildpferde beobachten mich bei einer Snackpause. Lamas und Esel kreuzen meinen Weg. Ich nächtige mal am Straßenrand, mal auf verwaisten Sportplätzen oder dem örtlichen Friedhof. Verlassene Hütten zählen eher zur Luxuskategorie. Einmal dient auch eine Stierkampfarena als Schlafplatz. Was man nicht alles in Kauf nimmt, um sich vor beißendem Wind zu schützen.

Dann endlich ein Dorf. Auf der Straße sehe ich keinen Menschen, aber es gibt immerhin öffentliche Trinkwasserhähne. Mit vollen Wasserflaschen starte ich entspannt in den Nachmittag. Eine Wasserquelle muss ich heute nicht mehr suchen.

Im nächstgrößeren Dorf, irgendwann am nächsten Tag, kann ich endlich auch wieder meine Lebensmittel aufstocken. Haferflocken, Milchpulver, Schokolade, eine Dose Thunfisch, Brot, Käse. Obst und Gemüse stehen leider noch etwas länger nicht auf dem Speiseplan.

Mangelernährung in Kombination mit totaler Abgeschiedenheit und Internetabstinenz fordern langsam ihren Tribut. Seit zwei Wochen habe ich mir keine Pause gegönnt. Körper und Geist sind müde. Mein Auffassungsvermögen ist gesättigt.

Doch meine eigenen – hohen – Erwartungen spielen mir einen Streich. So viel Tolles wurde mir über den Abschnitt zwischen Vilca und Huancaya erzählt. Ein echtes Highlight soll der Río Cañete sein. Die vielen Touristenbusse wurden dabei allerdings nicht erwähnt.

Wenn man sich die Anzahl der Besucher anschaut, muss die Gegend hier wirklich spektakulär sein, doch wo ist meine Begeisterungsfähigkeit geblieben? Vielleicht von den Wassermassen mitgerissen?

Im Dörfchen Huancaya zahle ich bereitwillig für eine trockene Unterkunft. Ich bekomme mehr Menschengesichter zu sehen als in der ganzen letzten Woche zusammen. Und endlich komme ich in den Genuss einer heißen Dusche, zum ersten Mal seit neun Tagen. Vielleicht werde ich deswegen in ein Einzelzimmer gesteckt. Darüber bin ich eigentlich ganz froh, denn die anderen Gäste sind sehr junge Backpacker, die statt Schönheitsschlaf eher Alkohol im Sinn haben.

Vielleicht bin ich aber auch froh, weil ich mich das erste Mal auf meiner Reise so richtig einsam fühle. In meinem Einzelzimmer habe ich Zeit, dieses Gefühl anzunehmen. Ich kann mich nicht ablenken. Ich kann nicht fliehen. Ich lasse die Einsamkeitsgefühle zu, akzeptiere, wie ich mich fühle, ohne mich rechtfertigen zu müssen. Dass ich allein reise, muss nicht heißen, dass ich einsam bin. Ich kann sehr gut mit mir allein sein, ohne mich einsam zu fühlen. Aber diese Wochen auf der Peru Divide, die waren schon hin und wieder sehr einsam. Nachdem ich mir dies eingestehe, liegt es an mir, daran etwas zu ändern. Ein zerfetzter Hinterradreifen bestätigt mich in meiner Entscheidung: Es ist an der Zeit, in die Zivilisation zurückzukehren.

Ich verlasse die Divide an der nächstbesten Straßenkreuzung und fahre Richtung Huancayo – eine richtige Stadt und damit groß genug für einen Fahrradladen mit passendem Ersatzreifen. Danach geht es kurzzeitig ins feuchtwarme Amazonasgebiet, nur um dann wieder durch den Bergnebelwald die Anden hochzuklettern. Mein neues Ziel: Cusco. Vorher will ich aber noch einen kurzen Abstecher zur Ruinenstadt Machu Picchu machen. Lange habe ich hin und her überlegt, ob ich dieses Weltwunder tatsächlich besuchen soll. Am Ende bin ich froh, es getan zu haben.

Kapitel 19
Auf den Spuren der Inka

Wer an Peru denkt, denkt an Machu Picchu. Magie und Mystik umhüllen diese spektakulären Bauwerke der Inka. Ein Muss auf jeder Perureise. Ich lasse mich vom Trubel mitreißen. Zwar weigere ich mich, Geld für eine teure Tour auszugeben, aber zum Glück habe ich ja ein Fahrrad und zwei funktionierende Füße. Tatsächlich zahle ich also nur das eigentliche Eintrittsticket für umgerechnet 54 Euro und zweimal vier Euro für die Übernachtung auf einem Campingplatz. Viel preiswerter geht es nicht.

Während ich wie eine ganz normale Touristin durch die Gassen von Aguas Calientes schlendere, dem Dorf am Fuße der Ruinen, spricht mich ein Einheimischer an. Er habe mich vor ein paar Tagen auf der Straße gesehen. Wie er mich erkannt hat? Keine Ahnung. Aber er wusste von meinem Fahrrad. Eine Masche kann es also nicht sein. Er lädt mich zu sich nach Hause ein. Ich lerne seine Tochter und seine Katzen kennen. Für einen Moment bin ich kein Standardtourist mehr. Wenn ich das überhaupt jemals war. Heilfroh lasse ich blinkende Leuchttafeln, kitschige Inka-Souvenirs, Pizza, Burger und Cocktail-Happy-Hour hinter mir und tauche stattdessen in die Welt einer Familie ein, die schon in diesem Dorf ohne direkte Straßenanbindung gelebt hat, bevor die Inkastadt 1983 zum UNESCO-Welterbe erklärt wurde.

Ich erfahre von den Vor- und Nachteilen des Massentourismus aus den Augen eines Betroffenen und bedanke mich beim Abschied dafür, dass er und seine Familie so bodenständig und traditionell geblieben sind.

Für einen kurzen Moment bin ich dann doch wieder Teil des Touristentrubels. Auf dem Gipfel des Machu-Picchu-Berges fotografiert mich ein Mann in meinem Alter, der ebenfalls allein unterwegs ist, allerdings zu Fuß und nicht mit dem Fahrrad. Von hier oben sehen die Menschen wie Spatzen aus. Gemeinsam begeben wir uns hinab in die Schar ebendieser Spatzen. Ich bin froh, die Stunden hier mit jemandem teilen zu können. Mal wieder wird eine eben noch unbekannte Person zu einem neuen Freund. Zwei Alleinreisende tauschen das Gefühl der Einsamkeit mitten in einer Menschenmasse gegen Verbundenheit, Vertrauen und Verständnis.

Von Einsamkeit ist auch in der Touristenhochburg Cusco, meinem nächsten Etappenziel, nichts zu spüren. In der familiären Pension La Estrellita treffe ich etliche sympathische Reisende. Ich bleibe insgesamt sechzehn Tage. Manchmal wirkt ein längerer Aufenthalt an einem Ort kleine Wunder.

Ich genieße Spiegeleier und Croissants zum Frühstück, ein opulentes Mittagsmenü und abends internationale Köstlichkeiten mit einer überdurchschnittlichen Vielfalt an veganen Speisen. Besonders freue ich mich, dass Glühwein serviert wird, schließlich habe ich schon zwei Weihnachten nicht mehr in Deutschland verbracht. Ich sehe einige bekannte Gesichter wieder und schließe viele neue Freundschaften. Da ist Emma aus Schweden, die alleine aus Ushuaia Richtung Norden fährt. Der achtzehnjährige Ole aus Deutschland erinnert mich an die Zeit, als ich meine erste große Radtour in Australien machte. Jonas aus Belgien fährt zwar mit dem Motorrad, teilt aber unseren Sinn für Abenteuer.

Irgendwann während meines Aufenthalts in Cusco taucht Julien auf. Gerade erst aus Bolivien eingereist, freut er sich riesig über unseren Erfahrungsaustausch. Obwohl wir eigentlich in entgegengesetzte Richtungen fahren, verbünden wir uns kurzerhand.

Wir begeben uns auf eine kleine Entdeckertour rund um Cusco. Das meiste Gepäck bleibt in der Stadt, und so spricht nichts dagegen, den sogenannten Inka-Trails zu folgen. Das Sacred Valley ist unser Spielplatz.

Wir erkunden die Inkafestung Saqsaywaman, die rätselhafte Agraranlage in Moray, die aussieht wie ein riesiges Amphitheater, die spektakulären Salzterrassen von Maras. Kirchen, Paläste, Mauerreste. Urumbamba. Pisac. Chinchero. Diese perfekt ineinandergefügten Steine. Beeindruckend. Farbenfrohe traditionelle Gewänder, Alpakawolle, Kunsthandwerkermärkte. Und in der Ferne die schneebedeckten Gipfel der Cordillera Vilcabamba.

Zu schön, um wahr zu sein. Doch die Nächte werden kälter. Der Regen nimmt von Tag zu Tag zu. Das Jahr neigt sich dem Ende entgegen. Genau wie mein Visum für Peru.

Seit meiner Ankunft in Cusco blicke ich meiner Weiterreise gelassen entgegen. Ich habe erfahren, dass die Grenze zu Bolivien momentan geschlossen ist. Die politische Situation dort sei schwierig, überall Straßenblockaden und Aufstände. Einige Reisende haben beschlossen, Bolivien komplett von ihrer Reiseliste zu streichen. Ich warte erst mal ab. Natürlich will ich nicht meine Freiheit und mein Leben aufs Spiel setzen, nur um ein weiteres Land auf meine Länderliste zu setzen. Allerdings würde ich sehr gerne den Titicacasee bereisen oder besser gesagt umrunden. Und das geht nicht ohne einen Abstecher nach Bolivien.

Mein Warten, das sich zum Glück gar nicht wie Warten angefühlt hat, wird belohnt. Die Grenzen werden wieder geöffnet, ehe mich mein Reisedrang woandershin getrieben hat.

Nun steht auch die nächste Etappe: Von Cusco nach Juliaca und dann über die Grenze nach Bolivien, weiter nach Copacabana und anschließend die Nordostküste des Sees entlang. Bei Puerto Acosta wieder nach Peru einreisen, eine neue Aufenthaltsgenehmigung bekommen und diese nutzen, um mehr von dem Land zu erkunden, das es mir so angetan hat.

Ausgeruht und motiviert verlasse ich mein temporäres Zuhause. Meine Tasche ist voll mit französischen Backwaren, mein Fahrrad gereinigt und repariert (das Schaltwerk hatte inzwischen den Geist aufgegeben). Von Cusco geht es weiter in den Anden, bevor ich das Altiplano erreiche. Knapp drei Wochen befinde ich mich jetzt zwischen 3600 und 4200 Metern über dem Meeresspiegel.

Die fünf Tage zwischen Cusco und Juliaca halten – zum Glück – keine weiteren Gefühlsachterbahnen bereit, dafür macht das Wetter, was es will. Mehrmals werde ich richtig durchnässt, und mir wird unglaublich kalt. Ein andermal bekomme ich Sonnenbrand auf den Lippen. Irgendwo dazwischen hole ich ein britisch-amerikanisches Pärchen ein und radle ein wenig mit ihnen mit. Dabei stelle ich fest, dass unser Rhythmus leider gar nicht zusammenpasst.

Nachts in meinem Zelt schlafe ich so tief wie lange nicht mehr. Frische Luft. Kein Schnarchen. Kein Kommen bis spät in die Nacht und Gehen früh am Morgen. Einfach ich und die Natur. Immer wieder ein besonderes Vergnügen. Vor allem wenn man zwei Wochen in einem Schlafsaal verbracht hat. Trotzdem vermisse ich am Morgen den Frühstücksservice der Pension in Cusco. Und auch die Leute, mit denen ich das Frühstück genossen habe, fehlen mir.

Die letzten Kilometer bis nach Juliaca sind scheußlich. Die Stadt scheint der reinste Betonklotz zu sein. Die Luft ist ähnlich grau wie die Häuserfassaden. Und hier will ich tatsächlich über Nacht bleiben? Ich zweifle kurz, doch dann habe ich keine andere Wahl. Irgendwie trifft zurzeit schon wieder jemand anders die Entscheidungen für mich.

Auf der Brücke mit dem vielversprechenden Namen Puente Maravillas (*maravilla* – das Wunder) halte ich, um noch einmal nach dem Weg zu sehen und ein Foto von den Frauen zu machen, die im Fluss ihre Wäsche waschen. In Gedanken versunken, bemerke ich den näher kommenden Lkw nicht. Und obwohl ich mich auf dem Bürgersteig befinde, fährt er so dicht und schnell an mir vorbei, dass der Luftzug mich kurz aus dem Gleichgewicht bringt und mir mein Handy aus der Hand reißt. Im hohen Bogen fliegt es Richtung Fluss. In Schockstarre sehe ich, wie es im dreckigen Wasser landet. Es ist das letzte Mal für eine ganze Weile, dass ich ein Handy auf einer Brücke aus der Tasche hole. Der Fluss fließt zu schnell. Das Wasser ist viel zu schmuddelig. Mit einem komischen Gefühl fahre ich weiter.

Ich habe keine Adresse im Kopf, weiß nur ungefähr, wann ich wo abbiegen muss, um zur »Casa de Ciclista« von Giovanni zu kommen. Wie glücklich ich mich schätze, diese Übernachtung bereits organisiert zu haben. An einer großen und unübersichtlichen Kreuzung halte ich und möchte fast reflexartig mein Handy zücken. Während ich noch herumgrübele, ob ich jetzt geradeaus oder nach rechts fahren muss, quatscht mich ein Mann an. Die Unterhaltung ist so angenehm, dass ich ihn um Hilfe bitte. Er findet die Casa auf Facebook, kann die Adresse googeln und mir dann den Weg beschreiben. Dank seiner Hilfe komme ich ohne weitere Zwischenfälle bei Giovanni an.

Während ich erzähle, was gerade passiert ist, kämpfe ich mit den Tränen. Doch Giovanni nimmt mich in den Arm und hilft mir damit mehr, als ihm wahrscheinlich bewusst ist. So eine Umarmung bringt mir zwar nicht meine verlorenen Fotos und Tagebucheinträge zurück, holt mich aber zurück in die Realität. Ein Handy ist ein Handy und kann ersetzt werden.

Kapitel 20
Rund um den Titicacasee

Der Handyverlust passt so gar nicht in meinen Zeitplan. Das ablaufende Visum sitzt mir im Nacken, und ich will meine Zeit nicht mit dem Kauf eines neuen Geräts verschwenden. Zugleich bringt mich die ganze Sache ziemlich aus dem Konzept. Die Gefühlsachterbahn ist wieder da. Einerseits suche ich mit meinem Tablet immer wieder nach günstigen Flügen Richtung Berlin, denn ich werde den Eindruck nicht los, dass irgendwer oder irgendwas mich von der Fortsetzung meiner Reise abhalten will Zugleich möchte ich weiter.

Doch noch ehe ich eine Entscheidung getroffen habe, taucht in Giovannis »Casa de Ciclista« die Französin Clemence auf, eine Radlerin, die ich aus Kolumbien kenne und zwischendurch in Cusco auf ein Bier getroffen habe. Ich bin so dankbar, in diesem Moment nicht ganz allein zu sein. Clemence macht gerade ihr eigenes kleines Drama durch (bei ihr geht es um eine unglückliche Liebe), und gemeinsam schaffen wir es, unsere Blicke wieder nach vorne zu richten! Eine gute Unterhaltung unter Freunden kann Wunder bewirken.

Am nächsten Tag schleppt Giovanni mich auf den Gebrauchtwarenmarkt und hilft mir bei der Suche nach einem neuen Handy. Neu ist es nur für mich, denn es ist sichtlich gebraucht, aber das ist bei meinem aktuellen Wertgegenstandverschleiß sicher das Beste.

Mit dem neuen Handy kommt auch die Besinnung zurück. Ich breche meine Reise nicht wegen einer Reihe von Komplikationen ab. Das Leben ist nun mal ein Parcours. Nur wer bereit ist, Hürden und Schranken zu überwinden, und dabei das Risiko eingeht, auch mal zu fallen, lernt, wie man sich abrollt. Und letztlich wird er mit Glückseligkeit und Erfolg belohnt.

Meine Entscheidung, ein paar Sachen bei Giovanni zu lassen, während ich den Titicacasee umrunde, wird ebenfalls belohnt. Mit deutlich erhöhtem Fahrspaß.

Natürlich kenne ich den Titicacasee aus dem Geographieunterricht, doch wer hätte gedacht, dass ich tatsächlich einmal am Ufer dieses sagenumwobenen Gewässers stehen würde? Ein Kindheitstraum geht in Erfüllung. Ich verliere mich in Gedanken, während ich die Aussicht genieße.

Am Strand feiere ich meine achthundertste Nacht »away from home« und schlafe in einem verlassenen Haus, direkt am Ufer. Der Song »Haus am See« von Peter Fox läuft in Dauerschleife: »Und der Mond scheint hell auf mein Haus am See …«

Am nächsten Morgen geht es – am nun tatsächlich letzten Tag meines Visums – nach Bolivien. Land Nummer vierzehn auf dem Fahrrad. Drei Nächte nehme ich mir Zeit, den bolivianischen Abschnitt des Sees zu erkunden.

In der Touristenhochburg Copacabana übernachte ich in einem Gasthaus. Der Ort ist nicht ganz so hip wie Cusco, aber der europäische Einfluss ist deutlich zu spüren. Ich bleibe nur eine Nacht. Gerade fühle ich mich gar nicht mehr wie ein Stadtmensch. Die nächste Nacht verbringe ich bei einem Warmshower-Gastgeber. Die Nacht danach in meinem Zelt.

Und dann bin ich auch schon wieder in Peru.

Noch eine Nacht schlafe ich direkt am See und sauge, noch mehr als sonst, alles in mir auf. Die frische Luft. Die märchenhafte Aussicht. Das kalte Wasser an meinen Füßen. Das Vogelgezwitscher über meinem Kopf. Den Geruch des Lagerfeuers. Den Sonnenuntergang. Die heiße Schokolade zum Aufwärmen von innen. Den sternklaren Nachthimmel und den Komfort meines Zeltes. Kurzum: das unglaubliche Gefühl von Freiheit.

Nach insgesamt sieben Tagen, 542 Kilometern und 6860 Höhenmetern bin ich pünktlich an Weihnachten zurück in Juliaca.

Weihnachten Nummer drei auf der Reise fühlt sich so gar nicht an wie Weihnachten. Heiligabend verbringe ich weintrinkend mit zwei Franzosen, die ebenfalls in der Casa zu Gast sind. Aber die Temperaturen sind zu warm, die Stadt zu grau, Plätzchen und Geschenke nicht existent. Eigentlich möchte ich auch gar keine Bescherung. Dieses Jahr war Geschenk genug. Jeder Tag war ein Segen. Ich brauche keine Weihnachtsbescherung, um das zu toppen. Doch wenn ich Fotos von Familie und Freunden sehe, schleicht sich die Einsamkeit doch wieder an. Gut, dass ich mich am nächsten Tag wieder auf mein Fahrrad schwinge und dieser Einsamkeit einfach davonradle.

Kapitel 21
Weihnachtsplätzchen und Mondlandschaften

Als ich Juliaca zum zweiten Mal verlasse, läute ich zugleich die letzte Etappe in Peru ein. Ich strample förmlich der chilenischen Grenze entgegen. Nun, nicht wirklich schnurstracks, aber das muss ich auch nicht. Mein Visum wurde ja erneuert.

Aktuelles Ziel: Arequipa, die angeblich schönste Stadt Perus, die den Spitzname »die Weiße Stadt« trägt.

Statt auf Asphalt (wie meistens am Titicacasee) wähle ich mal wieder freiwillig die Schotterstraßen. Der Verkehr mit Abgasen und Gehupe geht mir auf den Geist. Der Camino del Puma klingt vielversprechender. Ich folge damit erneut der Empfehlung verschiedener Bikepacker und habe mal wieder verdrängt, dass ich selbst keine Bikepackerin bin.

Doch der Camino del Puma lässt keine Skepsis, kein Zaudern zu. Auch die Hektik in Juliaca ist schnell vergessen. Wegbeschaffenheit, Wetter und ein 4990-Meter-Pass fordern meine volle Aufmerksamkeit. Auf unbefestigten Straßen fahre ich an Lagunen und Vulkanen vorbei, kämpfe mit Hagel, Schnee und Staub. Kalte Finger, halb abgefrorene Zehen, mangelnder Schutz vor Wind und Wetter, schlammige Straßen, Flussüberquerungen und Alpakas – all das gehört zur neuen Tagesordnung. Wenigstens habe ich momentan keine Radprobleme.

Ich entwickle eine tiefe Ehrfurcht vor den Bewohnern dieser entlegenen Orte und mache mir klar, wie privilegiert ich aufgewachsen bin. Ehrfürchtig blicken aber auch die wenigen Gesichter drein, die ich zu Gesicht bekomme. »Die Straße ist steil und matschig! Pass auf dich auf!«, bekomme ich immer wieder zu hören.

Auf 4990 Meter Höhe hält ein Jeep neben mir. Die Insassen schießen Fotos von mir und Phileas, während ich noch nach Luft schnappe. Mit meiner kurzen Hose und ohne Handschuhe haben sie mich vermutlich als komplett verrückt abgestempelt. Jedenfalls bieten sie mir eine Fahrt bis Arequipa an. Doch das ist nicht nötig, denn gleich geht es bergab.

Bald bin ich in Arequipa. Der Ort liegt auf 2335 Meter über dem Meeresspiegel. So weit unten war ich lange nicht mehr. Im Hostel teile ich den Schlafsaal für ein paar Tage mit zwei anderen Radfahrern. Eigentlich habe ich ja gerade erst in Cusco eine längere Pause unter Gleichgesinnten gemacht, aber Jace, den ich bereits aus Kanada kenne, und Sarah aus Australien überzeugen mich von den Vorzügen der Weißen Stadt.

Wir schlendern über die lokalen Märkte, gönnen uns riesige Portionen an köstlichem Streetfood und backen nachträglich Weihnachtsplätzchen in der Hostel-Küche. Wir trinken den einen oder anderen Pisco Sour, ein peruanisches Nationalgetränk, sehen uns gemeinsam Filme an, machen Yoga auf der Dachterrasse und lachen über das verrückte Leben. Zum Abschluss des Jahres planen wir ein ganz besonderes »Hike-Bike-Climb-Adventure«.

Der 6057 Meter hohe Vulkan Chachani ist unser Ziel. Beladen mit Essen für drei Tage machen wir uns auf den Weg. Erst auf zwei Rädern. Dann auf zwei Füßen. Zwischendurch auch mal auf allen vieren. Pünktlich zum Silvesterabend befinden wir uns am Basecamp auf 5300 Meter Höhe. Der Weg hierher war nicht ohne, trotzdem haben wir noch nicht genug. Die 6000 Meter sind das Ziel für den ersten Sonnenaufgang im neuen Jahr.

Fatalerweise ist die Nacht kalt und kurz. Um zwei Uhr morgens starten wir die Wanderung zum Gipfel. Im Dunkeln haben wir Schwierigkeiten, den Weg zu finden. Unser Atem stockt so einige Male, Finger und Zehen werden steif. Das Wetter ist leider nicht auf unserer Seite, und so sehen wir kaum etwas, trotz der langsam aufgehenden Sonne. Frustriert drehen wir auf 5800 Metern um. Jace und mir geht es gar nicht gut. Meine Aussage »Ich setze mich nur mal kurz hin und mache ein Nickerchen« sorgt noch Wochen später für Gelächter.

Wir bleiben vernünftig und kraxeln zurück zu den Zelten, denn wir wissen, dass uns noch eine lange Wanderung zurück zu den Rädern und eine noch längere Fahrt auf holprigen Feldwegen nach Arequipa bevorsteht. Kräfte sparen heißt die Devise. Obwohl wir unser Gipfelziel nicht ganz geschafft haben, war es der wohl ungewöhnlichste Start in ein neues Jahr, den ich je hatte und vielleicht auch haben werde.

Dieses kleine Abenteuer im Abenteuer macht mir erneut bewusst, wie stark wir sein können, wenn wir nur wollen. Wenn unser Kopf will. Wenn wir bereit sind, innere Barrieren zu überwinden. Wenn wir bereit sind, aus unserer Komfortzone herauszugehen. Aber dieses Abenteuer erinnert mich auch daran, wie wertvoll unser Körper ist. Unsere Gesundheit. Unser Wohlbefinden. Warum diese kostbare Gesundheit riskieren, nur um sagen zu können: »Ich habe einen 6000-Meter-Gipfel bestiegen!« Ich werde es noch einmal versuchen. Irgendwann. Weil ich weiß, dass ich es kann. Vielleicht mit besseren Schuhen, wärmeren Handschuhen, ein paar Ruhetagen vor dem Aufstieg und ohne gerade eingetretene Periode. Diesmal sollte es eben nicht sein. Und das ist okay. Stark wie nie zuvor (zumindest geistig, denn physisch fühl ich mich doch etwas schwach), genieße ich noch eine Woche Backpacker-Dasein in Arequipa.

Während Sarah demnächst nach Kolumbien fliegt und damit leider in die entgegengesetzte Richtung unterwegs ist, fährt Jace ebenfalls Richtung Süden. Ich überzeuge ihn von der Großartigkeit des Camino del Puma, und wir machen uns gemeinsam auf den Weg Richtung Chile.

Da es nur einen offiziellen Grenzübergang zwischen Peru und Chile gibt, müssen wir irgendwann Richtung Küste abbiegen. Am einfachsten wäre es gewesen, das gleich in Arequipa zu tun. Doch wir haben Spaß daran, Höhenmeter zu addieren, und so geht es noch mal für eine ganze Woche auf die Bergstraßen der Anden.

Mit einem riesigen Lächeln auf dem Gesicht drehen wir eine letzte Ehrenrunde auf dem Platz vor der Kathedrale. Dabei macht unser Strahlen dem noch immer leuchtenden Weihnachtsbaum Konkurrenz.

Doch dann hat es sich ziemlich schnell ausgestrahlt.

Die Serpentinen machen mich fertig. Auf der Karte sah die Straße irgendwie gerader aus. Aber in der Realität komme ich gar nicht hinterher mit dem Kurvenzählen.

Die Winterkleidung, die Sarah mir überlassen hat, hält mich zwar in der Nacht warm, macht mein Leben am Tag aber nicht einfacher. Am Abend gibt es, als Belohnung für die Qualen, Popcorn von Jace' Kocher und heiße Schokolade von meinem. Die Dorfläden machen mehr Umsatz als gewöhnlich, und ich frage mich, ob wir Radler wohl für den Umsatz ihres Lebens sorgen. Wer sonst kauft tonnenweise Kekse, Schokolade, Pasta, Tomatensoße, Reis und Thunfisch aus der Dose?

Die Anstrengung und die ungewohnte Rund-um-die-Uhr-Gesellschaft drücken auf meine Stimmung. Beides habe ich mir selbst eingebrockt, und dennoch, oder gerade deswegen, werde ich wieder mal in mein Gedankenkarussell katapultiert.

Mein Wunsch nach Begleitung keilt sich mit meinem Freiheitsbedürfnis. In dem einen Moment möchte ich allein sein. Im nächsten am liebsten die ganze Welt umarmen. Mal genieße ich es, wenn man Pläne und Entscheidungen absprechen kann, ein andermal mangelt es mir an Kompromissbereitschaft. Ob ich jemals die Balance finden werde?

Das motivierend gemeinte Gehupe der wenigen an uns vorbeifahrenden Autos regt mich auf. Meine schwindende Kraft auch. Aktuell wird mein Oberkörper mehr gefordert als die unteren Extremitäten. Wer sein Rad liebt, der schiebt. Sechs Stunden brauche ich für 26 Kilometer. Durchschnittstempo 4,3 Stundenkilometer. Der langsamste Tag auf der gesamten Reise. Na, wenn das mal nicht erwähnenswert ist.

Kurz vor dem Erreichen des Vulkans Ticsani (5408 m) schicke ich Jace auf die Reise. Meine eigene Durchschnittsgeschwindigkeit in den Keller zu ziehen ist eine Sache. Aber ich möchte einfach nicht mehr die Verantwortung für sein langsames Vorankommen tragen. Außerdem spiele ich mit dem Gedanken, den Gipfel des Vulkans zu erwandern. Jace hat darauf keine Lust, also trennen sich unsere Wege. Während er schon auf der anderen Seite des Passes in die Tiefe rast, mache ich mir Gedanken über die Wanderung.

Mich ein paar Kilometer ohne schweres Fahrrad fortzubewegen klingt verlockend. Das heranrollende Gewitter hingegen ganz und gar nicht. Mein Körper fängt an zu zittern, während ich das letzte Stück Schokolade nasche. Der Wind ist bitterkalt. Es folgen die ersten Regentropfen. Mein Verstand sagt: Runter hier. Mein Ehrgeiz hingegen treibt mich nach oben. Es folgt eine hitzige Diskussion der beiden Sturköpfe. Meine Finger und Zehen werden davon aber leider nicht wärmer. So gewinnt der Verstand, und kurze Zeit später rolle ich durch eine Mondlandschaft, die durch die vorhandenen Nebelschwaden noch gespenstischer aussieht als ohnehin schon. Der Wind fegt von links nach rechts und weht mir zwischendurch eine Ladung Staub ins Gesicht. Nun ist mir nicht mehr nur kalt, sondern ich bin auch schmutzig, hungrig und fühle mich ausgelaugt. Ich lache über mich selbst. Immerhin lache ich noch. Wie konnte ich mich mal wieder in so eine missliche Lage bringen? Warme Gedanken helfen jetzt auch nicht mehr.

Als ich von ferne ein paar Häuser entdecke, beschließe ich, dort nach heißem Wasser zu fragen. Noch während ich mein Fahrrad an eine Hauswand lehne, kommt ein Mann in einer orangefarbenen Sicherheitsjacke auf mich zu. Manuel heißt mich im Arbeitercamp Umalso willkommen. Ohne zu fragen, zieht man mir eine dicke Jacke über, bereitet in der Küche ein warmes Essen zu und macht für den Abend ein Bett. Eigentlich wollte ich doch nur mein Wasser auffüllen. Aber die Wolldecken fühlen sich verführerisch warm an.

Nach konstruktiven Gesprächen mit den Bauarbeitern entscheide ich am Morgen, den Camino del Puma zu verlassen. Die 104 Kilometer bis in die Stadt Moquegua lege ich in zügigen fünf Stunden zurück. Zwar denke ich über all die spektakulären Bergpanoramen nach, die ich jetzt verpasse, doch auf die kalten Finger und nassen Füße verzichte ich heute gerne. Die Anstrengung der letzten Woche schlägt deutlich auf mein Gemüt. Mein Motto lautet: »So lange ich glücklich bin, mache ich weiter wie bisher. Sollte ich irgendwann nicht mehr glücklich sein, dann liegt es an mir, daran etwas zu ändern.« Und nun ist der Zeitpunkt für eine Veränderung gekommen.

Sobald ich Moquegua, die erste Stadt seit Juliaca, verlassen habe, bin ich von Wüste umgeben. Die Hitze habe ich unterschätzt. Habe ich nicht noch gestern Handschuhe und dicke Socken getragen? Doch bevor ich kalkulieren kann, wie weit ich mit meinen frisch aufgefüllten Flüssigkeitsbehältern komme, hält ein Van neben mir, und ich bekomme eine eiskalte Wasserflasche in die Hand gedrückt.

Die Freude darüber hält allerdings nicht lange vor. So angenehm die Abfahrt nach Moquegua war (von 4441 auf 1410 Meter an einem Tag), so anstrengend werden die restlichen flachen Kilometer bis zur Landesgrenze. Mir kommt es so vor, als wollte Peru mich nicht gehen lassen. Schneidender Wind weht mir ins Gesicht. Das Treten fühlt sich an wie Folter. Selbst auf ebenen Strecken fahre ich die meiste Zeit in meinem kleinsten Gang.

Während ich noch mit dem Wind kämpfe, wird mir bewusst, dass ich bisher fast nichts über Chile weiß. Sprache? Spanisch. Religion? Überwiegend Katholisch. Hauptstadt? Santiago de Chile, das bekomme ich auch gerade noch hin. Aber Währung? Staatsoberhaupt? Sehenswürdigkeiten? Statt quasi blind in ein mir unbekanntes Land einzureisen, entscheide ich, den Nachmittag mit Recherchen im Internet zu verbringen. Das kommt meist zu kurz, wenn man den Tag im Sattel verbringt und am Abend im Zelt schläft.

Tacna ist die letzte Stadt vor der Grenze und meine letzte Station in Peru. Ich bedanke mich bei meinem Herbergsvater für den netten Aufenthalt in seinem Land und verspreche wiederzukommen. Gut, vielleicht nicht unbedingt nach Tacna. Grenzstädte haben meistens keinen besonderen Charme. Aber eben doch zurück nach Peru. Irgendwann.

Es fällt mir schwer zu gehen, doch wie immer freue ich mich auf das, was vor mir liegt. Mit dem neu erworbenen Grundwissen über Chile bin ich nun wirklich bereit für ein neues Land. Vier eindrucksvolle Monate in Peru mit vielen Höhen und Tiefen gehen zu Ende. So lange war ich seit Kanada nicht mehr in einem Land.

Auf den letzten vierzig Kilometern bis zur Grenze ist der Wind gnädig auf meiner Seite. Eine Durchschnittsgeschwindigkeit von 25 Stundenkilometern hatte ich lange nicht. Jetzt bin also nicht nur ich bereit, auch Peru lässt mich tatsächlich los.

Kapitel 22
Von Chile über San Francisco nach Argentinien

Mein Plan lautet, an der Küste entlang bis nach Santiago de Chile zu fahren. Nach ein paar Tagen Hauptstadtfeeling zurück in die Anden und über die Grenze nach Argentinien. Ziel: Buenos Aires. Dort will ich den südamerikanischen Winter verbringen, bevor ich im September meine Reise Richtung Ushuaia fortsetze.

Ich stelle mir lange Tage auf flachen Straßen vor. Zelten am Pazifik. Kaltgetränke im Schatten der Palapas schlürfen. Meeresrauschen in den Ohren. Sternenhimmel vor den Augen. Klingt gut. Also los.

Die erste Etappe ist nicht so flach und einfach wie erwartet. Der Asphalt dampft in der Mittagssonne. Bestimmt könnte ich mein Spiegelei darauf braten. Für den Fall, dass der Alkohol für meinen Kocher ausgeht. Doch die Hitze verdirbt eh den größten Appetit. Kalorien nehme ich hauptsächlich durch Flüssigkeit zu mir.

Die stärkste Herausforderung ist jedoch der Wind. Vielleicht auch das Wasserfinden. Oder die Eintönigkeit. Eigentlich auch egal. Alles nur temporär. Außerdem gibt es nahezu grenzenlose Übernachtungsmöglichkeiten. Und viele hilfsbereite Menschen.

Egal ob eiskalte Wasserflaschen, Energydrinks, Kekspackungen, Obst, Taschengeld und Essenseinladungen, wenn ich es mal zu einem Restaurant geschafft habe. Es mangelt, mal wieder, nicht an Menschlichkeit. Dafür definitiv an Schatten. Wer ist noch mal auf die Idee gekommen, die Küstenstraße entlangzubrettern?

Etwa 30 000 Kilometer nach meinem ersten Pedaltritt in Ottawa, Kanada, komme ich in der Stadt Antofagasta an und tauche wenig später in die Atacama-Wüste ein. Ich mache einen kleinen Abstecher zur Mano del Desierto – ein Highlight, das mir nicht vor die Linse gekommen wäre, wenn ich meinem ursprünglichen Plan gefolgt wäre. Die aus Eisen und Zement geformte elf Meter hohe Hand wurde 1992 von dem chilenischen Bildhauer Mario Irarrázabal erschaffen. Es ist ihm wichtig, dass jeder Besucher eine eigene Interpretation findet. Beim Anblick des Kunstwerks spüre ich Widerstandsfähigkeit und Selbstwirksamkeit. Ich bin aufgrund meiner Muskelkraft hierhergekommen. Aufgrund meines Muts. Meiner Stärke. Meines Willens.

Gut 200 Kilometer weiter südlich bietet sich endlich die Möglichkeit, die Hauptstraße zu verlassen, ohne sofort im weichen Wüstensand stecken zu bleiben. Ich fahre von der Asphaltstraße ab und durch den Nationalpark Pan de Azúcar. Nach so viel gelbem Sand ist das Grün der Pflanzen äußerst erfrischend. Das türkisblaue Meer auch. Mein Körper freut sich über das kalte Nass. Die letzte Dusche ist vier Tage her, und die nächste lässt vermutlich weitere vier Tage auf sich warten.

Ich gestehe mir ein, dass mangelnde Abwechslung in der Landschaft zu einem gewissen Grad auslaugen kann. Ich fühle mich antriebslos, entkräftet, geschafft. Santiago de Chile wird bis auf weiteres abgeschrieben. Ich nehme mir die Freiheit, Pläne über den Haufen zu werfen, wenn sie sich nicht mehr gut anfühlen.

Dennoch ergeben die knapp drei Wochen Fahrt einen ziemlich langen Strich auf der Karte. Lange bin ich nicht mehr so konstant in eine Richtung gefahren. Süden. Doch der muss jetzt erst mal warten. Ich verlasse die Wüste, die Küste, die Hitze und fahre ab Copiapó auf ansprechenden und ruhigen Straßen Richtung Osten. Richtung San Francisco. Oder genauer gesagt zum Pass und Grenzübergang mit diesem Namen. In San Francisco, Kalifornien, war ich ja schon. Der Paso de San Francisco in 4728 Meter Höhe ist ein offizieller Grenzübergang zu Argentinien. Zwischen Copiapó und der nächsten Stadt, Fiambalá, liegen 470 Kilometer. Ich kalkuliere fünf Tage ein, nehme aber Essen für sechs mit. So schwer beladen war Phileas lange nicht mehr. Armer Kerl.

Nach zwei Tagen mit immer angenehmer werdender Luft, überraschend graduellen Anstiegen und hervorragenden Wind- und Wetterbedingungen begrüßen mich zwei Polizisten am chilenischen Grenzkontrollpunkt. Sie zeigen sich überrascht, mich hier allein auftauchen zu sehen. Schnell verwandelt sich ihre Verwunderung in Besorgnis. »Du fährst aber nicht alleine mit dem Fahrrad über den Pass, oder?«, muss ich mir immer wieder anhören. »Doch, eigentlich schon«, antworte ich, »aber wenn ihr hier eine Übernachtungsmöglichkeit für mich habt, verlege ich die Weiterfahrt gerne auf morgen.«

Überzeugt. Ein leer stehendes Zimmer im Zollgebäude wartet sehnsüchtig auf Abenteurer wie mich. Sechs Betten, Licht, Strom und Wolldecken sowie Zugang zu Bad und Trinkwasser gibt es gegen ein paar spannende Geschichten aus dem Alltag einer alleinreisenden Radfahrerin. Jackpot. Weil der Grenzübergang nur zwischen halb neun morgens und halb sieben abends geöffnet ist, verläuft die Nacht ruhig. Ich schlafe früh ein und bin entsprechend früh wach. Da ich mit meinem Papierkram aber auf heute vertröstet wurde, lasse ich mir Zeit mit meiner Morgenroutine. Mein Gefühl, dass ich nicht gleich um halb neun einen Grenzbeamten antreffen werde, der mir einen Stempel in den Pass haut, stellt sich als richtig heraus.

Aus halb neun wird halb zehn. Gerade als ich gebeten werde, meinen Reisepass vorzuzeigen, hält draußen ein Motorradfahrer. Während wir gemeinsam auf die Erlaubnis zur Weiterreise warten, tauschen wir die üblichen Informationen aus. Nick ist nicht einfach irgendein Motorradfahrer, nein. Nick fährt für Yamaha und verdient sein Geld mit Reisen. Er testet Produkte unter extremsten Bedingungen, schreibt Bücher und dreht Filme über seine Abenteuer. Sowohl mit dem Rad als auch mit dem Motorrad hat er etliche Weltrekorde aufgestellt. Trotz seiner über fünfzig Jahre denkt er nicht daran aufzuhören. Sein Gesicht ist gezeichnet von Sonne und rauen Wetterbedingungen. Das Grinsen charismatisch. Sein britischer Akzent charmant. Ein wandelndes Abenteuerbuch.

Gerne hätte ich mehr Zeit mit ihm verbracht, aber die neunzig Kilometer bis zur Laguna Verde und dem dortigen Refugio fahren sich leider nicht von selbst. Vor allem nicht bei dem derzeitigen Wind. Doch als Nick mich mit den Worten verabschiedet: »Isn't that why the wind is there, to blow away your thoughts?«, bin ich mir sicher, dass mir diese Begegnung nachhaltig Energie geben wird.

Während Nick noch seine Akkus auflädt und Bilder sichert, kraxele ich der eigentlichen Landesgrenze entgegen. Doch statt mich gleich bis nach Argentinien zu quälen, bleibe ich heute Nacht noch in Chile. Den Einreisestempel nach Argentinien werde ich ohnehin erst am 130 Kilometer entfernten argentinischen Stützpunkt bekommen. Und da mir versichert wird, dass eine Diskrepanz zwischen Ein- und Ausreisedatum kein Problem darstellt, muss ich mir keinen Druck machen, heute noch dort anzukommen.

Stattdessen genieße ich ein bisschen 4000-Meter-Magic.

Ich habe seit mindestens einer Stunde nicht eine Menschenseele gesehen, als mir am Horizont ein Punkt auffällt. Der Punkt kommt näher, aber langsamer, als es ein Auto tun würde. Kurze Zeit später ist klar: Es ist ein Radfahrer! Nelson aus Uruguay fährt sei 1990 mit dem Rad durch Südamerika. Dreißig Jahre auf dem Rad! Mal mit kürzeren, mal mit längeren Pausen. Aber insgesamt immer in Bewegung. Wahnsinn, denke ich. Vielleicht werde ich eines Tages wie er? Wir machen ein Selfie und tauschen gerade Facebook-Kontakte aus, als Nick neben uns anhält. Keine zwei Minuten später bekommen wir Gesellschaft von einem weiteren Motorradfahrer, Andreas aus Deutschland. Das mag von außen betrachtet wenig spektakulär klingen, doch wie wahrscheinlich ist es denn bitte, dass auf über 4000 Meter Höhe mitten in den Anden vier Weltreisende aufeinandertreffen?

Da die Zeit leider nicht stillsteht, gehen wir nach und nach wieder unserer eigenen Wege. Nelson radelt Richtung Pazifikküste, ich Richtung Paso de San Francisco. Nick und Andreas bleiben zurück und tauschen sich über ihre Maschinen aus. Ungefähr so, wie wir Radler es mit unseren Drahteseln auch tun.

Nicht lange nach unserem Abschied hält Andreas neben mir. Ich bin überrascht. Irgendwie war ich davon ausgegangen, dass er gemeinsam mit Nick weiterfahren würde. Doch er erklärt mir, dass er ein Alleinreisender sei. Und außerdem habe er sich noch eine Tasse Kaffee gemacht, während Nick schon über alle Berge sei. »Kaffee?«, frage ich ungläubig. Ja, Kaffee. Frisch gemahlen. Er bietet sofort an, mir auch eine Tasse zu machen. Während ich zu diesem Zeitpunkt des Tages normalerweise gestresst wäre, weil ich mehr Pausen mache, als tatsächlich Rad zu fahren, bin ich heute erstaunlich entspannt. Ich stimme zu. Wir sitzen im Staub am Straßenrand, während das Wasser anfängt zu kochen. Über eine Stunde unterhalten wir uns, während ein Schluck köstlichen Kaffees nach dem anderen meine Seele wärmt. Zwei Deutsche weit weg von zu Hause. Zwei völlig unterschiedliche Geschichten, Leben, Persönlichkeiten. Trotzdem zwei, die sich sofort verstehen.

Als auch wir uns letztlich verabschieden, habe ich noch immer 35 Kilometer vor mir. Das erste Mal seit langem stelle ich mir vor, wie meine Reise verlaufen würde, wenn ich motorisiert unterwegs wäre. Aber die positive Energie der Begegnungen fungiert auch jetzt fast wie ein Motor. Ich schaffe es vor Sonnenuntergang zur Laguna Verde.

Dann sitze ich auf 4400 Meter Höhe am Ufer dieser türkisblauen Lagune und grinse wie verrückt. Wie um alles in der Welt habe ich das verdient? Ich genieße die Aussicht, bis sich die ersten Sterne am Himmel zeigen.

Am Morgen fahre ich am Ojos del Salado vorbei. Dem höchsten noch aktiven Vulkan der Erde. Dem mit 6893 Metern zweithöchsten Berg Südamerikas. Eine Nummer zu steil für mich und mein Fahrrad, aber insgeheim träume ich schon von einer Expedition, die mich als erste Frau mit Mountainbike auf dem Weg zum Gipfel begleitet. Any sponsors?

Der Ojos del Salado ist dann auch das letzte Highlight auf chilenischem Boden. An der offiziellen Landesgrenze, dem endlich erreichten Paso de San Francisco, mache ich nur ein schnelles Foto, bevor ich mich auf die Talfahrt begebe. Es ist Montagmorgen, und offiziell bin ich damit die erste Person, die diese Woche auf ebendiesem Pass nach Argentinien einreist. Worüber soll man auch sonst nachdenken, wenn man alleine auf 4700 Meter Höhe herumradelt?

Nach dem Überschreiten der Grenze tauche ich in eine völlig andere Landschaft ein. Die chilenische Seite war trocken und bräunlich. Mein erster Eindruck von Argentinien: überraschend grün. In der Ferne entdecke ich Seen, und der Boden ist mit Büschen bedeckt. Die Berge haben unglaubliche Farben: Rot, Grün, Grau. Ich lächle nonstop und bin immer wieder froh über meinen Entschluss, die Küste Chiles zu verlassen und über ebendiesen Pass zu fahren.

Trotz mehrerer kurzer Unterbrechungen (irgendwie bin ich heute mal wieder nicht die einzige Radfahrerin auf der Straße), schaffe ich es bis auf eine Höchstgeschwindigkeit von 74,2 Stundenkilometer. Wetter passt. Wind passt. Gemütszustand: großartig.

Wäre die Straße nicht durch eine Schranke versperrt, wäre ich sicher einfach an der Einreisebehörde vorbeigeradelt. Jetzt bin ich ganz offiziell in Argentinien. Mir werden keine Fragen zum Aufenthaltsort der letzten Nacht gestellt. Lustig, so im Nachhinein. Gibt es doch tatsächlich eine einzige Nacht, bei der mein Aufenthaltsort nicht in meinem Pass dokumentiert ist. Niemandsland. Es folgen zwei kostenlose Nächte im argentinischen Andenvorland, bevor ich zurück in der Zivilisation bin.

In Fiambalá erledige ich rasch, was zu erledigen ist: Geld abheben, SIM-Karte kaufen und aktivieren, Lebensmittel besorgen, Wasserflaschen auffüllen, neuen Hinterradreifen auftreiben und Lebenszeichen an Familie und Freunde senden. Ich bin in Argentinien angekommen!

Häufiger als in Chile komme ich mit Einheimischen ins Gespräch. Autos halten neben mir und fragen, ob ich etwas brauche. Dabei sind die Distanzen zwischen den Dörfern wirklich gut an einem Tag zu meistern. Ich werde um gemeinsame Fotos gebeten. Bisweilen wird Phileas zum Kinderspielplatz. Die Menge an Radfahrern überrascht mich. In den ersten zehn Tagen im Land begegne ich vier Franzosen mit insgesamt vier Kindern, drei Argentiniern, zwei Kolumbianern, zwei Dänen, einem Holländer und einem Schweizer. Und das erste Mal seit meiner Ankunft in Südamerika habe ich das Gefühl, tatsächlich mehr Radfahrer (auch einheimische) als Rollerfahrer zu sehen.

Argentinien macht seinem Ruf alle Ehre. Insgesamt habe ich den Eindruck, dass der Straßenrand schon etwas sauberer ist als zuletzt in Chile, Bolivien und Peru.

Früh werde ich in einige Besonderheiten der argentinischen Kultur eingeführt. In den Supermärkten ist die Mate-Abteilung größer als das Kaffeesortiment. Eigentlich größer als jede andere Abteilung.

Auch Thermosflaschen für heißes Wasser gibt es überall zu kaufen. Das geht mir bei den aktuellen Temperaturen von über 25 Grad nur schwer in den Sinn. Wenn zum Abendessen ein Stück Fleisch auf dem Teller landet, sind alle glücklich. Beilagen, die eigentlich meine Hauptspeise darstellen, werden überbewertet. Dafür gibt es endlich wieder richtig guten Käse. Neben Essen und Trinken hat auch die Siesta einen enorm hohen Stellenwert. Die rund 44,5 Millionen Argentinier nehmen die nämlich sehr ernst. Zwischen dreizehn und siebzehn Uhr (manchmal auch länger) haben die meisten Geschäfte geschlossen. Egal, was draußen für ein Wetter ist. Ein Rhythmus, an den ich mich gewöhnen muss. Denn der Nachmittag ist eigentlich meine Haupteinkaufs- und Essenszeit.

Nach Fiambalá fahre ich noch ein kleines bisschen Richtung Süden. Doch der ist ja aktuell eigentlich gar nicht mehr mein Ziel. Kurz nach Tinogasta biege ich also links ab. Nach links bedeutet nach Norden. Komisch fühlt sich das an nach der ganzen Zeit, die ich in entgegengesetzte Richtung gefahren bin. Das Linksabbiegen bringt mich zur Ruta 40 – zu einer unter Abenteuertouristen durchaus bekannten Route. Der Abschnitt zwischen Belén und Cafayate stellt sich als rundherum sehenswert heraus. Die Landschaft ist großartig.

Sechs Tage bin ich Richtung Norden unterwegs, davon fünf Tage auf der Ruta 40 und einen Tag auf der Ruta 68. Das ist natürlich gar nichts, wenn man bedenkt, dass die Ruta 40 mit 5300 Kilometern der längste Highway Argentiniens ist. Aber für mich soll es erst mal reichen.

Ich fahre durch grüne Täler, vorbei an majestätischen Felslandschaften. Auf dem Weg nach Cafayate rolle ich durch Londres, die zweitälteste Stadt Argentiniens, und mitten in die Weinbauregion der Provinz Salta. Die Begegnungen mit Touristen nehmen zu. Die entsprechende Infrastruktur auch.

Eine Bodega grenzt an die nächste. Da sich Wein aber bekanntlich besser in Gesellschaft trinkt, verzichte ich auf die angepriesenen Verkostungen. Auch, weil sich Alkohol, Aktivität und Sonne nicht so gut vertragen. Den Anblick der Weinberge genieße ich dennoch.

In Cafayate bleibe ich nur für eine verlängerte Mittagspause. Kopfsteinpflasterstraßen laden zur Entschleunigung ein. Doch die Menschenmengen stressen mich. Auf dem Weg raus aus der Stadt treffe ich auf den Radfahrer Alejandro. Wir fahren in dieselbe Richtung und somit ein Stück zusammen. Aus dem »Stück« werden zwei Tage. Spanischkurs inklusive.

Mit Alejandro fahre ich bis nach Salta. Wir nehmen uns ein Zimmer und stoßen bei Locro, einem traditionellen Eintopf auf der Basis von Mais, Bohnen und Tomaten, sowie bei Empanadas auf unsere Reise an. Während er am nächsten Tag den Bus zurück zu seinem Wohnort Tucumán nimmt, wechsle ich nur die Unterkunft. Programm für ein, zwei Tage gibt es in Salta definitiv. Außerdem ist Clemence, die französische Radfahrerin, die ich das letzte Mal in Juliaca getroffen habe, ebenfalls vor Ort.

Ein paar Tage Stadt und Kultur mit viel Wein und argentinischem Steak werden von meinem Körper als Einladung zum Krankwerden interpretiert. Da das – zum Glück – überaus selten vorkommt, gönne ich ihm die Ruhe. Somit habe ich jetzt keine Entschuldigung mehr, die Aktualisierung meines Blogs noch länger hinauszuzögern. Doch als Erstes widme ich mich mal wieder den Nachrichten. Ob aus Zeitgründen oder aufgrund mangelnden Internets – globale Informationsbeschaffung geht in meinem normalen Tagesablauf definitiv unter. Da kommt so ein Tag im Bett doch gerade recht. Informationsüberfluss.

Womit ich absolut nicht gerechnet habe, ist die Tragweite dieser Informationen. Covid 19. Was? Ein Virus aus China. Aha. Aber wieso machen sich Familie und Freunde auf einmal Sorgen um mich? Bis dieses Virus mich und meine Reisefreiheit einschränkt, bin ich doch bestimmt schon wieder zu Hause.

Schön wär's.

Kapitel 23
Wie ich mein persönliches Eldorado fand

Nach zwei Jahren ultimativer Freiheit stellt ein Virus mein Leben auf den Kopf. Nicht nur mein Leben, sondern das Leben jeden einzelnen Bürgers auf dieser Welt.

Als ich nach drei Tagen in Salta losfahre, ist noch alles in Ordnung. Ich habe bereits vom Coronavirus gehört, mache mir aber, wie viele andere, keine Gedanken. Eine Augenentzündung, die mit Antibiotikum behandelt werden musste, hatte mich unfreiwillig ans Bett gefesselt. Mit zurückgewonnenem Augenlicht ist auch die Energie zurück.

Der Plan lautet, Salta Richtung Osten auf dem Highway 9 zu verlassen und dann nach Süden abzubiegen, zum Highway 16. Diesem will ich 700 Kilometer bis zum Ende in Corrientes folgen, danach möchte ich noch nach Paraguay, zu den Iguazú-Wasserfällen in Argentinien und nach Brasilien. Das mag für den einen oder anderen, der sich mit Geographie auskennt, merkwürdig klingen. Mein ursprüngliches Ziel war doch Ushuaia, der südlichste Zipfel Südamerikas, oder nicht? Richtig, aber Pläne sind dazu da, dass man sie über den Haufen wirft. Und dass ich das des Öfteren mache, sollte mittlerweile klar sein. Nun, diesmal liegt es tatsächlich weniger an mir als an Corona. Dieses Virus hat andere Pläne für mich.

Nach Salta geht es ein wenig bergauf. Es folgen sanfte Hügel und dann unglaubliche Weite. Die Straße ist flach und gerade, sobald ich den Highway 16 erreiche.

Es ist grün. So grün! Oft denke ich, ich bin zurück im Dschungel. Es ist heiß, und ich schwitze viel. Der Wind ist sanft und kühlt mich zumindest beim Fahren ab. Ich bin flink unterwegs. Wann immer ich aufhöre, ist es nicht nur unerträglich heiß, es gibt auch böse Mücken, die nur darauf warten, etwas von meinem Blut zu trinken. Also halte ich nur, wenn ich hungrig bin oder in die Büsche muss.

Die erste Tankstelle nach hundert Kilometern Pampa ohne Zivilisation wird zu meiner Schlafstelle. Die Angestellten sind freundlich, und es ist überhaupt kein Problem, mein Zelt im Gras aufzuschlagen. Immer noch voll mit Endorphinen gönne ich meinem Körper das wohlverdiente Stretching und nutze das kostenlose WLAN, um meine Social-Media-Dosis zu erhalten.

Die Tage sind heiß – eigentlich zu heiß für jegliche Aktivität. Aber auf meinem Fahrrad fühle ich mich zu Hause. Im Sattel scheint die Welt in Ordnung. Dass sie das in Wirklichkeit aktuell leider gar nicht ist, versuche ich zu verdrängen.

Vertrauen. Es findet sich für alles eine Lösung.

Gute Menschen laden mich zu sich nach Hause ein. Andere bieten mir Mitfahrgelegenheiten an, die ich dankend ablehne. Dann werden mir eiskalte Flaschen mit Wasser oder Limonade aus dem Fenster gereicht. Die wiederum nehme ich dankend an.

Während der nicht enden wollende Highway 16 am Anfang ziemlich grün und unberührt war, wird die Strecke leider von Tag zu Tag trockener und bevölkerungsreicher.

Als ich an einer Tankstelle halte, um wenigstens ein bisschen Schatten zu bekommen, spricht mich ein brasilianischer Motorradfahrer in perfektem Englisch an. Wie üblich ist er darüber erstaunt, mich als Frau allein anzutreffen. Mittlerweile stemple ich so eine Aussage einfach als Kompliment ab.

In Los Frentones, etwa 550 Kilometer nach Salta, macht die Hitze nicht nur meinem Körper zu schaffen, auch die Ausrüstung leidet. Während ich versuche, den riesigen Riss in meinem Schlauch zu flicken, taucht Paul auf. Ein Weltenbummler. Ein Fahrradfanatiker. Ein Alltagsheld. Er trägt Unterwäsche auf dem Kopf und Socken an den Händen. Sein persönlicher Sonnenschutz. Wir tauschen die üblichen Informationen über unsere Reise aus. In Zeiten, da man jeden Tag andere Reisende trifft, kann das lästig werden. Aber mitten in der Pampa, wo wir beide seit Tagen, Paul sogar seit mehreren Wochen, keinen anderen Radfahrer getroffen haben, artet die Unterhaltung schnell aus. Er hat seit über 5000 Kilometern keinen Platten mehr gehabt, angeblich aber mal gelernt, wie man so ein Loch professionell flickt. Also lasse ich ihn machen. Ein wenig in meiner Ehre gekränkt, doch eigentlich froh über die Hilfe, geht es nach einem herzlichen »Adiós, Amigo« in entgegengesetzte Richtungen weiter.

Ich komme jedoch nicht weit. Nach nur 500 Metern hat auch Pauls hochangepriesene Platten-Flick-Kunst versagt. Zzzziiiisch.

Verärgert, hungrig und müde wiederhole ich die Prozedur. Mir fehlt jedoch die Energie zum Weiterfahren. Das Risiko eines platten Reifens möchte ich heute nicht noch mal eingehen. Ich entscheide, in Los Frentones zu bleiben, und mache mich auf die Suche nach einem Schlafplatz.

Wie üblich ziehe ich neugierige Blicke auf mich, und ein älterer Herr hat den Mut, mich anzusprechen. Er lädt mich sofort ein, gemeinsam Mate zu trinken. Corona-Hygienekonzepte gibt es hier nicht. Mate wird traditionell aus einem Becher getrunken, und die ganze Runde nuckelt an demselben Trinkhalm. Trotzdem nehme ich an, ohne nachzudenken. Die Zeremonie des Matetrinkens hat etwas Beruhigendes. Ich frage Antonio, wo ich mein Zelt aufschlagen kann. Er beantwortet meine Frage mit der gut gemeinten Einladung in sein Gästebett. Später, nach einer kalten Dusche, versuche ich zu schlafen, bekomme aber kein Auge zu. Es ist so heiß. Und dann auf einmal so kalt, weil Antonio die Klimaanlage anschaltet. Ich wünschte, ich wäre in meinem Zelt.

Irgendwann bin ich wohl doch eingenickt, denn die aufgehende Sonne weckt mich am Morgen. Ohne Frühstück geht es in die nächste Stadt. »Pampa del Inferno« – Höllenebene, so wird diese Gegend genannt. Wie in der Hölle fühle ich mich tatsächlich. Ich bin erschöpft. Physisch und psychisch.

Die sonst willkommene Ungewissheit wird zur Qual. Wie geht es meinen Freunden und der Familie? Bin ich die Einzige, die mit ihrem Leben weitermacht, als wäre nichts passiert? Doch was bleibt mir groß übrig? Hierbleiben ist keine Option.

In Resistencia komme ich am ersten Fahrradladen seit dem Schlauchdesaster vorbei, doch meine Größe haben sie nicht. Auf einer riesigen Brücke überquere ich den Fluss Paraná, der so dreckig aussieht, wie ich mich fühle. Während die Kilometer unter meinen Reifen dahingeschmolzen sind, hat auch das Virus nicht innegehalten.

Vor dem Supermarkt des nahe gelegenen Corrientes spricht mich Gustavo, der Chef des benachbarten Casinos, an und lädt mich zu sich nach Hause ein. Obwohl es noch relativ früh ist, nehme ich das Übernachtungsangebot an. Eine Entscheidung, die sich in der nächsten Woche als goldrichtig herausstellen wird. Auch hier sprechen wir über das Virus, das sich nun in Europa rasend schnell ausbreitet.

Trotz des herzlichen Empfangs verlasse ich Corrientes am Nachmittag des nächsten Tages. Es ist der 10. März. Wegen der andauernden Hitze und der prallen Sonne nutze ich jede Möglichkeit einer kurzen Abkühlung und verbringe gefühlt mehr Zeit in klimatisierten und mit WLAN ausgestatteten Tankstellen als im Sattel. Dennoch verspüre ich einen inneren Druck und versuche, so schnell wie eben möglich, aber trotzdem aus eigener Antriebskraft, nach Brasilien zu gelangen.

Die Einreise nach Paraguay muss ich bedauerlicherweise abschreiben, denn nun gelten die ersten Restriktionen. Argentiniens Grenzen sind geschlossen. Ich wäre zwar rausgekommen, aber nicht mehr zurück, um die Iguazú-Wasserfälle zu besuchen. Brasilien handelt langsamer. Möglicherweise komme ich noch hin? Mit dem Rad natürlich. Busse verkaufen keine Tickets mehr an Ausländer.

Am 14. März gibt es 45 bestätigte Fälle im Land. Am Nachmittag komme ich in Santa Ana im Nordosten des Landes an. Dort erreicht mich die Meldung, dass der Nationalpark geschlossen ist. Damit ist meine Motivation schlagartig weg. Die Iguazú-Wasserfälle, mein Ziel, dem ich jetzt so lange entgegengeradelt bin, ist nicht mehr erreichbar. Ich mache einen Tag Pause und nutze das Internet der Tankstelle, um einen Plan B zu entwerfen. Soll ich mich trotzdem weiter Richtung Brasilien bewegen?

Am Nachmittag des 15. März treffen drei argentinische Radler an der Tankstelle ein. Ich erzähle ihnen von meinen Sorgen und hoffe auf Ratschläge. Doch die drei lesen noch weniger Nachrichten als ich. Als Argentinier in ihrem eigenen Land haben sie auch nicht so viel zu befürchten. Ich begebe mich in ihre Gesellschaft, und wir radeln den kommenden Tag gemeinsam. Ablenkung tat ja schon immer gut. Nach wie vor nutze ich freies WLAN, so oft es geht, um mich auf den neuesten Stand zu bringen. Eine WhatsApp-Gruppe mit anderen Radreisenden in Südamerika explodiert. Berichte aus anderen Ländern lassen meinen Atem stocken. Grenzen geschlossen. Flüge gestrichen. Ausgangssperren verhängt. Touristen werden aus Unterkünften geschmissen und von Einheimischen diskriminiert. Keine erfreuliche Entwicklung. Obwohl ich Plan B nie richtig zu Ende gedacht habe, reise ich weiter. Ich verabschiede mich von den Argentiniern und radle in den Sonnenuntergang davon. Jeder Kilometer zählt.

Am nächsten Abend erreiche ich die Stadt Montecarlo. Ich frage die Polizei am Ortseingang nach Übernachtungsmöglichkeiten und werde an ein offenes Hotel verwiesen. Dort gönne ich mir ein Zimmer und hoffe auf mentale Beruhigung und neue Klarheit.

Kurz nach mir treffen zwei französische Radlerinnen ein. Ein Lichtblick. Sie waren bis vor drei Tagen noch in Brasilien.

In der Nacht fasse ich den Beschluss, am Morgen zur Grenze zu trampen. Die Regeln ändern sich gerade so schnell, dass ich keine weitere Zeit verschwenden möchte. Leider schüttet es. Regen tut den Pflanzen gut, hilft mir aber ganz und gar nicht. Ich stehe drei Stunden im Nassen, ohne dass mich jemand mitnimmt.

Dann kapituliere ich. Der Besitzer des Hotels nimmt mich erneut auf, meint aber, dass er eventuell schon bald schließen muss. Ich mache mir Sorgen um die Französinnen, die aufgrund der jetzt abgeriegelten Provinzen nicht weiterfahren können. Ich lege mich trocken und hoffe auf besseres Wetter am nächsten Morgen, um die verbleibenden 120 Kilometer zur Grenze doch noch aus eigener Kraft zurückzulegen.

Ich habe Glück. Der Wettergott hat ein Einsehen, und die Spaghetti vom Abend geben mir Kraft. Ich komme früh los und gut voran. Ich fahre an etlichen Polizei-Checkpoints vorbei, werde aber nie angehalten. In Wanda lege ich eine Mittagspause ein. Fünfzig Kilometer vor der Grenze. Ich schreibe meinem Kontakt in Brasilien, teile ihm mit, dass ich am Abend ankommen werde, und erfahre, dass er seine »Casa de Ciclista« zumachen musste. Soeben wurde auch die brasilianische Landesgrenze geschlossen. Wir haben den 19. März. Argentinien hat 128 Fälle und Brasilien schon 647!

Qué mierda!, denke ich. Was nun?

Erst mal Kaffee und Kuchen.

Verängstigt schaut mich die Dame hinter dem Schalter an und fragt: »Wie lange bist du schon im Land?« Ich lächle und erkläre meine Situation. Sie wird freundlicher, aber ich spüre eine gewisse Zurückhaltung. Wie froh ich bin, dass ich mittlerweile gutes Spanisch spreche und sie mit einer Unterhaltung auf meine Seite ziehen kann.

Eine merkwürdige Situation. Merkwürdig vor allem deshalb, weil mir seit über zwei Jahren nur Freundlichkeit, Anerkennung und Respekt entgegengebracht wurden. Doch auf einmal sehen alle nur eine weiße Frau auf einem Fahrrad. Sie wissen, dass ich aus Europa komme. Was sie nicht wissen und nicht wissen wollen, ist, wie lange ich in ihrem Land bin. Ich bin nicht nur eine Ausländerin, nein, ich bin der Teufel, der Überträger eines Virus.

Nach einem kleinen emotionalen Zusammenbruch, als mir bewusst wird, dass mein letzter Plan endgültig geplatzt ist – Einreise nach Brasilien und über São Paulo Rückreise nach Deutschland, wo ich in den eigenen vier Wänden die weitere Entwicklung des Virus abwarten wollte –, versuche ich, meine Gedanken zu strukturieren.

Wenn mich das jahrelange Reisen auch nur eine Sache gelehrt hat, dann ist es der ruhige Umgang mit Ausnahmesituationen. Auf dem Rad gibt es keinen Plan, keine Sicherheit. Tagein, tagaus muss ich mich mit neuen Situationen auseinandersetzen. Ungewissheit ist mein ständiger Begleiter. Doch das ist nicht zwingend negativ, denn so etwas stärkt die eigene Resilienz.

Der argentinische Präsident verhängt eine ab Mitternacht geltende Ausgangssperre. Ich darf nicht mehr campen, mich nicht ohne Grund draußen aufhalten. Ich darf nicht mehr Rad fahren.

Eine Bleibe muss her. Für wie lange? Ungewiss.

Ein Gastgeber auf Warmshower antwortet nicht. Hotels wollen mich nicht. Mir bleiben nur meine persönlichen Kontakte. Ich rufe Gustavo an, meinen Gastgeber in Corrientes. Wegen der geschlossenen Provinzgrenzen kann ich nicht zu ihm zurück, aber vielleicht kann er mir helfen. Meine einzige Hoffnung.

Und tatsächlich. Er versteht die Dringlichkeit meiner Situation sofort. Keine fünfzehn Minuten später ruft er mich zurück und hat eine Unterkunft für mich in der Nähe der Stadt Eldorado organisiert, nur fünfzig Kilometer von mir entfernt. Ich wische mir die Tränen aus dem Gesicht. Ich bin überwältigt. Meine Angst ist vergessen. Erleichterung breitet sich aus. Das Universum passt noch immer auf mich auf.

Ich radle dorthin zurück, wo ich hergekommen bin, denn Eldorado habe ich bereits am Morgen durchquert. Es tut gut, im Sattel zu sitzen und sich die negative Energie vom Leib zu strampeln. Nach zwei Stunden Sport sieht die Welt auch schon wieder etwas heller aus. Gustavo hat ein Treffen an einer Tankstelle organisiert. Ich werde bereits erwartet.

Klatschnass, hungrig, aufgewühlt und ein wenig bange betrete ich den Laden. George spricht mich an. Auf Deutsch. Fast fange ich wieder an zu weinen. Ich wusste, dass Gustavo deutsche Großeltern hatte, doch er selbst spricht kein Deutsch mehr. Einige seiner Verwandten anscheinend schon. George klärt mich über die Familienverhältnisse und Wurzeln in Deutschland auf und macht mich mit Norberto bekannt. Norberto ist ein Freund von Carlos. Carlos ist Gustavos Onkel und mein neuer Gastgeber. Mein Schlafplatz wird im Haus von Carlos sein, etwa zehn Kilometer außerhalb der Stadt. Deswegen lädt Norberto mein Rad aufs Auto und bringt mich dorthin. Da es fast dunkel ist, beschwere ich mich nicht.

Kapitel 24

... und dann stand die Welt auf einmal still

Es wird noch einen Moment dauern, bis ich verstehe, was hier gerade passiert. Für eine Langzeitreisende, die seit mehr als zwei Jahren wie eine Landstreicherin lebt, ist die aktuelle Situation eine ziemliche Veränderung.

Ich habe ein Dach über dem Kopf. Einen liebevollen Menschen um mich herum. Einen Wald vor der Tür. Ganz normale Dinge eigentlich. Und doch bin ich unzufrieden. Meine Reise wurde unterbrochen. Von einer höheren Gewalt. Ich beschwere mich, weil ich nicht einsehe, welche Gefahr von mir ausgeht – einer im Zelt lebenden Radfahrerin, die sich schon zu Zeiten, als noch niemand von Social Distancing sprach, ganz freiwillig distanziert hat. Dieses Virus, von dem alle seit Monaten sprechen, hat es geschafft, auch meine ansonsten relativ sorgenfreie Welt zum Stillstand zu bringen.

Südamerika hat, im Vergleich zu europäischen Ländern, nicht nur schnell, sondern auch drastisch gehandelt. Kurz nach dem Eintreffen der ersten Fälle wurde der feuerrote Pausenknopf gedrückt. Halt. Stopp. Keine Einreise. Keine Ausreise. Ein Wettlauf gegen die Zeit.

Die Angst vor dem Kollaps des Gesundheitssystems ist groß. Die Regeln sind streng. Die Polizei ist strenger. Während diese Ausgangssperre für manche Menschen wie ein Gefängnis klingt – Freiheitsberaubung eben –, wähle ich gerne eine vierzehntägige Zwangsquarantäne, wenn ich wenigstens danach gesund und frei herumlaufen kann. Warten auf ein erstes »Danach«. Irgendwo gab es einen Fehler im Plan.

Keine Verpflichtungen zu haben ist nichts Neues für mich. Keine neuen Orte erkunden zu können hingegen schon. Ich träume viel von meinem Fahrrad und all den wunderbaren Ecken dieser Erde, die ich gerade besuchen könnte. Hätte, hätte, Fahrradkette. Für jetzt heißt es, sich dieser neuen Herausforderung zu stellen. Neue Wege finden zum Glücklichsein. Unter keinen Umständen möchte ich mich von Angst, Ungewissheit und Stress anstecken lassen. Bin ich doch nach wie vor privilegiert, überhaupt reisen zu können. Und eine Reise bringt eben auch gewisse Risiken mit sich. Zwar hat niemand mit einer Pandemie gerechnet, aber wenn sie da ist, muss man damit umgehen lernen.

Eine Reihe von kleinen, neuartigen Gewohnheiten hilft mir durch den Tag. Ich starte mit Sport am Morgen. Hampelmänner, Liegestütze, Bauchübungen, Unterarmstütze. Mein Körper leidet unter der Hitze und dankt mir meine Aktivität leider nicht. Mein klarer Kopf danach schon. Ich trinke frisch gemahlenen Kaffee zum Frühstück und lese etwas, bevor ich anfange, mit Carlos Mittagessen zu kochen. Bei der Gartenarbeit lehnt er meine Hilfe strikt ab. Ich soll meine »wohlverdiente Erholung« haben. Das Einzige, was ich tun darf, um zu helfen, ist kochen und putzen. Hin und wieder hacke ich Holz, pflücke Zitronen oder lege Chilischoten ein. Aber das ist wahrhaftig alles, was ich machen darf.

Nach dem Mittag macht Carlos seine Siesta. Ich bin es nicht gewohnt, mitten am Tag zu schlafen, also setze ich mich stattdessen hin, um etwas Portugiesisch zu lernen. Innerlich hoffe ich, in der nahen Zukunft doch noch nach Brasilien reisen zu können ...

Am späten Nachmittag, wenn die Sonne nicht mehr so stark scheint, gehe ich raus. Meine Lieblingszeit des Tages!

Zum Glück liegt das Haus, in dem ich wohne, nicht in einer Stadt, sondern direkt neben einem Wald. Mein neuer Lebensmittelpunkt. Mein Rückzugsort. Meine kleine coronafreie Blase.

Ich finde Freude am Gehen, ohne mich tatsächlich fortzubewegen. Natürlich bewege ich mich. Ein Schritt nach dem anderen. Auf weichem Waldboden. Über Wurzeln und durch Gestrüpp. Ich bewege mich tatsächlich vom Fleck. Aber dennoch, es fühlt sich an, als würde ich auf der Stelle laufen. Ein sehr seltsames Gefühl, wenn man seit zwei Jahren gewohnt ist, enorme Strecken zurückzulegen, mit jedem Kilometer neue Dinge zu sehen und fast jeden Abend an einem anderen Ort zu nächtigen.

Hier, in »meinem« Wald, geht es nur hin und her. Auf und ab. Mal links. Mal rechts. Bevor der Spaziergang genau dort endet, wo ich ihn ein paar Stunden zuvor begonnen habe.

Ich genieße den blauen Himmel, die hohen grünen Bäume und den flachen Fluss, den ich eines Tages finde. Ich sauge Sonnenstrahlen in mich auf und wasche die Sorgen mit kaltem Wasser von meiner nackten Haut. Finden kann mich hier ohnehin keiner.

Dennoch kann ich mich nicht motivieren, Tagebuch zu schreiben. Stattdessen spreche ich mit Freunden, erzähle, was ich gerade durchmache, und teile meine Gedanken mit ihnen. Das hilft mir enorm, mit dem ungewohnten Gefühlschaos umzugehen.

Ich versuche, neue Absichten zu formulieren, um eine Antwort auf die immer wiederkehrende Frage geben zu können: Und wie sieht dein Plan jetzt aus?

Vierzehn Tage geht das so.

Gefühlsachterbahnen werden meine täglichen Begleiter. Höhen und Tiefen, getriggert von Erzählungen anderer Reisender, dem Wunsch meiner Mutter, mich nach Hause zu holen, der Tatsache, dass ich gar nicht könnte, selbst wenn ich wollte. Aber was will ich eigentlich? Zurück auf mein Fahrrad. Ja, da war das Leben so einfach.

Ich lerne, über mich selbst zu lachen, wenn ich im Wald mal wieder die Orientierung verliere oder mir einen Splitter einlaufe, weil ich barfuß durch das Gehölz marschiere. Ich lerne mehr über die argentinische Kultur, während ich mein Spanisch verbessere. Ich lerne, mit den neuen Einschränkungen umzugehen und mich von Plänen zu lösen. Die Dinge kommen ohnehin anders, als man denkt.

Kapitel 25

Should I stay or should I go?

Vor genau siebenhundert Tagen habe ich Ottawa, Kanada, verlassen.

391 Tage davon habe ich auf meinem Fahrrad verbracht.

541 Nächte durfte ich irgendwo kostenlos schlafen.

241 Nächte davon in meinem Zelt.

Festzustecken ist schwer. Schwieriger ist es, zum Feststecken gezwungen zu werden. Am schwierigsten: feststecken, wenn du dich auf einer mehrjährigen Radtour befindest und die Welt dein Zuhause nennst. Feststecken in einem fremden Land. Mit fremden Leuten. Einer fremden Sprache. Einer fremden Kultur.

Doch ich mache meinen Frieden mit der Idee, »es« hier abzuwarten. In diesem einen Haus. In diesem einen Wald in der Nähe der Stadt Eldorado. Ich warte ab. Genau in diesem einen Haus und mit genau dieser einen Person, mit der ich im Moment zusammenlebe. Ich habe alles, was ich brauche. Egal ob zwei Wochen, vier Monate oder sechs Jahre. Hier in Eldorado habe ich ein neues Zuhause gefunden.

Aber dann ändern sich die Dinge schnell.

Am 2. April 2020 bekomme ich eine WhatsApp-Nachricht: Frau Wachnitz vom deutschen Konsulat in Eldorado fragt an, ob ich morgen um neun Uhr zu ihr kommen könne. Ein Bus werde mich um elf Uhr abholen. Der einzige Bus, der von der französischen und der deutschen Botschaft organisiert wurde, um mich und andere gestrandete Touristen zum internationalen Flughafen in Buenos Aires zu fahren. Von der argentinischen Regierung genehmigt, um die Rückführung von Ausländern zu ermöglichen.

Es dauert fünf Minuten, bis ich klar denken kann. Ich versuche, Frau Wachnitz anzurufen, um Antworten auf meine Fragen zu bekommen. Darf ich mein Fahrrad mitnehmen? Wird es für mich beim nächsten Flug einen Sitzplatz geben? Eigentlich müsste ich ganz unten auf der Liste des offiziellen Rückholprogramms stehen. Ich möchte in diesem Moment ja nicht einmal zurück. Außerdem bin ich weder minderjährig noch alt, habe keine Vorerkrankungen, bin nicht schwanger und reise auch nicht mit Kindern. Nur mit Phileas. Und das ist eher noch ein Grund mehr, mich nicht mitnehmen zu wollen.

Wie viel kostet der Bus?

Wie viel kostet der Flug?

Welche Papiere brauche ich?

Gegen neun Uhr abends habe ich immer noch keine Antworten. Nur noch mehr Fragen.

Ich gehe zu Carlos. Meiner Bezugsperson.

Er ist genauso überrascht wie ich über diese plötzliche Möglichkeit. Aber er bleibt wie immer cool und sagt: »Triff jetzt keine spontane, gedankenlose Entscheidung. Geh lieber ins Bett und schlaf drüber. Wir stellen den Wecker auf sechs Uhr morgens, und wenn du gehen möchtest, kann Norberto dich zum Konsulat fahren.«

Wo er recht hat, hat er recht.

Ich versuche zu schlafen, bekomme aber kein Auge zu. Eine Stimme in meinem Kopf hält mich vom Schlafen ab.

Soll ich gehen oder bleiben?

Bleiben oder gehen?

Ich kontaktiere Freunde zu Hause und andere Reisende, die in der gleichen Situation stecken. Ich spreche über meine Gedanken, meine Ängste und Sorgen. Sosehr ich die freundlichen Worte und die spontane Unterstützung schätze, werde ich am Ende doch allein gelassen. Niemand kann diese Entscheidung für mich treffen. Niemand.

Soll ich gehen oder bleiben?

Ich kann meine Augen kaum offen halten, aber mein Verstand lässt mich nicht ruhen. Es ist zwei Uhr morgens, lange nach meiner normalen Schlafenszeit.

Um halb drei steht es fest: Ich nehme den Bus. Ich fahre nach Hause.

Es ist meine Entscheidung. Und es tut gut, sie getroffen zu haben. Am Ende hat auch die Nachricht der Botschaft den Ausschlag gegeben. Darin steht, dass es nur diesen einen Bus für mich gibt. Wenn ich diese Chance nicht nutze, kann mir die Botschaft in Zukunft nicht mehr helfen. Naiv, wie ich bin, habe ich diese Information zuerst überlesen. Am Ende zwingt sie mich zu handeln.

Wenn ich jetzt in meiner warmen und komfortablen Wohnung sitze und auf diese schwierigen Stunden zurückblicke, frage ich mich, was mich davon abgehalten hat, sofort »Ja, ich fahre nach Hause« zu sagen. Wahrscheinlich hatte ich Angst, nicht abschließen zu können, was noch nicht erledigt war. Wie auch immer, ich bin glücklich mit meiner Wahl. Sehr glücklich.

Auch als mitten in der Nacht der Beschluss steht, kann ich nicht schlafen, denn ich muss meine Sachen packen.

Zelt, Schlafsack, Kleidung sind schnell sortiert. Auch das »Bad« ist ruckzuck aufgeräumt. Es bleiben die »Küchentaschen«. Snacks gibt es nach zwei Wochen ohne Einkaufen ohnehin nicht mehr, aber ich habe noch Reis, Couscous, Linsen, Thunfisch, etwas Knoblauch, Suppenpulver und meine in den USA gekaufte Packung Idahoan Mashed Potatoes.

Nur andere Fahrradtouristen werden die Gefühle nachvollziehen können, die ich angesichts einer Tüte Kartoffelpüree hege. Dieses Kartoffelpüree ist nicht nur superbillig und lecker, es ist auch glutenfrei, vegetarisch und mit acht Gramm Proteinen und achtzig Gramm Kohlenhydraten pro Beutel ein leichtes und schnelles Abendessen, Mittagessen, ein Snack oder Frühstück.

Okay, jetzt übertreibe ich, aber für eine ganze Weile enthielt mein Abendessen immer einen Teil Kartoffelpüree. Diese übrig gebliebene Packung war nun über ein Jahr mit mir unterwegs. Klar, dass ich sie auch jetzt mitnehmen muss. Genau dafür hatte ich sie bisher aufgehoben: für den Notfall! Die eiserne Reserve. Für den Fall der Fälle. Wobei ich mir den irgendwie anders vorgestellt hatte.

Um vier Uhr morgens bin ich mit dem Packen fertig. Meine Sachen passen überraschend gut in meinen großen Rucksack, den ich für mehrtägige Wanderungen mit mir herumgeschleppt hatte. Oder eben für Ausnahmesituationen wie diese, in denen ich nicht Fahrrad fahren kann.

Ach genau, da ist ja noch mein Fahrrad. Phileas, kommst du mit nach Deutschland? Eine Frage, auf die ich mitten in der Nacht keine Antwort finde.

Als mein Wecker um sechs Uhr morgens klingelt, habe ich zwar kaum geschlafen, bin aber aufgrund meines hohen Adrenalinpegels sofort wach. Ich überreiche Carlos die Dinge, die zurückbleiben sollen. Dann überredet er mich zu einem Frühstück und gibt mir Kekse und Orangen für den Weg. Ich zwinge mir einen heißen Kaffee und ein Stück Brot runter, bevor ich mich hinsetze und mich auf mein Handy konzentriere.

Ich habe dreißig Minuten, bevor Norberto mich abholt, in denen ich meinen Leuten von meiner Entscheidung erzähle. Da ist sie wieder, die emotionale Achterbahn.

Kurze Zeit später verabschiede ich mich von Carlos, meinem Lebensretter und Felsen in der Brandung. Meine Taschen und mein Fahrrad werden auf die Ladefläche des Pick-ups gestellt.

Ich bin ganz aufgeregt, weil wir erst um halb zehn im Konsulat ankommen, denn ich hätte schon um neun Uhr da sein sollen. Doch auch Frau Wachnitz ist noch nicht vor Ort. Norberto wartet mit mir und verabschiedet sich erst, als sie eintrifft.

Nach einer kurzen Einführung, was noch alles zu erledigen sei, sitzen wir in ihrem Auto und fahren zu einem Arzt. Um in den Bus einsteigen zu dürfen, brauche ich eine Art Attest. Ein Blatt Papier mit der Aufschrift: Frau Traser zeigt keine Krankheitssymptome. Zum Glück kennt Frau Wachnitz eine Frau, die bereit ist, mich so spontan zu untersuchen.

Nachdem das erledigt ist, spreche ich mein Fahrrad an. Ich erkläre Frau Wachnitz, wie man es normalerweise verpacken muss, und ohne mich für bekloppt zu erklären, weil ich mein Fahrrad mitnehmen will, bietet sie an, ein paar Pappkartons aus ihrer Garage zu holen. Ich muss nur Klebeband kaufen und dann das Fahrrad zerlegen und irgendwie in die Pappkartons wickeln.

Das Besorgen des Klebebands ist aufregender, als es klingen mag. Schon ein Geschäft zu finden, das Klebeband verkauft, ist eine echte Herausforderung. Ich kenne nicht einmal das spanische Wort dafür. Natürlich muss ich mich dann auch noch vor dem Laden anstellen. Was wollen denn so viele Menschen an einem Freitagmorgen im Baumarkt? Auf dem Bürgersteig hat sich schon eine lange Schlange gebildet. Einer nach dem anderen nennt dem geduldigen Mitarbeiter, was er benötigt. Eine gefühlte Ewigkeit dauert es, bis ich an der Reihe bin. Aufmerksam hört der Angestellte zu, was ich zu erzählen habe, und am Ende gehe ich tatsächlich mit zwei Rollen Klebeband zurück zum Konsulat.

Das Fahrrad ist im Nu zerlegt. Aber anstelle einer Kiste habe ich eher einen Turm gebaut. Ich habe so meine Zweifel, ob die Fluggesellschaft das akzeptieren wird. Letztendlich weiß ich noch immer nicht, ob ich überhaupt Sperrgepäck mitnehmen darf. Aber eine Ausnahmesituation bedarf außergewöhnlicher Regeln. Also Daumen drücken!

Das alles mag im Nachhinein lustig klingen, doch das war es ganz und gar nicht. Die Sonne knallt, das Band klebt nicht, die Angst, etwas an dem Fahrrad zu zerbrechen, ist groß und meine Zeit sehr begrenzt!

Um elf Uhr laden wir die »Kiste« mit dem Fahrrad ins Auto, und Frau Wachnitz bringt mich zur Bushaltestelle. Der Bus sollte Puerto Iguazú um elf Uhr verlassen und dreißig Minuten später in Eldorado sein. Aber wir bekommen keine Nachricht, ob der Bus tatsächlich in Puerto Iguazú abgefahren ist.

Frau Wachnitz ist nervöser als ich. Ihre Abkürzung zur Hauptstraße (und der Bushaltestelle) wurde abgeschnitten. Natürlich will die Polizei nicht, dass jemand die Stadt verlässt. Zurück an dem einen offiziellen und noch offenen Ausgang, werden wir von den Beamten angehalten. Sie brauchen gute dreißig Minuten, um meine Papiere zu überprüfen. Erst nach einem Anruf des Vorgesetzten dürfen wir passieren.

Als wir an der Bushaltestelle stehen, erzählt mir die Konsulin von ihrer Befürchtung, dass der Bus schon ohne mich losgefahren sein könnte. Vorbeigefahren, während wir bei der Polizei feststeckten. Sie geht zur Tankstelle und fragt, ob in den letzten Minuten ein Bus gesichtet wurde.

Eine komische Frage, wenn man bedenkt, dass die Hauptstraße normalerweise mit Reisebussen überfüllt ist. Doch hier und heute hätte ich auf der Straße schlafen können.

Und tatsächlich. Anscheinend ist vor zwanzig Minuten ein Bus vorbeigefahren. Vor zwanzig Minuten? Das ist nicht möglich. Frau Wachnitz sieht mich an. In meinem Kopf baue ich mein Fahrrad schon wieder zusammen. Doch dann ruft Frau Wachnitz: »Steig ins Auto! Wir holen diesen Bus ein!«

Etwas schneller als erlaubt fliegen wir über den Asphalt. Ohne Verkehr auf der Straße traut sich Frau Wachnitz, ein oder zwei Kurven etwas schneller zu nehmen, als ich sie noch vor drei Wochen in die andere Richtung mit meinem Rad gefahren bin.

Frau Wachnitz kennt sich mit den Bushaltestellen aus. Ein Dorf nach dem anderen zieht an uns vorbei. Jedes Mal haben wir Sorge, wir könnten von der Polizei gestoppt werden. Aber wir haben

Glück. Die Polizei kontrolliert nur den Verkehr in den Dörfern, aber nicht auf der Hauptstraße.

Wir überholen einige Lkws, die mit Lebensmitteln und Benzin beladen sind, aber einen Reisebus sehen wir nicht. Auf jedem Hügel schauen wir in die Ferne und versuchen, von oben einen Bus am Horizont zu erkennen. Vergebens.

Dann, nach fast einer Stunde, taucht etwas Großes und Gelbes am Horizont auf. »Das ist der Bus!«, sage ich. »Wir haben ihn!« Frau Wachnitz ist noch etwas zurückhaltend, aber als wir näher kommen, stimmt sie mir zu: »Ja, wir haben ihn eingeholt! Du fliegst nach Hause!«

Wir bleiben noch kurz hinter dem Bus und stellen fest, dass er – genau wie wir – sehr, sehr schnell fährt. Als dann endlich die nächste Haltestelle auftaucht, hupt Frau Wachnitz wie verrückt, überholt und hält mit einer Vollbremsung vor dem Bus.

Glücklicherweise warten an dieser Haltestelle ungefähr zehn Studenten, nicht nur ein oder zwei. Ich habe also genug Zeit, meine Taschen und mein Fahrrad zum Bus zu tragen. In weniger als fünf Minuten lädt der Busfahrer das gesamte Gepäck ein. Auch mein Fahrrad findet ein Plätzchen. Eine Sache weniger auf der »Was kann alles schiefgehen?«-Liste.

Während sich Frau Wachnitz noch beim Busfahrer beschwert, dass er an Eldorado vorbeigefahren ist, ohne Bescheid zu geben, steigen die neuen Fahrgäste in den Bus ein. Nach einem riesigen Dankeschön und dem Versprechen, irgendwann zurückzukehren, überwinde auch ich die drei Stufen in den Innenraum.

Allmählich schwindet die Anspannung der Nacht, und mein Hunger kehrt zurück. Ich öffne Carlos' Kekse und finde eine bequeme Position, um die nächsten zwanzig Stunden in diesem Fahrzeug zu verbringen.

Bis achtzehn Uhr halten wir noch einige Male, um weitere Personen einzusammeln. Mehr als einmal werden wir von der Polizei

oder dem Militär gestoppt. Während wir Passagiere immer befürchten, nun umdrehen zu müssen, besonders wenn die Kontrolle
mal länger als fünf Minuten dauert, geht letztlich alles gut aus.

Am nächsten Morgen um neun Uhr kommen wir am Flughafen in Buenos Aires an. Der Bus setzt uns vor dem Terminal ab.
Während wir auf unsere Koffer warten, verschwinde ich, um nach
einem Gepäckwagen für meine Fahrradbox zu suchen. Wir haben
beschlossen beisammenzubleiben, da wir alle den gleichen Flug
nach Deutschland nehmen wollen. Ha, kleiner Witz. Es gibt heute
nur einen Flug nach Deutschland, nämlich heute Abend um halb
neun.

Wir haben einen ganzen Tag zu überbrücken.

Während die meisten Reisenden bereits ihr Rückflugticket sicher haben, warte ich immer noch auf eine Nachricht von der Botschaft. Zusammen mit den anderen Deutschen sitze ich draußen
in der Sonne. Es herrscht eine ziemlich entspannte Atmosphäre.
Wir können in den Flughafen gehen, um die Toiletten zu benutzen
oder unsere Wasserflaschen zu füllen. Es sind zwar keine Geschäfte
geöffnet, aber das wussten wir vorher. Mit kostenlosem WLAN,
einem Buch und netter Gesellschaft vergeht die Zeit verhältnismäßig schnell.

Gegen Mittag habe ich endlich eine E-Mail von der Botschaft.
Die lang erwartete Nachricht: Ich habe heute Abend einen Platz
im Flieger! Yippie! Das Einzige, was mich nach wie vor beunruhigt,
ist mein Fahrrad. Ich habe immer noch keine Ahnung, ob ich es
mitnehmen darf.

Gegen fünf Uhr beginnt der Check-in. Wir bilden eine Schlange, und keiner bittet uns, Abstand zu halten. Keiner reguliert die
Anzahl der Personen in der Halle. Die Schlange bewegt sich nur
sehr langsam vorwärts, aber die allgemeine Stimmung ist ruhig.
Wir haben sehr viel Zeit bis zur eigentlichen Abreise, und es gibt

wirklich nichts anderes zu tun. Also warten wir entspannt, bis wir an der Reihe sind. Am ersten Schalter tauschen wir die von uns zu unterschreibende Kostenübernahme-Garantie gegen eine Transitkarte. Mit diesem Transitticket müssen wir zum offiziellen Lufthansa-Schalter, wo das Transitticket in eine Bordkarte umgewandelt wird. Dort wird auch das Gepäck aufgegeben. Es wird wieder spannend.

Darf ich mein Fahrrad mitnehmen?

Natürlich. Sogar ohne Diskussion. Mein Rucksack wird gewogen. 15,5 Kilo. Die nette Dame hinter dem Tresen fragt, was in der Box ist. Ein Fahrrad. Sie glaubt mir. Beim Sperrgepäck muss ich dann die Box in den Scanner legen. Für eine Sekunde denke ich, jetzt geht doch noch alles schief. Das Worst-Case-Szenario spielt sich in meinem Kopf ab: Ich muss Phileas am Flughafen lassen und sehe ihn nie wieder. Doch es gibt angesichts meiner unförmigen Box keinerlei Beschwerden. Rein gar keine. Ich bin den Flughafenmitarbeitern bis heute dankbar, dass sie alles so reibungslos und unkompliziert abgewickelt hat.

Wenig später begeben wir uns auch schon ins Flugzeug und zu unseren Sitzen. Viel zu nahe stehen wir beieinander. Fast keiner trägt eine Gesichtsmaske. Ich habe auch keine Maske, aber trage wenigstens meinen Buff. Sicher ist sicher.

Ich finde eine bequeme Position und hole noch einmal tief Luft, bevor das Flugzeug startet. Das war es also? Wir sind in der Luft? Ich kann immer noch nicht richtig fassen, was hier gerade passiert. Aber für den Moment versuche ich, den Rückflug zu genießen.

Nach einer langen, schlaflosen Nacht bereiten wir uns auf die Landung in Frankfurt vor. Ich schließe die Augen und versuche, meine Gefühle zu bändigen.

Als uns die freundliche Stimme der Stewardess mit »Herzlich willkommen *zurück* in Deutschland« weckt, habe ich Tränen in den Augen. Jetzt bin ich tatsächlich zurück. Zweieinhalb Jahre, nachdem alles begann.

Eine Sitzreihe nach der anderen wird aufgefordert aufzustehen und auszusteigen. Zum ersten Mal seit drei Tagen kommt der Hinweis, doch bitte Abstand zu halten. Aber niemand kümmert sich darum. Hauptsache, wir sind zurück. Die Erleichterung ist den Passagieren von den Gesichtern abzulesen.

Dann bin ich an der Reihe. Ich nehme Tasche und Helm aus der Gepäckabteilung, bedanke und verabschiede mich von der Besatzung und betrete wieder deutschen Boden. Es ist keine Rückkehr, wie ich sie mir vorgestellt hatte, aber ich bin überaus dankbar für die Möglichkeit, überhaupt zurückkehren zu können.

Ich hole mein Fahrrad vom Sperrgepäck, nehme meinen Rucksack vom Gepäckband und trete ins Tageslicht.

Es ist fünfzehn Uhr deutscher Zeit.

Mein Bruder holt mich vom Frankfurter Flughafen ab. Im Auto geht es weiter nach Berlin. Leere, aber nicht völlig verlassene Autobahnen, keine Polizeikontrollpunkte, keine Panik – fast so, als wäre überhaupt keine Pandemie ausgebrochen. Es fühlt sich komisch und surreal an.

Und im Grunde bin ich auch nur physisch angekommen. Meinen Kopf und meine Gedanken habe ich in Südamerika gelassen.

Deutschland

Kapitel 26

Warum in die Ferne schweifen?

Eine Willkommensfeier gibt es nicht.

Auch meine Geburtstagsparty fällt flach.

Nur Ostern wird am Feuer mit der Familie verbracht.

Die Rückkehr nach einem längeren Auslandsaufenthalt ist nie einfach. Nach dreißig Monaten in die Heimat zurückzukehren, während eine Pandemie die Welt auf den Kopf stellt, ist noch schwieriger, als ich dachte. Ich werde Zeit brauchen, um mich wieder auf dieses sogenannte normale Leben einzustellen. Wobei während der Pandemie eigentlich gar nichts normal ist.

Ich suche nach einem Job, aber nicht, weil es von mir erwartet wird, sondern weil ich meinem Leben einen Sinn geben möchte. Ich brauche eine Aufgabe, am besten mit gesellschaftlichem Nutzen.

Ich liebe es, über meine Reise zu sprechen, doch ich merke, dass meine Euphorie dabei zunehmend schwindet. Mir fehlt die tägliche Dosis Fremdheit. Ich möchte keine alten Geschichten erzählen, ich möchte neue erleben. Noch ohne Arbeit habe ich viel Zeit zum Nachdenken. Zu viel.

Statt Zeit mit meinen alten Freunden zu verbringen, kommuniziere ich viel mit meinen neuen Freunden. Weltreisenden, die gerade dieselben Dinge erleben wie ich. Gemeinsam lachen wir über unsinnige Gewohnheiten, genießen den doch deutlich höheren Lebensstandard und versuchen, uns vom umgekehrten Kulturschock nicht überwältigen zu lassen. Da kommt warmes Wasser aus der Leitung! Der Müll wird tatsächlich getrennt! Flaschen und Dosen haben Pfand. Das hatte ich doch glatt vergessen. Hier werden Radfahrer im Straßenverkehr respektiert. Gut, über den Punkt lässt sich streiten, aber im Vergleich zu einem vierspurigen Highway in Südamerika ist es hier allemal entspannter. Es gibt allgemeingültige Verkehrsregeln. Von »rechts vor links« hat in Amerika offenbar noch niemand was gehört. Und dann ist da noch das Klopapier. Hier gehört Klopapier einfach in die Toilette. Nicht wie in Mittel- und Südamerika in einen Eimer daneben. Diese Bewegung aus meinem Kopf rauszubekommen dauert noch ganz schön lange.

Doch ich weine nicht, weil es vorbei ist, sondern freue mich, dass es passiert ist. Ich weiß, dass ich unglaublich privilegiert bin. Weil ich diese Reise machen konnte. Weil ich gesund und mit meinem Hab und Gut zurückgekommen bin. Privilegiert, weil ich schon bei meiner Rückkehr von zukünftigen Abenteuern träumen darf.

Das Fernweh meldet sich immer öfter, und zwar lauter als je zuvor. Also setze ich mich kurzerhand wieder auf mein Fahrrad. Mit Phileas habe ich keine Angst vor der Zukunft. Niemand fragt mich: »Was machst du denn jetzt?«, oder: »Fängst du nun an zu arbeiten?«

Ich verlasse Berlin Richtung Süden. Ich fahre nach Dresden und dann durch den Thüringer Wald. Ein paar Tage später, bin ich erneut in Frankfurt am Main. Wäre Corona nicht gewesen, hätte ich gleich nach der Landung am Frankfurter Flughafen weiterfahren können. Doch Moment, ohne Corona wäre ich ja gar nicht mit Flugzeug und Fahrrad nach Frankfurt gekommen.

Dennoch versuche ich, den Moment wertzuschätzen. Die Freiheit, die ich trotz Pandemie hier in Deutschland habe, bedeutet mir viel.

Die frische Landluft durchströmt meine Lungen. Meine Wangen sind rot von Wind und Anstrengung. Mein T-Shirt verschwitzt. Meine Socken stinken. Ich bin zurück in meiner Welt.

Morgens keine Ahnung, wo ich abends meinen Körper zum Ruhen niederlegen werde. Heute keine Idee, auf welchen Wegen ich mich morgen wiederfinde. Je größer die Hindernisse, je steiler die Straße, desto mehr ist meine Leidenschaft entfacht.

Ich erkunde Ecken meines Heimatlandes, die mir noch völlig unbekannt sind. Und so oft werde ich positiv überrascht. Das ist Deutschland? Wahrhaftig? So malerisch ist es hier? Wieso bin ich hier früher noch nie gewesen? Ach ja, früher war ich in der Schule, im Studium und dann im Ausland. Weil man das eben so macht. Weit, weit weg. Bloß nicht in Deutschland bleiben.

Dank Corona hab ich die Chance bekommen, mein eigenes Land zu erkunden. Und ich hab es lieben gelernt. Die Saarschleife, den Pfälzer Wald, den Dom in Speyer. Am Bodensee verbringe ich Zeit mit Freunden, bevor ich ins Allgäu eintauche. Ich verzichte auf eine Alpenüberquerung. Erkunde stattdessen Tegernsee, Chiemsee und Königssee. In Salzburg werden Mozartkugeln gegessen. Weiter geht es am Inn entlang nach Passau. Den Bayrischen Wald im Sommer zu sehen ist definitiv ein Highlight der Tour. Die steilen Straßen verlangen mir Höchstleistungen ab, produzieren aber auch unglaubliche Glückshormone. Ich mache einen Abstecher nach Tschechien und folge den Spuren des Zweiten Weltkriegs. Vor nur etwas mehr als dreißig Jahren ist hier keiner einfach so über die Landesgrenze gefahren. Der Eiserne Vorhang begleitet mich noch eine ganze Weile. Genau genommen bis Duderstadt.

Hier muss ich mal wieder überlegen. Ich komme gerade aus dem Süden. Fahre ich also einfach weiter in den Norden? Oder Richtung Westen? Oder doch lieber Osten?

Nach sechs Wochen quer durch Deutschland entscheide ich mich, zurück nach Berlin zu fahren. Ich gestehe mir meine Müdigkeit ein. Ich bin nicht nur erschöpft von den vielen Kilometern und Eindrücken, ich bin auch überwältigt von den Menschenmassen, vom Konsumzwang und vom Materialismus.

Das Wetter der letzten Wochen war auch nicht so gut wie erhofft, die Menschen allesamt nicht so freundlich wie in Amerika. Die Tage verliefen zu reibungslos. Die Kilometer flogen dahin. Über nichts musste ich mir Gedanken machen. Ich kann mit den Menschen problemlos kommunizieren. Ich finde überall Essen und Trinken. Wildcampen ist zwar offiziell nicht erlaubt, stellt aber kein außerordentliches Sicherheitsrisiko dar. Ich habe nicht mit irrsinnigen Temperaturen oder extremen Höhen zu kämpfen. Ja, eigentlich hatte ich mit nichts zu kämpfen. Außer mit meiner fehlenden Motivation. Mir fehlt das gewisse Etwas.

Ich beschließe, noch einen Abstecher in den Harz zu machen und den Brocken, den höchsten Berg Mitteldeutschlands, zu erklimmen. Vielleicht werde ich auf dem Gipfel finden, wonach ich suche?

1164 Meter. Lächerlich, verglichen mit den Anden. Doch ich muss aufhören, ständig alles zu vergleichen. Ich muss aufhören, dem hinterherzuweinen, was ich erlebt habe. Ich muss mich auf die Zukunft freuen. Auf neue Abenteuer. Neue Höhen. Neue Breiten. Neue Menschen. Neue Erlebnisse. Neue Erfahrungen. Aber jetzt erst mal pausieren, um alles zu verarbeiten.

Vom Brocken geht es nur noch bergab, bevor ich ins flache Brandenburg komme. Von der Schönheit der Alleen nehme ich nicht mehr viel wahr. Ich bin gesättigt.

Plötzlich sehne ich mich nach Dingen, die für andere Menschen ganz normal und alltäglich erscheinen. Dinge, die man auf einer Langzeitreise neu wertzuschätzen lernt.

Ich sehne mich nach meinen eigenen vier Wänden, meiner Küche, einem richtigen Kühlschrank, meinem Badezimmer, immer fließendem Wasser aus der Leitung. Ich sehne mich nach Struktur und Ordnung. Nach einem Rückzugsort. Nach der Option, allein zu sein, wenn ich allein sein möchte.

Ich sehne mich nach der Möglichkeit, eine Tür hinter mir zu schließen. Vielleicht brauche ich genau diese Tür, meine eigene Tür, um mit dem noch immer offenen Kapitel abschließen zu können. Ich möchte mit dem sonderbaren Ende der Reise abschließen. Ein für alle Mal. Nicht aber mit dem Reisen an sich.

Mit einem neuen Ziel vor Augen trete ich noch einmal kräftig in die Pedale. Bevor ich nach Berlin reinfahre, besuche ich noch eine Freundin in Potsdam. Ich werde mit Essen vom Grill verwöhnt, und wir unterhalten uns, als ob nichts gewesen wäre. Hatten wir uns wirklich drei Jahre nicht gesehen?

Jetzt, drei Monate nach meiner ersten Rückkehr, sind auch Kopf und Gedanken angekommen.

Hier in Berlin.

In Zeitlupe löse ich die Taschen vom Fahrrad. Eine Handlung, die ich Tausende Male durchgeführt habe, die eigentlich blitzschnell und automatisch von der Hand geht. Doch heute Abend lasse ich mir Zeit. Bewusst.

Ein paar Treppenstufen später drehe ich den Schlüssel im Schloss meiner Wohnungstür. Ich halte inne.

Das, was ich mir nie ausmalen wollte, immer und immer vor mir hergeschoben habe, ist jetzt Realität. Das ist das Ende meiner Reise.

Noch einmal tief durchatmen. Lächeln. Die Gedanken fokussieren.

Ich öffne die Tür zu meiner alten Wohnung und zu einem neuen Lebensabschnitt.

Ich bin zurück.

»Today you are you,
that is truer than true.
There is no one alive,
who is youer than you!«

Dr. Seuss

Ich packe meinen Koffer …

Reisen – was bis vor Kurzem noch selbstverständlich war und unbedingt dazugehörte, ist auf einmal so weit weg. Daher machen sich nun 25 deutschsprachige Autor:innen auf den Weg – und wir können mit ihnen reisen. Ob erinnerte Reisen, Fantasiereisen, Zeitreisen oder Reisen durch das eigene Zimmer – es sind ganz besondere Postkarten, die wir von ihnen erhalten, anregende, beglückende, gegen den Strich gebürstete, befreiende. Wir reisen mit Weltatlas und Lupe, gehen durch Grenzgebiete und manchmal Wände. Oder verlieren uns einfach zu Hause.

ANSICHTSKARTEN
25 Geschichten über das Reisen
gebunden mit Lesebändchen, 356 Seiten
mit Vignetten von Jörg Hülsmann hg. von Hanna Hesse
€ 25,– [D] | € 25,50 [A]
978-3-95728-509-6

Deutsche Originalausgabe
Copyright © 2021 von dem Knesebeck GmbH & Co. Verlag KG, München
Ein Unternehmen der Média-Participations

Projektleitung: Hans Peter Buohler, Knesebeck Verlag
Lektorat: Dr. Annika Krummacher, München
Gestaltung und Umschlaggestaltung: Favoritbüro, München
Karte: Martina Frank, München
Grafikelemente: © Shutterstock (Anabela88 / Macrovector /
Svitlana Varfolomieieva / iconadesign / Vectorfair.com)
Herstellung und Satz: Arnold & Domnick, Leipzig
Druck: Livonia Print, Riga
Printed in Latvia

ISBN 978-3-95728-494-5

www.knesebeck-verlag.de